Ein

Stendaler Urtheilsbuch

aus dem

vierzehnten Jahrhundert

als Beitrag

zur Kenntniss des Magdeburger Rechts

herausgegeben

von

Dr. J. Fr. Behrend.

BERLIN.
Verlag von I. Guttentag.
1868.

Einleitung.

§. 1. Die hier veröffentlichte Sammlung ist der Hds. der hiesigen königlichen Bibliothek entnommen, welche in Homeyers Rechtsbüchern (1856) unter No. 29 verzeichnet ist und gegenwärtig die Signatur MS. Boruss. fol. 481 trägt. Dieselbe besteht aus zwanzig Pergamentblättern in klein Folio und ist von Bl. 1a bis Bl. 20a *) mit den Urtheilen beschrieben, die den Inhalt der nachstehenden Publication bilden. Dem ersten Urtheil geht auf fünf Zeilen folgende Notiz vorauf:

INCIPIUNT JURA SIGILLO SCABINORUM MAGDEBURGENSIUM APPROBATA.

Nota. Signum positum in fine jurium invenies super literam que jura hic conscripta sigillavit et hoc signum ponitur **) *hic post annos domini qui fuerunt scripti in litera de qua ipsa jura fuerunt excepta.. Inceptus est liber iste anno domini MCCCXXXIIII in die beate Margarete virginis per manum Johannis notarii civitatis.*

In dieser Notiz wird zunächst mitgetheilt, was den Inhalt der Hds. bilden werde. Hiernach sowie nach ihrer sonstigen Fassung stellt sich die Bemerkung als eine Benachrichtigung an den Leser dar, der in derselben auch ausdrücklich angeredet wird. Hieraus ergiebt sich,

---

*) Unser Urtheil 31 schliesst auf der vorletzten Zeile von Bl. 20a, die letzte Zeile ist freigelassen. Auf der sonst gleichfalls leer gelassenen Rückseite dieses Blattes findet sich noch folgendes Bruchstück eines Schöffenspruches:

Wy schepen der stad tho Magdeborch bekennen dat wy gevraghet syn umme recht in dessen na schreven worden. To Stendal iss ghestorven eyn vrouwe de heit Hille und was Claus Krogers wedewe und heft nemende negher laten wan Margreten ores sones dochter, de wolde syk underwynden der sulven orer older muder erve. Nu hebben ok der sulven Hillen bruder sone dat erve unde ghut —

**) *posuit?* Hds. poit

dass die Sammlung nicht etwa blos die Bestimmung gehabt haben kann, dem persönlichen Gebrauch des Schreibers zu dienen, sondern dass schon bei Anlage derselben eine Benutzung durch andere Personen in das Auge gefasst worden sein muss. Ferner ist anzunehmen, dass der Zweck dieser Benutzung ein officieller war, dass also die Hds. dazu bestimmt gewesen ist, von den Stendaler Schöffen bei der Rechtsprechung benutzt zu werden. Dafür spricht schon die amtliche Eigenschaft des Schreibers: die Magdeburger Fragen bezeugen, dass sowohl in Magdeburg selbst wie auch anderwärts die Stadtschreiber häufig im Dienst der Schöffen thätig gewesen sind *). Eine Bestätigung dieser Annahme ist auch aus der Sorgfalt zu entnehmen, die, wie weiterhin darzuthun, auf die Hds. verwendet worden ist, und die gleichfalls darauf schliessen lässt, dass es sich hier nicht um eine Privatarbeit handelt. Wir dürfen demnach in der vorliegenden Sammlung eines der Urtheilsbücher erblicken, wie sie nicht nur in den Städten Magdeburger Rechts, sondern auch bei anderen städtischen Gerichten, die mit einem Oberhof in Verbindung standen, häufig vorkommen **). Solche Urtheilsbücher dienten bekanntlich als Präjudiciensammlungen, in welche fortlaufend Abschriften der vom Oberhof er-

---

*) Vgl. M. Fr. I. 3. 5, 6. Am einfachsten und natürlichsten machte sich dies da, wo die Schöffenbank entweder durch den Rath besetzt wurde oder gar nur eine Abtheilung des Rathes bildete. Dies war indess in Stendal zur Zeit unserer Urtheile noch nicht der Fall. Noch nach dem Privileg von 1345 (Riedel I. XV. S. 125) erfolgte die Wahl der Schöffen ganz dem Modus entsprechend, den die Magdeb. Fragen überliefern (I. 1. 1), im Wege der Cooptation und auf Lebenszeit. Letzteres wird ausdrücklich gesagt: ersteres geht aus den Worten hervor: *Vortmer scolen ok de sceppen by oren kore blyven.* Die auf diese Weise erwählten Schöffen wurden durch den Landesherrn bestätigt. Erst durch das Privileg von 1351 (Riedel I. XV S. 140) trat hierin eine Aenderung ein. Es wird daselbst als eine besondere Begnadung den Stendaler Bürgern zugestanden, dass die Schöffenbank *ewiglik by dem rade bliven schol.* Jährlich sollen die neu eintretenden Rathmannen zu der Schöffenbank schwören und alsdann in jeder Beziehung den Schöffen gleich stehen, *di tu langer tid gekoren sin u. gesworen hebben.* Die Bestätigung erfolgte von jetzt an nicht mehr durch den Landesherrn selber sondern durch den belehnten Richter d. h. den Stadtschulzen. (Theilweis a. M. in Betreff der Bedeutung des Privilegs von 1351 ist Kühns II. S. 230).

Wenn aber auch ein derartiger unmittelbarer Zusammenhang zwischen der Schöffenbank und dem Rathe zur Zeit unserer Sammlung noch nicht stattgefunden hat, so standen doch offenbar die beiden Behörden von jeher in so mannigfaltigen Beziehungen zu einander, dass eine gemeinschaftliche Benutzung der Unterbeamten nahe genug gelegen haben muss.

**) Dass der Name Urtheilsbücher oder libri sententiarum für derartige

holten Sprüche eingetragen wurden. Die obige Notiz deutet in den Worten *inceptus est liber iste* darauf hin, dass auch bei dem Beginn unserer Sammlung eine derartige Fortführung in Aussicht genommen wurde.

Dass das Urtheilsbuch der Stadt Stendal angehört, kann nicht zweifelhaft sein. Die Urtheile III, IV, XIa, XXII bis XXV, XXVII bis XXXI sind ausdrücklich nach Stendal gerichtet, bei einem Theil der übrigen ist diese Beziehung indirect gegeben *), und wo keine Hinweisungen vorhanden sind, steht derselben doch nirgend etwas im Wege.

Die Persönlichkeit des Stadtschreibers Johannes vermag ich ausserhalb unserer Sammlung nicht zu ermitteln. Er scheint nicht lange vor 1334 in's Amt gekommen zu sein, da noch 1332 Volcekinus als Schreiber erwähnt wird **). Nach Urtheil XXI ist unser Johannes jedenfalls noch im Jahre 1336 in Thätigkeit gewesen.

§. 2. Der Schreiber erklärt in der vorstehenden Notiz, dass an das Ende der Sprüche (*in fine jurium*) ein Zeichen gesetzt sei. „Dies Zeichen, sagt er, wirst Du auch auf dem Briefe (*super literam*) finden, der die in das Urtheilsbuch eingetragenen Sprüche besiegelt hat. Ich stelle dasselbe hier hinter die *anni domini*, wie solche in der Urkunde geschrieben stehen, aus der die Sprüche selbst entnommen sind."

Mit der *litera que jura hic conscripta sigillavit* kann nichts anderes gemeint sein als die Originalurkunden, welche den im Urtheilsbuch befindlichen Abschriften zu Grunde liegen; *sigillavit* bedeutet mithin soviel wie *sigillo approbata continet*. Da indess die Abschriften nicht blos aus einer einzigen sondern aus mehreren Urkunden geschöpft sind, so ist der Singular *super literam*, dessen sich der Schreiber bedient, dahin zu verstehen, dass die Zeichen auf jedem einzelnen Urtheilsbrief zu finden sein sollen. Ebenso muss dann auch *in fine jurium* heissen: am Ende jedes einzelnen Spruches.

Sammlungen allgemein gebräuchlich war, ist durch viele Beispiele zu belegen, vgl. u. A. Michelsen, Oberhof zu Lübeck S. IX; Rössler, D. R. Denkmäler in Böhmen und Mähren II S. XLI und LX, Kühns II S. 70. Das städtische Archiv zu Dresden besitzt eine m. W. bisher noch nicht bekannte Papierhandschrift aus dem 15. Jahrh. mit Magdeburger Schöffenurtheilen, welche die Aufschrift *Alt Urteil Buch* trägt. (Die in derselben enthaltenen Urtheile sind z. Th. auch in die von Wasserschleben veröffentlichten Dresdner und Leipziger Sammlungen übergegangen.)

*) Solche Beziehungen ergeben sich bei den Urtheilen V, VIII, XXI, ferner gehört hierher die in Anm. *i* zu No. II mitgetheilte Notiz. Auf die Altmark im Allgemeinen verweisen die Urtheile VII, IX, XII, XIV.

**) Vgl. über denselben No. VIII und Anm. *a* das.

Hiermit stimmt überein, dass unsere Hds. in der That mehrere Zeichen enthält. Als solche fallen zunächst die drei hierunter wiedergegebenen Federzeichnungen in's Auge.

Fig. 1.

Fig. 2.

Fig. 3.

Von denselben findet sich Fig. 1 am Ende des ersten Urtheils hinter den Worten *ecce signum;* Fig. 2 hinter denselben Worten am Schluss des zweiten Urtheils und zugleich auf der letzten Zeile des Textes von Bl. 2a, Fig. 3 auf Bl. 2b oben über der ersten Zeile des Textes von Urtheil III.

Diese Figuren sind offenbar ganz willkürlich gewählt *). Nach der obigen Bemerkung müssen die nämlichen Zeichen auch auf den Originalschöffenbriefen gestanden haben, und zwar ist es nach den Worten *super literam* wahrscheinlich, dass sie auf der Aussenseite derselben befindlich gewesen sind **). Es fragt sich, woher diese Figuren stammen. Sind sie bereits in Magdeburg auf die Schöffenbriefe

---

*) Dies ergiebt sich schon daraus, dass dieselben von einander gänzlich verschieden sind. Eben deshalb darf man m. E. diese Figuren auch nicht mit den Handzeichen in Verbindung bringen, die die mittelalterlichen Notare auf die von ihnen recognoscirten Urkunden zu setzen pflegten; ein Gebrauch, der sich bekanntlich schon sehr frühzeitig findet, aber auch noch zur Zeit des Bartolus in Uebung gewesen ist, wie aus dessen *tractatus de insigniis et armis* hervorgeht, wo diese Handzeichen unter den *insignia officia* erwähnt werden (vgl. über den genannten Tractat Dietzel, das Waarenzeichen und die Firma bei Bekker und Muther, Jahrb. Bd. IV S. 230). — Ich möchte noch hervorheben, dass Fig. 1 eine flüchtige Aehnlichkeit mit dem Magdeb. Schöffensiegel zeigt (s. ein Abbild dess. bei Hoffmann, Gesch. v. Magdeb. Bd. II Tafel 6), so dass sich allenfalls annehmen liesse, der Schreiber habe dasselbe darstellen wollen. Bei Fig. 2 und 3 dagegen muss m. E. jeder Gedanke hieran aufgegeben werden.

**) Oder etwa innen über der ersten Zeile des Schöffenspruches, also an derselben Stelle, wo sich in unserer Hds. Fig. 3 findet? Dass eines von beiden aus den Worten *super literam* zu schliessen sein dürfte, beruht auf einer mündlichen Erläuterung von Jaffé, dem ich die Stelle gezeigt habe.

gesetzt und im Urtheilsbuch blos copirt worden, oder rühren sie, sowohl im Original wie in der Copie von dem Stendaler Stadtschreiber her?

Gegen die erste Annahme spricht, dass sich für die Beobachtung eines solchen Verfahrens Seitens des Magdeburger Schöffenstuhls oder der bei demselben angestellten Schreiber keine Analogieen nachweisen lassen. Wir besitzen eine ziemlich grosse Zahl von Magdeburger Schöffenbriefen im Original, allein m. W. finden sich auf keinem derselben solche oder ähnliche Zeichen *). Wir würden demnach bei dieser Annahme eine Singularität in Bezug auf die vorliegenden Schöffensprüche voraussetzen müssen, die völlig unerklärlich sein würde, da keine Veranlassung zu derselben ersichtlich ist.

Bleibt mithin nur die zweite Annahme übrig, so stellt sich als Zweck dieser Signaturen Folgendes heraus:

Der Schreiber theilt die beiden ersten Urtheile in einer sehr abgekürzten Gestalt mit. Er lässt Eingang und Schluss der Schöffenbriefe ganz fort und beschränkt sich darauf, den Tenor der von den Magdeburgern gefällten Entscheidung wiederzugeben. Höchst wahrscheinlich ist es ursprünglich seine Absicht gewesen, diese Kürzungen durchweg, im ganzen Verlauf der Sammlung eintreten zu lassen. Hierbei wurden nun aber die Urtheile ihrer urkundlichen Form gänzlich entkleidet, insbesondere fehlte die übliche Bekräftigungsformel, die am Schluss der Schöffenbriefe zu stehen pflegt: *dat dit recht si, dat betughe wi mit unseme ingheseghele* u. s. w. **). Der Schreiber gebraucht nun an Stelle dieser Formeln die obigen Zeichen, ähnlich wie wir gegenwärtig bei Abschriften und Abdrücken von Urkunden unser L. S. loco sigilli zu setzen gewohnt sind.

Die hier gewählte Art der Bezeichnung hatte aber zugleich noch einen weiteren Nutzen. Wenn nämlich, wie dies hier der Fall war, jeder Schöffenspruch seine besondere, eigenthümliche Signatur erhielt, und wenn diese gleichzeitig auf die Originale gesetzt wurde,

*) Die Beschreibungen von Magdeb. Schöffenurkunden bei Walch, Gaupp, Neumann u. A. erwähnen nirgend derartiger Zeichen. In Bezug auf die zahlreichen im Breslauer Archiv aufbewahrten Urkunden hat Stobbe auf meine Anfrage die Güte gehabt, dies negative Ergebniss besonders festzustellen.

**) Dies ist die bei weitem gewöhnlichste Formel, mit welcher die Schöffensprüche in unserer Sammlung schliessen. Etwas abweichend lautet der Schluss in No. X, XVII und XXI. Ganz singulär ist das *gegeven under unseme heymeliken ingheseghele* am Ende von No. XIII. Danach scheinen die Magdeb. neben dem ordentlichen noch ein besonderes Secretsiegel gehabt zu haben. In welchen Fällen dasselbe angewendet wurde, und was speciell hier die Veranlassung zum Gebrauch desselben gewesen ist, vermag ich nicht zu sagen.

so konnten die Zeichen auch dazu dienen, eine Prüfung hinsichtlich der Authenticität der im Urtheilsbuch enthaltenen Sprüche zu erleichtern. Wenn das Stendaler Gericht in dieser Beziehung oder etwa in Bezug auf die Correctheit der Abschriften zu einem Bedenken Veranlassung fand, so war es nöthig, auf die Originalurkunden selber zurückzugehen, die wahrscheinlich im Archiv der Stadt aufbewahrt wurden *). In diesem Falle nun war es durch die Signaturen auf die bequemste Weise möglich gemacht, die betreffende Originalurkunde ausfindig zu machen und sich davon zu überführen, sowohl dass sie wirklich unter dem Siegel der Magdeburger Schöffen ausgefertigt sei, wie auch, dass die Abschrift mit dem Original übereinstimme. Ohne die Bezeichnung wäre dies, wie leicht ersichtlich, bei weitem umständlicher gewesen, um so mehr, als die einzelnen Schöffensprüche in unserer Sammlung in ganz beliebiger Reihenfolge, weder in chronologischer noch in einer sonstigen bestimmten Ordnung mitgetheilt werden. Dem Stendaler Notar muss die Möglichkeit vorgeschwebt haben, dass sich ein Bedürfniss dieser Art herausstellen könnte, da er selbst den Leser zur Vergleichung der Originale auffordert (*invenies super literam*).

Endlich mag derselbe hierbei noch die Absicht gehabt haben, sich für seine eigene Person eine Notiz zu machen, wenn er einen Spruch copirt hatte. Bei dem Beginne der Sammlung lag ihm jedenfalls bereits eine grössere Zahl von Urtheilen vor, da mehrere der in das Urtheilsbuch aufgenommenen Entscheidungen aus der Zeit vor 1334 datirt sind. Die Eintragung derselben hat aber nicht hinter einander sondern zu verschiedenen Zeiten und mit Unterbrechungen stattgefunden**). Die Signaturen, die auf die Originale gesetzt wurden, waren

*) Dass die Original-Schöffenbriefe nach der Eintragung in die Urtheilsbücher noch aufbewahrt zu werden pflegten, lehrt u. A. das Beispiel von Breslau, Stobbe R. Quellen I S. 279 Anm. 12. Die Originale der in die vorliegende Sammlung aufgenommenen Urtheile sind freilich gegenwärtig weder in Stendal noch sonst wo aufzufinden gewesen.

**) Dies geht aus folgender Zusammenstellung der in unserer Sammlung enthaltenen Kalenderangaben hervor, die ich gleichzeitig unter Zuhülfenahme von Weidenbach, Calend. hist. Christ. Regensb. 1855, auf unsere Datirungsweise reducire:

I. A. d. 1329.
II. A. d. 1334.
III. 1331 Gervasii et Prothasii (Mittwoch, 19. Juni).
IV. 1332 *St. Prisken dage* (Sonnabend, 18. Januar).
V. 1333 Sonntag nach Himmelfahrt (16. Mai).
VI. 1332 *lateren daghe Sente Martines des heil bisc.* (Dienstag, 18. November).

nun eine ganz zweckmässige Erinnerung, um Auslassungen, sowie doppelte Abschriften zu vermeiden *).

Der ursprüngliche Plan ist in unserer Hds. nicht consequent innegehalten. Schon bei dem zweiten Urtheil findet sich das Zeichen nicht, wie der Schreiber verheissen hat, hinter den *anni domini*, sondern vor denselben. Vom dritten Urtheil an sind die anfänglich beabsichtigten Kürzungen aufgegeben; Eingang und Schluss der Schöffenbriefe werden mehr oder weniger in extenso mitgetheilt, und namentlich fehlen von hier an bei keinem Schöffenspruche die oben erwähnten Bekräftigungsformeln. Damit war der zuerst angegebene Zweck der Bezeichnung fortgefallen, und wahrscheinlich ist dies der Grund, weswegen jetzt nicht mehr das *ecce signum* am Ende der Urtheile steht. Völlig nutzlos war aber die Bezeichnung dennoch nicht geworden; bei dem dritten Urtheil findet sich daher auch noch ein Zeichen, aber, wie erwähnt, vor dem Anfange desselben. Von No. IV an enthält die Hds. keine weiteren Figuren, dagegen sind die Urtheile IV bis XX

VII. 1333.
VIII. 1332 Dienstag nach St. Lucien (15. December).
IX. 1331 St. Lucas (Freitag, 18. October).
X. 1331 am 8. Tage St. Stephan nach Weihnachten (Mittwoch, 2. Jan.)
XI. 1330 Dienstag vor *alle ghodes heylighen* (29. October).
XIV. 1333 *lateren daghe St. Johanne sevangel. ante portas* (Mittwoch, 12. Mai).
XV. 1333 Dienstag nach St. Katharinen (27. November).
XIX. 1326 Cyriaci et sociorum (Freitag, 8. August).
XX. 1335 Dienstag vor Simonis und Jude (24. October)
XXI. 1336 *Montag na dem achteden daghe to pinkesten* (27. Mai).
XXII. 1340 *an unser vrowen avende lichtmisse* (Mittwoch, 21. Februar).

Ein solches Durcheinander der Daten ist m. E. nur erklärlich, wenn man eine Discontinuität der Eintragungen annimmt. Eben darauf führen auch die sonstigen oben erwähnten Abweichungen, die bei der Mittheilung der Urtheile obwalten, sowie die Verschiedenheit der Schriftzüge (§ 3).

Ausser den hier erwähnten Daten finden sich in XVII und XVIII noch Tagesbezeichnungen ohne Jahreszahlen. In allen übrigen Urtheilen fehlen die Kalenderangaben gänzlich. Dagegen enthält die Bemerkung in Anm. *i* zu No. II eine solche Angabe: *A. d. LXXVI dominico Oculi*, d. i. 1376 am 13. März. Die Sammlung selbst ist nach der im § 1 der Einleitung mitgetheilten Notiz am Mittwoch, 13. Juli 1334 begonnen worden.

*) Trotz dieser Notizen mögen immer noch einzelne Schöffensprüche übergangen sein. Das Bruchstück am Schlusse des Urtheilsbuches (oben S. III) scheint aus späterer Zeit zu stammen. Ein anderes, nach Stendal ergangenes, nicht in unsere Sammlung aufgenommenes Magdeburger Schöffenurtheil wird bei Gercken, Diplomat. II. 14 und nach ihm von Riedel, I. XV S. 127 mitgetheilt, aber auch bei diesem fehlt die Zeitbestimmung. Gercken setzt es etwa in das Jahr 1345.

am Rande mit den Buchstaben *A* bis *R* in schwarzen Majuskeln bezeichnet. Ich halte diese Buchstaben für eine Fortsetzung der früheren Signaturen in anderer Gestalt, die höchst wahrscheinlich gleichfalls auf die Originale gesetzt waren. Von No. XXI sind auch diese Zeichen nicht vorhanden. Vielleicht ist bei den späteren Urtheilen ein anderer Schreiber eingetreten.

§ 3. Wie schon hervorgehoben, ist die Hds. mit bemerkenswerther Sorgfalt angelegt. Die einzelnen Zeilen, je 22 auf der Seite, stehen zwischen Linien und sind rings herum mit einem Rande umgeben. Die Schrift ist eine gute, überall deutliche Minuskel, wenngleich später von geringerer Zierlichkeit, und, wie es scheint, mit breiterer Feder ausgeführt, als in den früheren Urtheilen. Der Text wird mit wenigen Ausnahmen durchaus correct überliefert; an einzelnen Stellen sind Verbesserungen und Nachträge eingeschaltet.

Am Rande finden sich folgende Vermerke: 1) Inhaltsangaben, die sich auf die Schöffensprüche oder die einzelnen Abschnitte derselben beziehen. Sie sind bis zu No. XXV einschliesslich mit rother, von da an mit schwarzer Schrift geschrieben und stehen bald über, bald unter dem Text, bald auf dem äusseren (breiteren) Seitenrande. Ausnahmsweise steht die Ueberschrift zu XXV, 1 mitten im Text. 2) Die bereits erwähnten Buchstaben *A* bis *R* zu den Urtheilen IV bis XX, gleichfalls am äusseren Seitenrande befindlich. 3) Ebendaselbst wird häufig durch ein Nota auf den Beginn eines Schöffenspruches oder eines neuen Abschnittes oder auf die Entscheidung der Magdeburger besonders hingewiesen. 4) Endlich stehen noch unter dem Text von späterer Hand folgende Additionen: a) auf Bl. 1b und 2a, zum Urtheil II gehörig, die Bemerkung des Albert von Calve, vom J. 1376, welche in der Ausg. S. 9 in Anm. i zu No. II mitgetheilt ist; b) auf Bl. 9b, das in der Ausg. als No. XIa eingeschaltete Urtheil.

Die Urtheile sind (abgesehen von der mehrgedachten Buchstabenbezeichnung der No. IV bis XX) ungezählt, dagegen beginnt regelmässig jeder Schöffenspruch eine neue Zeile. Eine Ausnahme in dieser Hinsicht macht nur No. XXI, welche auf derselben Zeile anfängt, auf der No. XX aufhört. Diese beiden Urtheile sind gleichwohl in der Ausg. unter besonderen Nummern aufgeführt, da jedes derselben mit einem eigenen Datum versehen ist*).

Die Abschnitte innerhalb der einzelnen Urtheile werden gleichfalls

*) Hieraus erklärt sich, dass die Zahl der Urtheile in der gegenwärtigen Ausgabe 31 beträgt, während Homeyer den Bestand derselben nur auf 30 angiebt.

nicht gezählt und laufen fort, ohne die Zeilen abzubrechen, sind jedoch stets durch das Paragraphenzeichen ¶ von einander getrennt. Dasselbe Zeichen findet sich zuweilen auch, ohne dass ein Abschnitt ausgeht, da, wo die Entscheidung der Magdeburger beginnt.

Ob die Hds. von Anfang bis zu Ende von demselben Schreiber geschrieben ist, oder ob verschiedene Hände betheiligt gewesen sind, lässt sich nicht mit Sicherheit feststellen. Die Schriftzüge zeigen zwar mehrfach einen etwas wechselnden Character, indess sind die Unterschiede immer so geringfügig, dass sehr gut auch blos eine s. g. manus discontinua vorliegen kann. Für die Urtheile bis zu No. XXI einschliesslich ist dies deswegen wahrscheinlich, weil in dem letzteren der Schreiber Johannes als Anfragender genannt wird; für die folgenden Nummern fehlt es an einem Merkmal in dieser Beziehung.

§ 4. In der Ausgabe ist der Text nach der Hds. wiedergegeben. In der geringen Zahl von Fällen, in denen zur Herstellung des Sinnes eine Abweichung von der handschriftlichen Ueberlieferung erforderlich schien, ist die letztere unter dem Text mitgetheilt. Auch in Bezug auf die Orthographie ist die allerdings schwankende Schreibweise der Hds. beibehalten; eine Zurückführung derselben auf allgemeine Principien schien mir aus mehr als einem Grunde bedenklich, zumal in einem Falle, wo, wie hier, überhaupt nur eine Hds. vorhanden ist. Doch sind natürlich die Abbreviaturen überall aufgelöst worden*); ferner ist das *v* und *u* unserem jetzigen Gebrauch gemäss verwendet, und endlich ist statt des *u* mit einem Kreis darüber, welches sich sehr häufig findet, immer das einfache *u* gesetzt, da für unsere Hds. die Annahme, dass dieser Kreis den Umlaut bedeute, nicht zuzutreffen scheint**). Die Interpunctionen sind nach eigenem Ermessen beigefügt, die Hds. gebraucht von denselben nur den Punct. Ebenso habe ich die Schöffensprüche und die einzelnen Abschnitte derselben beziffert. Die Inhaltsangaben, welche die Hds. als Marginalien liefert, werden der Raumersparniss wegen jedem Schöffenspruche vorangestellt. Dabei wird durch die entsprechenden Ziffern kenntlich gemacht, zu welchen einzelnen Abschnitten dieselben gehören.

---

*) Dahin rechne ich auch, wenn *w* statt *wu* gesetzt wird, z. B. *wnden* statt *wunden*, was namentlich in den späteren Urtheilen öfter vorkommt.

**) Dies nimmt Homeyer an in der Einleitung zum Ssp. S. 99. Allein in unserer Hds. findet sich z. B. *bute*, *tu*, *ghude*, *blut*, bald mit bald ohne Kreis über dem *u*, ebenso Wörter wie *wunden*, *wunnen*, *rucghe* u. dgl. Ich halte den Kreis überhaupt nicht für ein sprachliches, sondern lediglich für ein zum Buchstaben selbst gehöriges graphisches Zeichen, dessen Gebrauch willkürlich war.

In den Anmerkungen ist der Versuch gemacht, die Urtheile unserer Sammlung mit den sonstigen Quellen des Magdeburger Rechts in Zusammenhang zu bringen *). Da es sich hierbei fast immer um vereinzelte Fragen handelt, so werden diese Ausführungen vielfach etwas abrupt erscheinen; gleichwohl mag es nicht ganz nutzlos sein, den Quellenkreis, in welchen die mitgetheilten Entscheidungen gehören, in grösserer Vollständigkeit zu überblicken. Ein Hinausgehen über diesen Kreis und eine Vergleichung anderer Stadtrechte lag ausserhalb des Zieles, welches ich mir gestellt hatte. Eben deswegen erschien auch ein näheres Eingehen auf die Ansichten Anderer nur in wenigen Fällen geboten, denn trotz der vielfachen Quellenausgaben des Magdeburger Rechts, die wir bereits besitzen, ist dasselbe bisher doch nur selten zum Ausgangspunkt specieller Untersuchungen gemacht worden.

Eine sehr werthvolle Bereicherung der Literatur in letzterer Beziehung gewähren zwei neuerdings erschienene Werke, die für unsere Sammlung insbesondere von Wichtigkeit sind. Zunächst ist hier zu nennen das Werk von v. Martitz: „Das eheliche Güterrecht des Sachsenspiegels und der verwandten Rechtsquellen," Leipzig 1867. Einen Hauptbestandtheil desselben bildet die Darstellung des ehelichen Güterrechts auf der Grundlage des Magdeburger Rechts. Hierbei wird neben dem sonstigen reichhaltigen handschriftlichen Apparat, den der Verfasser verwerthet, auch bereits die vorliegende Hds. in ausgiebiger Weise herangezogen. Als das Buch erschien, war meine Arbeit zum grössten Theil bereits vollendet, zum Theil schon gedruckt. Ich habe mir gleichwohl, soweit dies noch möglich war, die Erörterungen des Verfassers nutzbar zu machen gesucht **).

Noch später als das oben genannte Werk ist der zweite Band der „Geschichte der Gerichtsverfassung und des Verfahrens in der Mark Brandenburg vom X. bis zum Ablauf des XV. Jahrhunderts" von meinem Kollegen Kühns erschienen (Berlin 1867).

---

*) In Bezug auf die in den Anmerkungen gebrauchten Citate, soweit dieselben nicht an sich verständlich sind, darf auf die in den Madgeburger Fragen S. 299 fg. enthaltene Erklärung verwiesen werden. Neu benutzt ist namentlich die von Stobbe in den „Beiträgen zur Geschichte des deutschen Rechts," Braunschweig 1865 S. 94-124 publicirte Königsberger Hds. Dieselbe wird mit dem Namen des Herausgebers unter Beifügung der Nummern der einzelnen Schöffenurtheile citirt.

**) v. Martitz, der von der Veranstaltung dieser Ausg. Kenntniss hatte, hat dieselbe bereits anticipando als im J. 1867 erschienen namhaft gemacht. Dies ist jetzt zu berichtigen, da sich die Herausgabe weit über Erwarten verzögert hat. *Habent sua fata libelli.*

In demselben wird gleichfalls, namentlich bei der Darstellung des Processes, ein Theil der hier folgenden Urtheile erläutert *). Ich bedauere um so mehr, dass ich von diesen Erläuterungen für meine Ausgabe nicht mehr habe Gebrauch machen können, als ich dem ersten Bande seiner gründlichen Arbeit für Aufklärungen in Bezug auf die in Betracht kommenden Märkischen Verhälnisse vielfachen Dank schuldig bin.

Der Veröffentlichung werth schien mir die vorliegende Sammlung schon deswegen zu sein, weil sie das älteste bisher bekannte Urtheilsbuch aus dem Gebiete des Magdeburger Rechtes enthält. Es ist eine bereits öfter gemachte Wahrnehmung, dass die Magdeburger Schöffenurtheile aus der früheren Zeit den gegen Ende des 14. Jahrhunderts und noch später ergangenen in Bezug auf die Beherrschung des Stoffes wie auf die Präcision der Aussprüche selbst bei weitem vorzuziehen sind. Die nachfolgenden Urtheile, die in die Blüthezeit des Magdeburger Schöffenstuhls fallen, sind ganz geeignet, diese Wahrnehmung zu bestätigen. Mit unbefangenem und unabhängigem Sinn werden die Entscheidungen getroffen; das Thatsächliche des einzelnen Falls wird mit Gewandheit und nicht ohne Schärfe gewürdigt. Aber noch eine andere Bemerkung drängt sich bei der Betrachtung dieser Urtheile auf. Man darf im älteren Deutschen Recht nicht nach der Construction von Rechtsbegriffen suchen; hierzu hat es weder das Magdeburger noch überhaupt das einheimische Recht gebracht, so lange dasselbe auf eigenen Füssen stand, und darin liegt unzweifelhaft ein Mangel gegenüber dem Römischen Recht wie gegenüber unserer heutigen Auffassung. Allein es war doch in den meisten Fällen keineswegs eine blosse Empfindung der Billigkeit oder ein unklares Rechtsgefühl, was die mittelalterlichen Schöffen leitete, vielmehr hatten dieselben bei ihrer Thätigkeit fast immer das volle Bewusstsein, auf dem Boden eines positiven Rechts zu stehen und von demselben beherrscht zu werden. Es lässt sich an der Mehrzahl der in unserer Sammlung

---

*) Vgl. insbesondere zu II. 1 der nachfolgenden Sammlung S. 241 (423); zu II. 3 S. 249 (443); zu II. 5 S. 239 (415); zu III. 6 S. 394 (604a); zu VIII. 2 S. 480 (722); zu XIV. 1 S. 41; zu XXII. 2 S. 483 (731); zu XXIII S. 501 (745) des zweiten Bandes von Kühns.

enthaltenen Urtheile, bei einer häufig ziemlich verwickelten Sachlage darthun, dass die Urtheilenden es sehr wohl verstanden haben müssen, die thatsächlichen Vorgänge diesen Regeln anzupassen. Dass es dabei im Einzelnen an Dunkelheiten und Widersprüchen nicht fehlt, darf uns nicht Wunder nehmen, denn theils liegt der Grund derselben in den Lücken unserer eigenen Erkenntniss, theils lehrt bekanntlich die Erfahrung aller Zeiten, dass Controversen eine nothwendige Beigabe jeder Rechtsbildung sind. Die logische Operation aber, welche den eigentlichen Beruf des practischen Juristen ausmacht, die Unterordnung des einzelnen Falles unter das allgemeine Gesetz, und die daraus hervorgehende Motivirung der Entscheidung ist, wenn die letztere auch nicht in der Weise ausgesprochen wurde, wie dies gegenwärtig zu geschehen pflegt, doch der Sache nach der älteren Deutschen Jurisprudenz nicht fremd gewesen *).

Neben dieser allgemeinen Bemerkung ist noch ein besonderes Interesse hervorzuheben, welches unsere Sammlung darbietet. Die hier mitgetheilten Urtheile und die denselben zu Grunde liegenden Anfragen bringen örtlich und zeitlich in die nächste Berührung mit Johann von Buch, in dessen Person sich damals die Pflege des sächsischen Rechts concentrirte. Ja, wenn der in No. IX erwähnte Henning von Buch richtig gedeutet ist **), so erhält sogar das persönliche Bild des Glossators durch unser Urtheilsbuch eine neue lebhaftere Färbung, denn er selber scheint hier hervorzutreten in bedeutender Thätigkeit, neben Genossen, die höher in äusseren Würden stehen, zur Schlichtung eines langjährigen Streites auserlesen.

Endlich mag noch ein Nachtrag zu der Bemerkung über das Nothrecht (Anm. b zu No. XXIV; S. 96 fgg.) hier Platz finden.

Im Gregorius Hartmann's von Aue wird dem Vater des Helden der Rath ertheilt, er solle zum heiligen Grabe wandern, zuvor aber:

die iuwers râtes walten,
den iungen und den alten
sult ir ze hove gebieten
— — — — — — — —

*) Bei der mangelhaften Art, in welcher die Rechtssätze aufgezeichnet wurden, mochte es allerdings häufiger vorkommen, dass die Schöffen angewiesen waren, *ex proprio ingenio, noch syner redelicheit synes besten sinnes* (Stobbe, Rechtsquellen I S. 277 Anm. 4 und 5) das Recht zu finden. Allein in der That handelte es sich hierbei doch immer nur um Ausnahmefälle, für die sich auch im Bereiche der neueren Gesetzgebungskunst genug Analogieen nachweisen lassen.

**) Vgl. jetzt allerdings über Henning von Buch auch Kühns II S. 263.

mit bete gewinnet ir uns abe
daz wir der vrouwen hulde sweren
(des beginnet sich niemen weren),
daz si des landes müeze phlegen,
unz ir belibet underwegen.

— — — — — — — — —

unde begrîft iuch dâ der tôt,
sô ist des eides harte nôt
daz si unser vrouwe müeze sîn.

(Hartmann von Aue. herausgeg. von Fedor Bech, Leipzig 1867, Bd. II S. 157. v. 397.) Auch hier ist die Noth Folge eines geleisteten Eides, nur erscheinen in diesem Fall die Schwörenden selbst als die „Noth Leidenden“, indem sie zur Gewährung der angelobten Treue verbunden sind. Die Stelle bietet eine Erklärung für das Nothrecht, durch welches die Schöffen bei Wasserschl. V. 10 zur Ablegung eines Gerichtszeugnisses gezwungen werden. Die Verpflichtung, ein solches Zeugniss abzulegen, war eine amtliche. vorausgesetzt dass die Schöffen überhaupt von der betreffenden Sache Notiz zu nehmen hatten, M. Fr. I. 3. 14. 18 (Anm. b zu Urth. II). Der allgemeine Eid, den die Schöffen beim Antritt ihres Amtes zu leisten hatten. dem Schöffenstuhl recht vorzustehen (M. Fr. I. 3. 1), bezog sich mithin auch auf diese Verpflichtung. Es war also ebenfalls „des Eides harte Noth“ welche sie zwang. das verlangte Bekenntniss zu ertheilen, und das Gewinnen mit Nothrecht a. a. O. wird daher als eine an die Schöffen gerichtete Aufforderung zu verstehen sein, bei ihrem Eide auszusagen, was vor ihnen verhandelt worden war.

Demnach bedarf es einer Berichtigung, wenn S. 98 das Gewinnen mit Nothrecht in diesem Fall so gedeutet worden ist. als handele es sich dabei um die Innerung neu in die Bank getretener Schöffen, die bei dem zu constatirenden Act nicht selbst mitgewirkt hatten. An die specielle Voraussetzung, die hierbei zu Grunde liegt, ist in der angeführten Stelle nicht zu denken.

Die Auffassung des Nothrechts bei Schuldklagen (S. 96.) wird durch diese Bemerkung nicht berührt.

Ich schliesse hier die Berichtigung einiger Druckfehler an, die ich bei einer nochmaligen Durchsicht vorgefunden habe.

S. 33 letzte Zeile lies Anm. *b* statt Anm. *a*. — S. 47 in der Note lies S. 44 statt S. 45. — S. 65 füge am Ende von XIII. 1 hinzu: (*a*). — S. 68 ist die letzte Anm. zu XIII zu überschreiben *b* statt *g*. — S. 72 ist am Ende von XV. 1, 2. 3 hinzuzufügen (*a*), (*b*), (*c*). — S. 83 auf der zweiten Zeile des Textes von XIX lies *vormunder* statt *vormundes*. — S. 104. Anm. b. III. lies Klage nach todter Hand statt: Klage wegen todter Hand.

I.

Oft eyn kint schaden dede er it mundich worde.

Schege dat twey kinder binnen twelf jaren de beyde tu der scole ghinghen unde eyn deme anderen sin oghe ut steke, wolde me denne claghen umme de sake in werlikeme richte, so scal man dat kint deme de scade scen is, van der scole nemen. Unde heft dat kint denne nene wyunghe, so ist en leyge; dar umme scal des sulven kindes vormunder in werlikeme richte claghen (a). Bekant denne des anderen kindes vormunder, dat dat kint des vormunder he is, den scaden ghedan hebbe, so scal he buten (b) mit eme halven werghelde, dat sint neghen punt; vorsaket hes, so scal he dat kint unschuldich maken mit sines sulves hant uppe den heylighen alse eyn recht is. Anno domini M. CCC. XXIX. ecce signum (c).

a.

Ueber den Gerichtsstand der Schüler vgl. M. Fr. I. 2. 28 und Böhlau in Neue Mittheil. d. sächs. thür. Vereins Bd. 9. H. 2. S. 83, so wie desselben Nove Constitutiones S. 64 fg. In Stendal bestand bis zum 14. Jahrh. lediglich die Schule des Domstiftes St. Nicolai. In den dreissiger Jahren des 14. Jahrh. wurde durch die Anlegung einer neuen städtischen Schule ein Streit zwischen der Stadt und dem Domcapitel hervorgerufen, worüber Näheres bei Riedel Cod. dipl. Brandenb. Abth. I. Bd. V. S. 5. In dem schliesslich über diese Angelegenheit geschlossenen Vergleich vom 9. März 1342 (Riedel a. a. O. No. 136) heisst es: *de scolere van beiden scolen schun antwerden unde klaghen, wan en des noth is, in also danen steden unde vor also danen richteren, dar en en beschreven recht wiset.* Dabei ist vielleicht mit an das vorstehende Urtheil gedacht.

b.

d. h. mit dem Gut des Kindes. Ssp. II. 65. §. 1; M. Görl. 117; M. Br. Sch. r. III. 1. 37; Glog. 111; Glosse Weichb. 38 (v. Dau. 343. 29).

c.

Ueber die Bedeutung der Worte *ecce signum* hier und am Ende des folgenden Schöffenspruches s. die Vorrede.

II.

1) Van der vrede bute. — 2) Van erfdeylinge. — 3) Von der schepen buch tu lesende. — 4) Von der ratmanne buch tu lesende. — 5) Von der schepen recht. — 6) Von de ratman recht er buch tu lesende. — 7) Oft eyn man beschuldighet wert oder beclaget umme schulde. — 8) We eynen man inwisen scal de eyn ghut mit claghe wunnen heft.

[1] Wat gyft men deyt in ghehechden dinghe, de scal men screven in der scepen buk unde anders nerghen (a) unde vor de gyft scal men gheven verteyn penninghe to vredebote; der nemen de scepen eynen scilling unde de screver tvene penninghe (b).

[2] To erfdeylinghe bederfme nicht de scepen nochte ratmanne, also verne als de lude den dat antrit, sik under eynander gheloven (c); gheloven se aver sik nicht under eynander, so scolen se komen in eyn gheheghet dink vor den richter unde vor de schepen unde scolen dar bescreven laten, wo se de erfdeylinghe under eynander ghedan hebben unde scolen gheven verteyn penninghe to vredebote, der nemen de scepen eynen scillink unde de screver tvene penninghe.

[3] Sve lesen let der scepen buk in ghehechdem dinghe, de gyft van jewelkme stucke verteyn penninghe; der nemen de scepen eynen scillink unde de screver tvene penninghe. Mer sve der scepen buk let lesen buten hechden dinghe, de gyft vor jewelk stucke penninghe vor eyn stoveken wynes; dat is van eyner wonheyt up ghekomen (d).

[4] Aver de ratmanne nemen van jewelkme stucke dat se lesen laten in erme buke, verteyn penninghe; der nemen de ratmanne eynen scillinc unde de screver twene penninghe.

[5] Sve rechtes vraghet van den scepen buten hechden dinghe, he sy borgher oder gast, de scal gheven van jewelkme stucke tvelf scillinghe to berichtende, de beholden de scepen alleyne. Mer de penninghe meteghe we usen borgheren ane recht mit gudeme willen uppe verteyn penninghe (e). Unde svenme eyn ghevraghet recht spreken oder lesen scal, dar en scal neyman over wesen wenne de scepen alleyne unde de personen de men scal berichten (f).

[6] Mer de ratmanne nemen van usen borgheren van jewelker vraghe de se berichten, unde van jewelkme stukke to lesende virteyn penninghe; der nemen de ratmanne eynen scillink unde de screver tve penninghe. Vraghet se aver we de ere borgher nicht en is, van deme nemen se van jewelker vraghe de se berichten, twelf scillinghe unde de beholden de ratmanne alleyne (g).

[7] Besculdeghet eyn man den anderen umme sculde, de scal eme dat dink kundeghen laten unde scal em vorklaghen van dinghe

to dinghe wente in dat verde dink unde scal eme jowelk dink besunderen kundeghen laten. Unde untredede syk jene der sculde binnen den ver dinghen nicht also en recht is, so heft de klegher sine sculde up ene ghewunnen unde jene scal eme ydaghes bereyden (h).

[8] Swe eyn gut beklaghet also verne dat men en dar in wysen scal, so scolen de scepen in deme hechden dinghe up stan unde ut deme dinghe gan mit deme richtere to deme gude dar id leghet unde dar scal de richtere mit den scepen den klegher in dat gut wysen; unde sven se dat ghedan hebben, so scolen se wedder gan in dat ghehechde dink unde scolen eme dar over eynen vrede wrecken unde vor de inwisinghe scal de klegher den scepen gheven tvelf scillinghe unde verteyn penninghe to vredebote. Dat ghelt scal de clegher up dat gut slan dar he inghewiset is (i). Ecce signum. Anno domini MCCCXXXIV.

a.

Ueber die von den Schöffen zu Magdeburg geführten Gerichtsbücher und über den heftigen Streit, der in Betreff des Rechtes zur Führung derselben sowie hinsichtlich der damit zusammenhängenden Jurisdictionsbefugnisse gegen Ende des 13. Jahrhunderts zwischen Schöffen und Rath entstand, vgl. Homeyer Stadtbücher S. 26; Janicke Mittheilungen aus der Magdeb. Schöffen-Chronik S. 12 flgd., 44 flgd. In Veranlassung dieses Streites wurde im Jahre 1294 vom Erzbischof Erich der Stadt ein Privileg ertheilt, in welchem es u. A. heisst: *wy bekennen ok des, dat alle de gift de man geben schol, und de man fordern schol und widerreden schol, und alle de stuke de tom eigene kommen mögen und gehören, dat man de geben und fordern schol in dem buerdinge und anders nergent* (Rathmann Gesch. der Stadt Magdeb. II. S. 492, Homeyer a. a. O.). Damit war den Schöffen sowohl die freiwillige wie die streitige Gerichtsbarkeit hinsichtlich der Vergabungen entzogen und auf die Rathmannen übertragen. Zugleich ergab sich hieraus als nothwendige Consequenz, dass die Bücher, in welchen diese Vergabungen vermerkt wurden, fortan nicht mehr von den Schöffen, sondern vom Rath geführt und aufbewahrt werden mussten. Auf diese Folgerung wird denn auch in einer Notiz des Chronicon Magdeburg. (Homeyer S. 27 Anm. 1) ausdrücklich hingewiesen. Die Bestimmung erlangte jedoch nicht sofort Geltung, vielmehr trat zunächst eine Concurrenz zwischen dem Schöffengericht und dem Bauerdinge ein, so dass jedem Einzelnen, der eine Vergabung vornehmen wollte, die Wahl freigestanden zu haben scheint. In diese Periode der Concurrenz fällt der obige Schöffenspruch. Der Schwerpunkt desselben liegt demnach darin, dass alle im gehegten Dinge, d. h. vor Richter und Schöffen vollzogenen Gaben in die von den Schöffen geführten Bücher und nicht in die Bücher des Rathes einzutragen sind.

Nach einer Nachricht (bei Hoffmann Gesch. der Stadt Magdeb. Bd. I. S. 199) soll im Jahre 1336 bei Gelegenheit eines abermaligen Conflictes der Rath mit seinen Ansprüchen endgültig durchgedrungen sein. Es mag dahin gestellt bleiben, ob damals für die Stadt Magdeburg selbst eine dauernde Aenderung herbeigeführt worden ist. Jedenfalls haben die Magdeburger Schöffen bei den Entscheidungen auf Anfragen von ausserhalb fortwährend daran festgehalten, dass Vergabungen, insofern sie überhaupt der gerichtlichen Verlautbarung bedürfen, im gehegten Dinge vor Richter und Schöffen geschehen müssen. Vgl. z. B. M. Fr. I. 7. 23; I. 12. 3; M. Br. Schr. IV. 1. 21 und an vielen anderen Stellen.

In der Stadt Stendal mögen ähnliche Streitigkeiten zu der obigen Anfrage Veranlassung gegeben haben. Das Privileg für Stendal vom Jahre 1345 (also zwölf Jahre nach unserem Schöffenspruch ergangen) bestimmt, ganz im Einklange mit der oben angef. Anordnung des Erzbischofs Erich, man solle *dye gyft geuen vor dem rade up der löuen, dat is willekür unser meynen stad vnd scal die scriuen in der stad buk* (Riedel Cod. dipl. I. XV. S. 125; Homeyer a. a. O. S. 33). Bekanntlich handelt es sich bei all diesen Streitigkeiten im Grunde immer um die Frage, wer die Einkünfte aus derartigen Acten zu beziehen habe; das Privileg von 1345 hebt daher auch noch besonders hervor, *die nüt die dar af komet na magdeburger guter gewonheit, die scal man keren in der stad nüt.*

b.

Friedebusse ist eine Gebühr, die das Gericht beim Friedewirken bezieht. M. Br. 1261 §. 23; M. Görl. 15, 73; Weichb. 50. §. 1; 67; Glosse Weichb. 108 (v. Dan. 416. 34); Mühler 19, 69; M. Br. Sch. r. II. 1, 4; Glog. 12. Nach Weichb. 22. §. 5 erhält davon jeder der elf Schöffen einen Pfennig, der Schultheiss den zwölften. Die Schreibergebühr wird erst später hinzugekommen sein und gehört daher nicht zur Friedebusse im engeren Sinne. Noch M. Br. Sch. r. III. 2. 66 unterscheidet zwischen *vrede pfennynge* und *schribe pfennynge* und bei Stobbe 18 und M. Fr. I. 3. 16 (1) wird die Friedebusse *scheppen schilling* genannt, wobei also die zwei Pfennige für den Schreiber nicht mitgezählt werden.

Näher ist über die Verbindung, in welcher die Friedebusse mit dem Friedewirken steht, Folgendes zu bemerken. Das Letztere kommt in den Quellen des Magdeb. Rechts in folgenden Anwendungen vor: Bei der Hegung des Dinges (*daz niemant den anderen irre an siner clage zu unrechte*) M. Görl. 110; Weichb. 18. § 3; M. Br. Sch. r. II. 2. 38; — beim Zweikampf (*daz sie niemant en irre an irme kamphe*) M. Görl. 137; M. Br. Sch. r. II. 2. 62; — für denjenigen, der sich aus der Verfestung ziehen will, um vor Gericht zu erscheinen, Weichb. 65. §. 1; Glog. 217; — bei einer gerichtlichen Vergabung M. Görl. 21, 76; Weichb. 62. §. 1; Mühler 23, 69 und in unserer Stelle; — bei einem gerichtlichen Gelöbniss M. St. IV. (*alse he vor om ghelovet hadde, dar deme richtere eyn vrede wart up ghewracht*); — bei der Eigenung eines besetzten Gegenstandes nach dreimaliger Aufbietung desselben M. Br. 1295. §. 5; M. Görl. 46; M. Br. Sch. r. III. 2. 80; Glog. 136; — nach Anstellung oder Vollziehung einer Klage Behufs des ferneren Vorgehens auf Grund derselben M. Br. 74. a. E.; M. Görl. 119; Weichb. 33; M. Br. Sch. r. II. 2. 26, 34, 71; III. 2. 59; Wasserschl. IV. 80; M. St. XXII. 1 (*uppe disse vraghe is juweme borghere eyn vrede ghewracht*) — zu Gunsten des Beklagten, der definitiv von der Klage losgesprochen wird Stobbe 18. Der Zweck des Friedewirkens ist in allen diesen Fällen, gewisse Handlungen unter den Schutz des Gerichtsfriedens zu stellen, dadurch, dass jede unrechtmässige Irrung oder Störung in Betreff derselben untersagt wird. Dieser Gerichtsschutz kann hinsichtlich einer erst beabsichtigten Handlung gewährt werden, aber auch hinsichtlich eines Actes, der bereits vorgenommen ist, soweit derselbe für die Zukunft wirksam sein soll. Jener Fall liegt in den drei ersten der angeführten Beispiele, dieser dagegen in allen übrigen oben hervorgehobenen Anwendungen vor. In diesem letzteren Fall gewinnt das Friedewirken noch eine besondere Nebenbedeutung. Es wird nämlich dadurch feierlich constatirt, dass die betreffenden Handlungen rite vorgenommen sind; bei Vergabungen und ähnlichen Acten der freiwilligen Gerichtsbarkeit wird zugleich festgestellt, dass kein Einspruch im Gericht selbst erfolgt ist. Demnach gewährt das Friedewirken in diesem Falle zugleich den Vortheil der Beurkundung und in mehreren Stellen wird der Zweck desselben auch hierin gesetzt: *der richter may dy gabe besezen mit vir dingmannen und mit zwen schepphen u. der gabin craft gebin u. frede dorobir wirken . . u. das ist dorumme gesazt daz daz recht nicht zughee u. wil auch nicht anders mehr wen daz man der gabe eine redliche sache u. gezugkenisse gebe.* Glosse Weichb. 54 (v. Dan. 373. 12), vgl. Glosse Weichb. 59 (v. Dan. 383. 19); M. Br. Sch. r. II. 2. 26, 34. Die Sicherung des Beweises aber, welche für die Beurkundung wesentlich ist, wird nur erreicht, wenn die Friedebusse gezahlt ist. Erst dann erfolgt die Eintragung des Actes in das Schöffenbuch: *wenne denne die gabe besteliget wirt, das is yn geschrebin wirt,* Glosse Weichb. 22 (v. Dan. 282. 3) und daher sind auch die Schöffen erst nach Zahlung der Friedebusse verpflichtet, die Erinnerung an die vorgenommene Handlung zu bewahren (M. Fr. I. 3. 14). Wer dies unterlässt, hat es sich selbst zuzuschreiben, wenn ihm dadurch das Beweismittel des Gerichtszeugnisses verloren geht. (M. Br. Sch. r. II. 2. 34.) Synonyma für Friedebusse sind deshalb: *orkunde* M. Fr. I. 3. 16 (1); *wetepenninge* oder *wissephenninge* Weichb. 30. §. 1; Glosse Weichb. 63 (v. Dan. 385. 26); *wizzenschaft* M. Görl. 16; *kuntscap* Weichb. 22. §. 5; lateinisch *memoriale* lat. Weichb. 64, 73. §. 3, 105. Die Thätigkeit des Gerichts sowie die Anrufung desselben durch die Partei zum Zweck der Beurkundung heisst auch *besezen*, indess verbindet sich mit diesem Ausdruck wohl eine allgemeinere Bedeutung. Vgl. z. B. M. Fr. I. 3. 14; Glog. 281; Wasserschl. IV. 119, 121, 176; Glosse Weichb. 18 (v. Dan. 264. 37, 45); Homeyer Richtst. (Glossar).*)

Ueber das Friedewirken und die Friedebusse überhaupt ist zu vgl. Heydemann Elemente der Joachim. Const. Anm. 1062; Homeyer Richtst. S. 420, Glossar z. Ssp. *Friede;* v. Meibom Pfandr. S. 118.

c.

Erbtheilungen können ohne Dazwischenkunft des Gerichts abgeschlossen werden, sofern sich die Interessenten gegenseitig genügendes

*) Zu bemerken ist, dass die Gebühr von 14 Pfennigen auch in Fällen vorkommt, in denen ein Friedewirken nicht voraufgegangen ist. In solchen Fällen wird jedoch, wenigstens in unserer Sammlung, die Bezeichnung Friedebusse nicht gebraucht. Vgl. II. 3, 4, 6.

Vertrauen schenken (*also verne als de lude den dat antrit, sik under eynander gheloven*). Ist dies nicht der Fall, so muss die Nachlassregulirung im gehegten Ding vor Richter und Schöffen stattfinden und in deren Büchern vermerkt werden. In Betreff der alsdann zu zahlenden Friedebusse s. vor. Anm. Auch bei diesem Ausspruch ruht der Nachdruck wieder auf der von den Schöffen dem Rath gegenüber in Anspruch genommenen Competenz, und zwar werden die Schöffen in diesem Falle, selbst nach dem Wortlaut des oben angeführten Privilegs des Erzbischofs Erich die ausschliessliche Competenz beansprucht haben, da durch jenes Privileg nur die Vergabungen, nicht aber auch die Erbsonderungen den Rathmannen zugewiesen waren.

In Bezug auf den materiellen Inhalt des vorliegenden Weisthums sind zu vgl. M. Fr. I. 7. 21; Wasserschl. IV. 13. Auch in diesen beiden Stellen werden Erbschichtungen, die aussergerichtlich vor der Freundschaft stattgefunden haben, für rechtsbeständig erklärt. In der zuletzt angeführten erhebt der Ehemann, welcher das getroffene Abkommen nicht anerkennen will, den Einwand *do ist auch keyne sunderunge geschen vor geheyter banck* — (Wasserschl. S. 148); — indess wird derselbe durch die Entscheidung der Magdeburger Schöffen verworfen. Der Inhalt solcher aussergerichtlichen Erbvergleiche ist nach gewöhnlichen Beweisregeln beweisbar. Eine Beschränkung findet jedoch hinsichtlich der zum Nachlass gehörigen Grundstücke statt, in Betreff deren auch Erbauseinandersetzungen an die für die Vergabung von Immobilien vorgeschriebenen Formen gebunden sind (M. Fr. a. a. O.).

Hervorzuheben ist ferner, dass das Magdeburger Recht eine Einmischung des Gerichts selbst dann nicht vorschreibt, wenn Unmündige bei der Verlassenschaft betheiligt sind, sondern dass die Vertretung dieser lediglich ihren Vormündern überlassen wird. Dies ist von Wichtigkeit mit Rücksicht auf die zahlreichen (grösstentheils allerdings erst aus späterer Zeit datirenden) Statuten, in welchen der obervormundschaftlichen Gewalt des Rathes eine unmittelbare Einwirkung bei derartigen Verhandlungen eingeräumt wird. Von solchen Statuten finden sich namentlich auch in der Mark Brandenburg vielfache Beispiele, Heydemann Elemente S. 307 flg. und Nachtrag dazu (S. 416), vgl. auch Kraut Vormundsch. S. 84 flg.

d.

Aus dem Gebiete des Magdeburger Rechts lässt sich ein anderes Beispiel für die hier angedeutete, sonst häufig genug vorkommende Entrichtung der Bussen und Gerichtsgebühren in Wein oder Bier — vgl. Stadtr. v. Frankf. a. M. 1297. §. 11, 12 (Gengler), Grimm. R. A. S. 341, 871, Halt. v. Weingeld — nicht anführen. Nahe verwandt ist das in einzelnen späteren Schöffenurtheilen erwähnte Wissebier, welches indess nicht dem Gericht, sondern gerade den aussergerichtlichen Urkundspersonen geschenkt wird. Wasserschl. IV. 168, 169, 195.

e.

Die Gebühr von zwölf Schillingen für Urtheilsmittheilungen wird öfters erwähnt. M. Br. Sch. r. II. 1. 5; M. Fr. III. 10. 1; Glog. 464b.;

Glosse Weichb. 10, 16 (v. Dan. 235. 48, 253. 3). Die Ermässigung für die fragenden Magdeburger, deren unsere Stelle gedenkt, mag vielleicht durch die Beschwerde herbeigeführt worden sein, welche in dem in Anm. a. erwähnten Streit mit zur Sprache kam, dass die Schöffen *dar to vele var nemen*. Zu beachten ist übrigens, dass sich diese Gebühr, sowohl die von zwölf Schillingen wie die ermässigte, nicht auf Urtheilsfragen in gehegtem Dinge bezieht. Hier haben die Schöffen zu antworten von ihres Amtes wegen, ohne Sporteln beanspruchen zu können. Vgl. M. Fr. I. 3. 4.

f.

Bei Rechtsweisungen auf Anfragen, die ausserhalb des gehegten Dinges gestellt werden, soll Niemand zugegen sein als die Schöffen und die Interessenten. Die Ausschliessung der Oeffentlichkeit ergiebt sich von selbst, weil eben kein Ding stattfindet und also kein Grund zu einer öffentlichen Verhandlung vorliegt. Von den Schöffen werden wie beim Urtheilfinden mindestens drei anwesend gewesen sein müssen. M. Fr. I. 2. 1; I. 3. 8. Verboten ist, dass ein einzelner Schöffe *an siner gesellen wort unde wissintschaft* Recht verkaufe Weichb. (Zob.) 100. Die Anwesenheit der Interessenten ist gestattet, nicht vorgeschrieben. Die Worte *dar en scal neyman over wesen . . . wenne de personen de men scal berichten* können freilich Beides bedeuten, indess ergiebt sich aus den häufig vorkommenden brieflichen Anfragen, die blos durch Correspondenz erledigt werden, dass die Gegenwart der Anfragenden unmöglich obligatorisch gewesen sein kann. — Das Hauptinteresse wird auch in diesem Fall ein financielles gewesen sein und darin bestanden haben, dass die Schöffen die Gebühren für solche Urtheilsmittheilungen allein beziehen und dass sie deswegen die Theilnahme anderer Personen fernhalten wollten. Gegen wen der vorliegende Ausspruch seiner Absicht nach ursprünglich gerichtet gewesen, lässt sich zwar nicht mit Sicherheit feststellen; aus dem folgenden Absatz wird es jedoch wahrscheinlich, dass auch in dieser Beziehung Zwistigkeiten mit den Rathmannen stattgefunden hatten. — Vgl. über die aus den Urtheilsmittheilungen fliessenden Einkünfte der Schöffen und deren Verwendung noch Glosse Weichb. 16 (v. Dan. 252. 49 flg. 253. 5 flg.).

g.

Nach M. Fr. I. 1. 4, 5 sollen die Rathmannen kein Urtheil ausserhalb der Stadt verkaufen; in einem Falle geben sie sogar eine irrthümlich an sie gerichtete Anfrage an die Schöffen zur Beantwortung ab, M. Fr. III. 1. 11 (Beil. II.). Wenn daher hier dennoch von Anfragen die Rede ist, die sowohl von Bürgern der Stadt Magdeburg wie von Auswärtigen an den Rath ergehen und von diesem beantwortet werden, so kann es sich dabei im Sinne der Magdeburger Schöffen nur um solche Fälle gehandelt haben, die dem Bereich der städtischen Willkühren angehörten.*) Da diese letzteren unbestritten der alleinigen Zuständigkeit

*) Der Rath mag vielleicht nach Massgabe des Anm. a. erwähnten Privilegs von 1294 auch die Befugniss angesprochen haben, Rechtsweisungen über Eigen und Erbe zu ertheilen; diese Befugniss ist ihm aber von den Schöffen sicherlich niemals zugestanden worden.

des Rathes unterlagen, so muss es demselben auch freigestanden haben, hierüber Rechtsmittheilungen zu machen. Zu Anfragen in dieser Beziehung konnte um so eher Veranlassung vorhanden sein, als die Schöffen im Allgemeinen strenge an der Competenzgränze festhielten, über den Inhalt städtischer Willkühren kein Recht zu sprechen. Wenn daher eine fremde Stadt sich über die in Magdeburg geltenden Satzungen des Rathes unterrichten wollte, so blieb ihr Nichts übrig, als sich an diesen selbst zu wenden. (M. Fr. I. 3. 3; Wasserschl. IV. 26; Neumann 27; Stobbe Beitr. S. 37. Anm. 2.) Jene Beschränkung wurde übrigens in der Praxis des Magdeburger Schöffenstuhls auf alle von dem Weichbildrecht abweichenden Bestimmungen ausgedehnt, so dass in den Schöffensprüchen regelmässig nur das Magdeburger Recht zu Grunde gelegt wurde und Besonderheiten, die in den anfragenden Orten galten, selbst dann keine Berücksichtigung fanden, wenn sie von Rechtswegen Einfluss auf die Entscheidung hätten ausüben müssen. Für diese ausschliessliche Rücksichtnahme auf das Magdebnrger Recht bietet auch unsere Sammlung Beläge dar. (Vereinzelte Ausnahmen finden sich allerdings, vergl. z B. Neumann 52.)

Anders verhielt es sich mit der Frage, wie weit der Umfang des städtischen Willkührrechts reichte. Diese Frage so wie die mit derselben nahe verwandte nach den materiellen und formellen Bedingungen der Gültigkeit städtischer Willkühren wurde von den Magdeburger Schöffen allerdings als zu ihrer Cognition gehörig betrachtet, s. hierüber unten XIII. 1 und dazu Anm. a.

h.

Vgl. hierzu Ssp. I. 70. §. 1; M. Fr. II. 2. 3a.; Glog. 50; Wasserschl. II. 212, 259; IV. 88b; Homeyer Richtst. S. 449, 450 — und in Betreff der Verpflichtung des in der Schuld Gewonnenen, dieselbe sofort zu bezahlen sowie über die Gleichstellung dieses Falles mit dem Nothrecht unten Anm. zu No. XXIV.

i.

Ein Gut wird beklagt, verklagt, es wird auf ein G., zu einem G., um ein G. geklagt, heisst: es wird eine Klage auf Einweisung in ein G. angestellt; z. B. M. Br. Sch. r. III. 2. 69, 105, 122 — III. 2. 77; M. Fr. II. 2. 5 — M. Br. Sch. r. III. 2. 74; M. Fr. II. 2. 3a., 4 — Wasserschl. IV. 61, 69 — M. Fr. I. 4. 5; 6. 5; II. 5. 1. Führt der Kläger seinen Anspruch durch, so sagen die Quellen: das Gut sei erklagt, abgeklagt, erfordert, erstanden, gewonnen, an oder abgewonnen. M. Br. Sch. r. III. 2. 78; M. Fr. II. 2. 3, 6 — M. Br. Sch. r. III. III. 2. 77; M. Fr. I. 12. 8 — M. Br. Sch. r. III. 2. 76; IV. 2. 87 — III. 2. 138 — M. Fr. I. 4. 9; II. 2. 2. Gegenstände einer solchen Klage können alle Arten von Gütern sein, bei denen eine Einweisung möglich ist, liegendes wie fahrendes Gut, ja sogar ein Vermögensinbegriff (vgl. im Allg. v. Meibom Pfandr. S. 164 fgg. Vermögensinbegriff: M. Br. Sch. r. III. 2. 130, IV. 2. 87.) Der Klagegrund kann auf sehr verschiedenen Rechtsverhältnissen beruhen; er kommt zunächst überhaupt nicht zur Sprache, sondern erst im Falle einer contradictotorischen Verhandlung, Haenel Beweissystem S. 8 fgg. Das Verfahren folgt im Allgemeinen den bekannten processualischen Regeln. Besonders hervorzuheben ist der Fall, den vielleicht auch das vorliegende Urtheil im Auge hat, in welchem direct gegen das Gut ohne Namhaftmachung eines bestimmten Beklagten geklagt wird. Dies ist statthaft (vgl. v. Meibom S. 152 fgg.), wenn derjenige, gegen den die Klage zu richten wäre, entronnen (abtrünnig geworden), verschollen oder verstorben ist, ohne dass sich Jemand des Gutes unterwunden hat. Es wird alsdann geklagt „zu dem Gute und zu allen denen, die das Gut vertreten oder verantworten wollen.“ Wasserschl. IV. 61, 69, 165 (S. 310), 173. Die Klage enthält hier immer zugleich ein Aufgebot des Gutes und wird deshalb auch geradezu mit diesem Ausdruck bezeichnet. M. Br. Sch. r. III. 2. 121: M. Fr. II. 2. 2; Glog. 152; Cod. Berol. I. 90; II. 19. (Wasserschl. S. 122.) Meldet sich in Folge des Aufgebots Jemand, der das Gut „aus der Klage ziehen“ (M. Br. Sch. r. IV. 2. 48) will, so ist seine Vertheidigung doch nur dann von Erfolg, wenn er selbst (oder als Vertreter eines Anderen) einen besseren Anspruch als der Kläger nachzuweisen vermag. Es muss also zwischen ihm und dem Kläger der Streit über die Begründung der beiderseitigen Ansprüche ausgemacht werden. Wasserschl. IV. 61, 69, 173. Jene Aufforderung ist mithin nicht so gemeint, dass nunmehr Jedermann die Vertheidigung des Gutes solle übernehmen können; sie richtet sich nur an diejenigen, die ein Interesse zur Sache haben. So wird es der Ehefrau nicht gestattet, das Gut ihres entronnenen Ehemannes zu vertreten, sofern sie nicht durch eine Vergabung Anrechte auf gewisse Vermögensstücke erworben hat. Stobbe 21; vgl. auch M. Br. Sch. r. III. 3. 121.

Das Verhältniss der Klage auf das Gut zur Beschlagnahme im Wege des Arrestes (Besetzung) ist folgendes: jede Besetzung enthält zugleich den Beginn einer Klage auf das Gut, dagegen kann die letztere angestellt werden, ohne mit einer Besetzung verbunden zu sein. (Das Nähere kann hier nicht erörtert werden.) — Ueber das Arrestverfahren ist zu vgl. die eingängliche Darstellung v. Meibom's S. 167 fgg. In der Stadt Stendal kam bei der Besetzung von Grundstücken ein eigenthümliches Verfahren zur Anwendung. Hierüber lässt sich eine, unter unserem Schöffenspruch stehende, von späterer Hand herrührende Notiz folgendermassen aus: *Wie varende have vervolget in gehegedem dinge deme scolen die richter unde schepen dar inweldigen und dar an wisen tu deme dridden dinghe und dar scal die richter eynen freden up werken und to deme virden dinghe scal men en die eyghenen und scal dar aver eynen frede up werken unde scal dat in der schepen buek schryven laten. Sunder claget ymant uppe stande eyghen oder acker, den scolen die richter und die schepen dar inwisen to deme druddden dinghe, dar scal die Richter eynen freden up werken und in deme selven drudden dinghe mach he dat eygen irste werve upbyden na der inwysinghe und dar na scal he dat ander werve upbiden na der inwisinghe und wan he dat twye upgeboden heft na der inwisinghe dar negest scalmen em dat eygenen und scal dar eynen freden up werken und scal dat in der scepen buk scryven laten. Per manum Alberti de Calve tunc nostri notarii. Anno domini LXXVI. dominico Oculi.* Hiermit ist zu vgl. die Glosse Ssp. I. 70 (*hevet en man geklaget uppe gut to dren dingen man sal ine dar in wisen und sal* *is ine geweldigen*), welche wegen ihres nahen Zusammenhanges mit der vorstehenden Notiz hier gleichfalls in extenso Platz finden mag. *Dit holt men aldus nach sunderliken sattunge in ytliken steden als to Stendal. Alleyne in bewegliken gut alles dat men driuen unde dragen moge unde nicht in unbewegeliken gude alse stande eygen unde lyggende grund unde dit geyt also tho. Besat ein des anderen gudt rur unde unrur*) vor gnante schult, so kumpt he dar na tom ersten dinge unde secht: her richter ick hebbe besat N gudt rur unde unrur in velde unde in marke war he dat heft, vor so vele unde dit is myn erste klage unde upbydinge unde vrage wo ick met rechte dar af schole vort faren. So wert he wedder bescheden in dat ander ding unde dar na in dat drüdde. So secht he denne: ick klage uppe so dane gudt unde bede dat up vor so vele unde is myn drüdde klage unde upbydinge unde vrage, wo ick met rechte dar mede schole vort varen. So vintme, men schole en dar yn wysen. So vraget he, we dat don schole. So vintmen: dy richter met twen schepen. So vraget he vort, wan er dat yd geschen schole. So vintme: wente tom negesten dinge. Dat let de kleger befreden. Na der anwysinge, isset bewegelick gudt, so eygent men dat deme klegere in dem ersten dinghe. Isset auer unbewegelik gudt, so modt de kleger na der inwysinge vort to dren dinghen dar up klaghen unde dat up beden; denne ersten so eygent men dat vor dy schult unde de eygenschap lett men ock befreden. De anwysinge geit sus tho: dy richter met den schepen geit dar dat gud is unde eyschet den besitter edder de nabure unde secht: dat yt yw witlick sy, hir wyse ick N van gerichtes halven an sodane gudt, dat he besat unde beklaget heft nach schepen ordell unde vor orlove em dat tho rechte unde vorbyde em dat unrechte.*

Inhalts dieser Stellen stimmt das Verfahren bei der Besetzung beweglicher Sachen ganz mit dem Magdeburger Recht überein, v. Meibom S. 116. Dagegen findet bei unbeweglichen Sachen zunächst eine provisorische Einweisung statt; darauf erfolgt eine abermalige und zwar wiederum mehrfach wiederholte, mit einer Aufbietung verbundene Klage auf das Gut und demnächst erst die definitive Uebereignung. Eine Differenz zwischen beiden Stellen ist insofern vorhanden, als nach der in unserer Hds. enthaltenen Notiz die erste Einweisung bereits im dritten Dinge vor sich geht und noch in demselben Dinge auch die „erste Klage nach der Einweisung" angestellt wird, während nach der Glosse dies Beides frühestens im vierten Dinge geschehen kann. Nach jener Notiz soll ferner, wenn auf die provisorische Einweisung ein zweimaliges Aufgebot stattgefunden hat, *dar negest* die definitive Uebereignung erfolgen; nach der Glosse dagegen muss man vor derselben wieder zu dreien Dingen auf das Gut klagen. Wahrscheinlich stellt hiernach die Glosse das ältere Recht, die in unserer Hds. überlieferte Nachricht dagegen eine spätere Abkürzung desselben dar. Jedenfalls ergiebt sich aus den vorstehenden Schilderungen, dass das Stendaler Recht in die Reihe derjenigen Rechte gehört, welche bei dem Arrest- und Executionsverfahren schliesslich zu einer förmlichen Uebereignung der gepfändeten Sachen an den Gläu-

*) Der Gegensatz zwischen rur und unrur ist derselbe wie der später folgende zwischen Feld und Mark. Die Besetzung soll sich erstrecken sowohl auf das beackerte (vom Pflug gerührte) wie auf alles übrige Land des Schuldners.

biger führten, so dass derselbe nach dieser Uebereignung unwiderruflicher Eigenthümer der Executionsgegenstände wurde, bis dahin aber höchstens die Custodia erhielt. Es scheint, dass das letztere System auch im Geltungsbereich des Sachsenspiegels zur Anwendung gekommen ist; soweit sich jedoch aus den gerade hier sehr unzulänglichen Nachrichten ein Schluss ziehen lässt, ist das Stendaler Recht auch mit dem im Gebiet des Sächsischen Landrechts befolgten Verfahren nicht durchweg in Uebereinstimmung, sondern hat diesem gegenüber gleichfalls Besonderheiten aufzuweisen. Das Einzelne ergieht sich aus einer Vergleichung der angef. Stellen mit v. Meibom S. 107.

Das obige Schöffenurtheil steht lediglich auf dem Boden des Magdeburger Rechtes; die Abweichungen des Stendaler Verfahrens sind den Magdeburger Schöffen entweder unbekannt gewesen oder doch von ihnen nicht in Betracht gezogen worden. Die Einweisung, von der hier gesprochen wird, ist demnach im Sinne des Magdeb. Rechts zu verstehen; sie hat die Wirkung, dass der Gläubiger das in Beschlag genommene Grundstück entweder für Rechnung des Schuldners veräussern oder selber innebehalten kann. Dem Schuldner steht jedoch das Wiedereinlösungsrecht zu, von welchem er, so lange noch der Gläubiger selbst Besitzer ist, unbeschränkt, dagegen nach einem Vorkauf Dritten gegenüber nur binnen Jahr und Tag Gebrauch machen kann, v. Meibom S. 116 fgg.

Unsere Stelle hebt besonders hervor, dass die bei Gelegenheit der Einweisung vom Kläger zu zahlende Friedebusse (oben Anm. b.) auf das Gut geschlagen werden solle. Um den Betrag derselben wird also die auf dem Gut haftende Schuld erhöht. Eine reelle Bedeutung erlangt dies, wenn eine Berechnung mit dem Schuldner stattfindet, also bei der Wiedereinlösung oder in Folge eines Verkaufes. Dann kommt die Friedebusse mit zum Ansatz und dasselbe wird auch von anderen für das Gut gemachten oder durch den Process veranlassten Kosten und Auslagen gelten. In Betreff des Gewettes enthält eine analoge Bestimmung M. Br. Sch. r. III. 2. 34.

III.

1) Von des voghedes besettinghe. — 2) Von des scullen besettinghe mit den schepenen. — 3) Von des schulten untsettinghe. — 4) Oft eyn man ghut brochte ute der besettinghe. — 5) Von unechten kinderen. — 6) Ofte eyn man deme anderen unnechte bord anspreke. — 7) Ofte unechte lude er gut ich vorgheven moghen. — 8) Oft eyn man deme anderen andwordet worde umme sculde. — 9) Oft eyn man sin ghut untsetten moghe buten hegheden dinghe.

Wye schepen der stad to Magd. bekennen an dessenie openen breve allen den dye en sehen oder horen, dat we den kloken unde den hoveschen mannen, den . . schepenen to Stendal umme stucke der se uns ghevraget hebben vor eyn recht:

[1] To dem ersten: Oft eyn man guth besette mit deme voghede in eynes mannes hus dat eynes anderen were, dar hie to neme die neybure boven unde beneden oder andere bederve borghere, oft he der neybur nicht hebben mochte to deme male, unde dat guth worde bracht ute der were dar it under deme manne besath was, watte broke deme richtere dar af bore unde deme manne de dat guth hedde besat. Spreke wie vor eyn recht: Is dat dat gut ute des mannes were under deme dat besat is, ghebracht wert, so scal genne de dat gut besat heft, laten syne claghe irvolghen up den man under deme dat gut besat was, unde de richter heft dar an sin ghewedde (a).

[2] To deme anderen: Ofte dar na queme eyn ander man mit deme scultechten mit deme voghede unde mit den schepen unde besatte dat silve gut, ofte de leste settinghe de ersten moghe breken. Spreke wie vor eyn recht: dat die erste settinghe de de voghet ghedan heft, scal macht hebben, wente he se heft ghedan van des richters weghene (b).

[3] To deme dredden: So wanner de scultechte guth untsettet, wat ome dar of scole boren. Spreke wy vor eyn recht: Swanne de scultechte gut bye sat, dar en scal he nicht af nemen. Mer svenne he it weder untsettet, so gheboret em dar af eyn scilling unde nicht mer (c).

[4] To dem vyerden: Oft eyn man gut besette mit deme gherichte under eynem manne dat des selven mannes were, unde untferende he dat unde brotte dat ute syner were binnen der besettinghe, wat de man hebbe gebroken weder den richtere unde den man de dat gut besat hedde. Spreke wye vor eyn recht: Entferent eyn man sin eghen gut dat under eme besat is, so scal gene van des weghene dat gut is besat mit gherichte, uppe den man sine claghe irvolghen to rechte unde der richter heft dar an sin ghewedde (d).

[5] To deme voften: Umme unechte kindere unde lude, wo verne dat treden scal unde to welkeme lede dat ut ghan scal. Spreke wye vor eyn recht: De wile men dat berekenen unde bewysen mach, so moghen de lude die van unechte her gheboren sin, neyn erve nemen to rechte (e).

[6] To deme sesten: Oft eyn man queme unde spreke mit reden, dat sin elderen in unechte to hope weren ghekomen unde des neyne gantze warheyt en wiste unde de silven lude hedden kindere to hope in echte manich iar to samene, wo de man dat unecht over so dane lude bewysen scal, unde ofte de man dar dat unecht up ghesproken is, sic des gicht negher to werende is oder eme over to ghande, unde wo dane wis unde mit welken luden. Spreke wy vor eyn recht: Dat

de de mit unechte besproken wert, is negher des untghande wenne man dat up one bringhen moghe, an desser wyse: he scal dat sveren mit ses bederven mannen ores rechtes unvorseghet up den heylighen also dat he silve sevede sy, alse recht is, dat he van alle sinen elderen wante her van echte si gheboren. Is aver dat he deme de unecht up en ghesproken heft, dat over gift, dat he bewysen scole, dat he unecht sy, so scal de silve man ok dat bewysen mit ses vromen mannen alse dat he silve sevede sy, up den heylighen alse recht is, dat iene van unechte si gheboren van sinen elderen wente her. Mach he aver des nicht volkomen alse recht is nach der vore bescrevener wyse, so scal he deme manne up den he unecht ghesproken heft, gheven eyne bute, dat sin drittich scillinghe, unde deme richtere sin ghewedde (f).

[7] To deme seveden: Ofte unechte lude oder kindere*) eres ghudes jenneghe gift jenneghen manne gheven moghen, de wile dat se levendich unde sunt sin, unde ofte de gifit stunde jar unde dach unde mer sunder wedersprake, ofte se mǫchte stan oder nicht. Spreke wy vor eyn recht: dat unechte lude oder kindere moghen by erme sunden live ore gut wol vorgheven sveme si willen unde de gift de si don ader ghedan hebben, scolen to rechte macht hebben (g).

[8] To deme achteden: Oft eyn man den anderen besculdeghede umme benomde sculde oder um eyn ticht, de nenen borghen hebben mochte, worde he denne ome antwerdet bi der hant unde de jene untqueme heymelyke, wat sin broke dar umme were. Spreke vor eyn recht: Wer eyn man dem anderen antwerdet by der hant vor sculde, den man scal he behalden mit eyner helden umme sinen vute unde scal eme gheven to etende unde to drinkende also guth alse he it gifit sineme deghelikes ghesinde. Entkumpt ome de man ane sine sculde unde witscap, so heft he dar an weder den richter nicht ghebroken. Ist aver dat he den man lemet ofte dodet, also dat he ene deme richtere nicht weder antwerden mach, also he ome wart gheantwerdet, so scal he gheven deme richtere vor de lemenisse neghen punt unde vor den dod achteyn punt to rechte (h).

[9] To deme negheden: Oft gut besat worde van gherichtes weghene, oft man dat buten dinghes weder untsetten moghe. Spreke wy vor eyn recht: Dat de man des gut besat wert, is dat he dat gut wil untsetten laten, so scal he sines eghenes unde sines erves dar vore setten also vele alse der sculde is, also langhe went he dat untrichte. Is aver dat he neyn eghen noch erve en heft, so scal he eynen anderen man de eghen heft unde erve, dar vore setten (i).

*) Hier steht noch durchstrichen im Text: moghen bi erme sunden live.

Dat dit recht si, dat betughe wy mit unseme yngheseghele, dat to rucghe an dessen bref gheclevet is, den wy ghegheven hebben na ghodes borth dusen jar drehundert jar an deme eynen unde drittighesten jare an der heyligen mertelere daghe Gervasii et Prothasii.

a.

Die besetzten Mobilien dürfen ohne den Willen dessen, der die Besetzung veranlasst hat, nicht aus dem Grundstück gelassen werden, sonst muss der Eigenthümer des Grundstücks dafür aufkommen; vgl. Dresd. 211 (Wasserschl. S. 108). Nach letzterer Stelle wird jedoch der Eigenthümer eines Gasthofes, in welchem die Besetzung eines Gastes nnd seines Gutes erfolgt, mit der Entschuldigung gehört, er habe sogleich bei Anlegung des Arrestes dem Frohnboten gegenüber jede Verantwortlichkeit abgelehnt (*ich habe gesaget dem froneboten das ich seyn und seynes gutes nicht gewarten mag*) und eine solche Ablehnung der Verantwortlichkeit scheint allgemein zulässig gewesen zu sein, vgl. v. Meibom Pfandr. S. 169 und das. Anm. 81. Wenn jedoch eine derartige Erklärung bei Anlegung des Arrestes nicht abgegeben war, so war der Entschädigungsanspruch gegen den Eigenthümer der Were wegen der abhanden gekommenen Gegenstände zulässig; dabei mögen indess dem letzteren Einreden auf Grund der gehörig geleisteten Custodia zugestanden haben. — Nach den Worten des obigen Urtheils: *so scal genne . . . laten syne clage irvolghen up den man* ist übrigens anzunehmen, dass der Entschädigungsanspruch nicht in einem besonderen Verfahren geltend gemacht zu werden brauchte, sondern dass hierzu die Klage benutzt werden konnte, mit welcher man der Besetzung von Dinge zu Dinge folgte. Damit stimmt überein, dass auch in anderen Fällen die der Besetzung folgende Klage auf das Gut mit persönlichen Ansprüchen verbunden wird, M. Br. Sch. r. II. 2. 31, vgl. auch v. Meibom S. 391 fg. (Note 413). — In Betreff der Nachbaren als regelmässiger Urkundspersonen vgl. z. B. unten XXII, Cod. Berol. I. 90; Wasserschl. S. 122. — Nach Dresd. 247 (Wasserschl. S. 120) können dieselben auch durch den Frohnboten ersetzt werden; nach der Glosse in Anm. i. zu No. II. sind sie überhaupt nur dann erforderlich, wenn der Besitzer nicht anwesend ist. — Dass endlich der Eigenthümer im Falle des Unterliegens ein Gewette zahlen muss, entspricht allgemeinen Grundsätzen, da hier eine mit Unterwindung angestellte Klage durchgeführt ist; auch der Kläger wird demgemäss Busse zu beanspruchen haben, vgl. Weichb. 84 § 2.

b.

Die Besetzung kann im gehegten Ding oder ausserhalb Dingtagen stattfinden. M. Br. Sch. r. II. 2. 31; III. 2. 122. M. Fr. I. 2. 6. Immer aber muss sie mit Gericht geschehen, d. h. entweder durch den Richter selbst oder dessen geschwornen Boten. Cod. Berol. I. 90 (Wasserschl. S. 122). Die Besetzung durch einen ungeschwornen Boten ist machtlos, vgl. Glosse Ssp. II. 41: *wente he* (der Richter) *edder de vronebode schal van gerichteden saken allene pandinghe don;* unten XXII. 2 u. M. Fr. II. 2. 1. Dagegen braucht der geschworne Bote nicht zur Vornahme der Besetzung vom Richter besonders autorisirt zu sein; er kann auch ohne Wissen des

Richters mit voller Rechtswirkung den Arrest anlegen. M. Fr. a. a. O. Die Worte *wente he se heft ghedan von des richters weghene* bedeuten also: Der Vogt handelt immer im Namen des Gerichts. Ueber die untergeordnete Stellung des Stendaler Stadtvogtes s. unten X. 3 und die Anmerk. dazu.

c.

Die Besetzung haftet, abgesehen von dem Falle, wo sie zur Einweisung des Klägers führt, so lange, bis sie wieder aufgehoben wird, oder wie die Magdeburger Quellen sich ausdrücken, so lange als keine Entsetzung oder Freiung stattgefunden hat, vgl. M. Fr. II. 2. 10; Stobbe 21; M. Br. 1261 § 30; M. Görl. 16; Weichb. 51; Mühler 21; M. Br. Sch. r. III. 2. 79; Glog. 138. Die Aufhebung des einmal verhängten Arrestes erfolgt in drei Fällen: 1) wenn Jemand das Gut mit Erfolg vertritt, entredet, aus der Klage zieht (vgl. ausser den bereits oben Anm. i. zu No. II. angef. Stellen noch M. Fr. I. 12. 8; II. 2. 5); 2) wenn der mit Arrest Beschwerte eine anderweitige genügende Sicherheit bestellt; 3) auf Grund eines freiwilligen Uebereinkommens unter den Interessenten. — In dem zuerst genannten Falle muss der Entsetzung immer eine förmliche gerichtliche Verhandlung und ein Schöffenurtheil voraufgehen, durch welches festgestellt wird, dass das Gut im Wege Rechtens aus der Klage gezogen sei; hierauf wird der Richter, gleichfalls durch ein Schöffenurtheil zur Vornahme der Entsetzung ermächtigt. Die Verhandlung findet regelmässig in einem der 14tägigen gebotenen Dinge statt; ausnahmsweise wird ein Gastgericht zu diesem Zwecke gewährt, sofern derjenige, der das Gut vertreten will, ein Gast ist, Wasserschl. IV. 50. Einer Vorladung des Besetzers (des Extrahenten der Beschlagnahme) zu dieser Verhandlung bedarf es nur in dem zuletzt erwähnten Ausnahmefalle; sie ist dagegen nicht nöthig für die gebotenen Dinge. Denn wer eine Besetzung ausgebracht hat, muss derselben von Dinge zu Dinge folgen M. Br. Sch. r. II. 2. 81; Cod. Berol. I. 90; II. 19 (Wasserschl. S. 122); Glog. 48. Wer dies nicht thut, wer es also, bevor er in das besetzte Gut eingewiesen ist, unterlässt, in den gebotenen Dingen zu erscheinen und daselbst das Aufgebot zu wiederholen, der setzt sich eben der Gefahr aus, dass die Entsetzung in contumaciam gegen ihn ausgesprochen werde. Dies geschieht denn auch, wenn ein dahin gehender Antrag vorliegt, sofort noch in demselben Dinge, ohne dass eine weitere Vorladung stattfindet, Wasserschl. IV. 50; v. Meibom Pfandr. S. 171. — Sind dagegen beide Theile anwesend, so geht, wie bereits erwähnt, die Verhandlung in das gewöhnliche contradictorische Verfahren über (oben No. II. Anm. i.).

In Bezug auf den zweiten Fall (Cautionsbestellung durch den mit Arrest Beschwerten) ist auf die Anmerkung i. zu diesem Schöffenspruch zu verweisen. Was endlich das Uebereinkommen unter den Interessenten betrifft, so kann auf Grund desselben jederzeit die Aufhebung der Beschlagnahme erfolgen, und zwar bedarf es hier nicht einmal einer vorgängigen gerichtlichen Verhandlung, sondern der Richter oder Frohnbote kann in diesem Falle ohne Weiteres die Entsetzung vornehmen, vgl. Wasserschl. a. a. O.: *is nu N. R.* (dem Arrestaten) *an H. S. des beseczers willen und volbort irleubit, das besaczte gut weg zcu bringen, ir ym das mit rechten orteyln zcu geteylt is und ir her das vorburget hette . . . das ist mit rechte nicht geschen.*

Ueber den Ritus bei der Entsetzung erhalten wir in unserem Schöffenspruch nur eine kurze Andeutung und auch sonst wird derselbe m. W. nicht näher beschrieben. Es wird anzunehmen sein, dass die Procedur im Allgemeinen dem bei der Besetzung üblichen Verfahren entsprochen habe. Ein Unterschied, den die vorliegende Stelle ausdrücklich hervorhebt, besteht darin, dass der Schulze für die Entsetzung eine Gebühr von einem Schilling erhält, während er für die Besetzung Nichts zu beanspruchen hat. Der Grund dieses Unterschiedes dürfte darin liegen, dass die Besetzung lediglich ein provisorisches Recht gewährt und dass sie entweder zur Entsetzung oder zur Einweisung führen muss, in welchem letzterem Fall ohnehin Sporteln (die Friedebusse) zu entrichten sind.

d.

Auch hier gilt in Betreff der Verknüpfung der Klage auf das Gut mit dem persönlichen Anspruch das Anm. a. Bemerkte. Dasselbe Verfahren, welches zur Verfolgung der Besetzung dient, wird zugleich benutzt, um die Klage auf Schadensersatz gegen denjenigen durchzuführen, der das Gut heimlich entfernt hat.

e.

Aehnlich M. Fr. I. 14. 4; unten X. 2. Aus diesen Stellen ergiebt sich die bekannte Regel, dass die Unehelichen activ und passiv erbunfähig sind; ihr Nachlass vererbt sich also nicht auf ihre Descendenten selbst wenn dieselben in der Ehe erzeugt sind, vgl. M. Fr. I. 14. 5, 8; Stobbe 49. Die passive Erbunfähigkeit der Unehelichen hat „kein Ende", d. h. sie werden durch keinen ihrer Descendenten, auch nicht in den entferntesten Graden beerbt. Ausserdem aber enthält X. 2 noch einen anderen Satz. Unechter Leute Kinder mögen kein Erbe nehmen noch besitzen. Diese letztere Stelle spricht also die *active* Erbunfähigkeit der Kinder von Unehelichen ganz allgemein aus, nicht nur in Bezug auf den unehelichen, sondern auch in Bezug auf den ehelich gebornen Parens und die durch diesen vermittelte Verwandtschaft. Auch hierfür finden sich anderweitige Beläge. So sollen, wenn ein ehelich geborner Mann eine unehelich geborne Frau zur Ehe nimmt, die Kinder aus dieser Ehe den Vater nicht beerben, M. Fr. I. 14. 5 — und wiederholt wird als Requisit der ehelichen Geburt aufgestellt, dass beide Eltern ehelich geboren seien, M. Fr. I. 9. 4; Neumann 67 (S. 197 a. E.): „dass er von Vater und Mutter ehelich geboren sei" — vgl. auch die Eidesformeln in dem hiernächst folgenden Urtheil: „dass er von all seinen Eltern bis her von echt geboren sei" und umgekehrt „dass er von unecht geboren sei von seinen Eltern bis her." Es scheint, dass das Erforderniss der ehelichen Geburt nach Massgabe der vier unbescholtenen Ahnen sogar auf die Grosseltern ausgedehnt worden ist. (Siegel Erbr. S. 28.)*) Indess vermag ich aus

*) Dann würden die Kinder der Unehelichen nicht nur der activen, sondern auch der passiven Erbfähigkeit entbehren. Dazu würde sehr gut passen, dass im Absatz 7 dieses Schöffenspruches und ebenso in M. Fr. I. 14. 1 bei der Erörterung über die Zulässigkeit von Vergabungen Seitens der Unehelichen neben diesen selbst auch deren Kinder erwähnt werden. Indess muss eingeräumt werden, dass die Erwähnung der Kinder in diesen Stellen sich auch noch in anderer Weise erklären lässt, vgl. unten Anm. g.

dem Gebiet des Magdeburger Rechts eine direct beweisende Stelle hierfür nicht anzuführen, wenn man nicht die Erwähnung all seiner Eltern in dem obigen Eidesformular als solchen Beweis gelten lassen will. (Unsicher ist die Autorität von Pölmann I. 17. 9.)

Stobbe a. a. O. Anm. 43 macht darauf aufmerksam, dass von den Magdeb. Schöffen in diesem Punkt keine ganz constante Praxis beobachtet worden, dass namentlich die Beerbung der Unehelichen durch ihre Kinder zuweilen zugelassen worden sei. Es giebt aber überhaupt nur zwei Stellen, die sich in diesem Sinne aussprechen: M. Görl. 136 und M. Br. Sch. r. IV. 2. 54. Von diesen kann die zweite nicht als zuverlässig betrachtet werden, da es zweifelhaft ist, ob wir hier in der That die echte Fassung des Magdeb. Schöffenspruches vor uns haben oder ob dabei eine Aenderung (vielleicht gar eine unabsichtliche) Seitens des Verfassers des Schöffenrechts stattgefunden hat. Für das letztere scheint zu sprechen, dass die Fassung der entsprechenden Stelle in den Magdeb. Fr. I. 14. 8. einen anderen Sinn ergiebt. — M. Görl. 136, woselbst den Kindern des Pfaffensohnes ein Erbrecht am Nachlass des Vaters eingeräumt wird, ist allerdings ganz abnorm, um so mehr, als Pfaffenkinder mit einem noch grösseren Makel behaftet waren wie die übrigen Unehelichen. Diese Stelle widerspricht denn auch direct anderen Zeugnissen, Glosse Weichb. 58 (v. Dan. 382. 17); Wasserschl. Succ. S. 142. Der Widerspruch lässt sich m. E. nicht recht aufklären; — die Folgerung aber, zu der Stobbe geneigt ist, zwischen einer älteren (freieren) und einer späteren (strengeren) Auffassung der Magdeb. Schöffen zu unterscheiden, scheint mir hiernach nicht gerechtfertigt.

f.

Derjenige, der seine eigene oder seines Erblassers eheliche Geburt gegenüber einer entgegenstehenden Behauptung darthun will, befindet sich in der Abwehr eines Angriffs und ist deshalb näher zu entgehen als der andere Theil, ihn zu überführen. Das Princip für die Vertheilung des Beweisrechtes ist also im vorliegenden Fall der Vorzug der Vertheidigung. Diese Auffassung, deren Vertreter Planck in Zts. f. d. R. Bd. 10 S. 235 und Homeyer Richtst. S. 491 sind, wird m. E. durch Stellen wie die obige, ferner durch Ssp. III. 28. § 1; Richtst. 24. 52; M. Fr. I. 14. 3a; Wasserschl. IV. 172, V 58. auf das Unzweideutigste bestätigt; — die abweichenden Constructionen bei Haenel Bew. system S. 171 fgg. und bei v. Bar Bew. urtheil S. 229 entsprechen den Quellen des Magdeb. Rechtes durchaus nicht — Hervorzuheben ist ferner Folgendes: 1) Zum Erweise der ehelichen Geburt genügen sechs vollkommene, unversprochene Gehülfen, während zum Erweise der freien Geburt die Beibringung der nächsten Magschaft erfordert wird, nämlich drei Vater- und drei Muttermagen, Weichb. 6. § 4. 2) Der Angegriffene hat das nähere Beweisrecht. Macht er aber hiervon keinen Gebrauch, so ist er doch nicht sogleich überwunden, sondern es tritt nunmehr das Beweisrecht des Gegners in Kraft. So ist das „Uebergeben des Beweises", von welchem die Stelle redet, zu verstehen.

g.

Dem Anspruch, der Seitens der königlichen Gewalt oder des Gerichts auf den Nachlass der Unehelichen als erbloses Gut zu erheben ist, können dieselben durch Vergabungen vorbeugen. M. Fr. I. 14. 1. Die Gültigkeit solcher Vergabungen ist nach allgemeinen Rechtsgrundsätzen zu beurtheilen. Demnach steht den Unehelichen das Recht, Verfügungen bei gesundem Leibe vorzunehmen, ganz unbeschränkt zu; ein Einspruch ist nicht möglich, sowohl weil keine erbberechtigten Verwandten vorhanden sind, wie auch weil sie selbst kein angestorbenes Eigen besitzen können*). Hinsichtlich der Gaben auf dem Siechbett kommen die unten zu No. XX. Anm. a. erörterten Regeln zur Anwendung.

h.

Vgl. M. Fr. II. 2. 19 und die Allegate daselbst. Auffallend ist, dass hier die Wergeldsforderung dem Richter gegeben wird. Nach allgemeiner Rechtsregel gebührte bei Verletzungen oder Tödtungen der Anspruch auf das Wergeld dem Verletzten selbst, resp. dessen nächsten Schwertmagen, vgl. M. Fr. I. 2. 14, 15; III. 1. 1, 9, 13. In Betreff derer, die einem Andern zur Privathaft überantwortet wurden, scheint eine Modification dieser Regel eingetreten zu sein, insofern man ihretwegen der Familie im Allgemeinen, namentlich auch der Ehefrau des Gefangenen aufkommen musste. So soll nach Glosse Weichb. 27 (v. Dan. 318. 35) derjenige, der den ihm mit der Hand geantworteten Schuldner aus dem Gericht fortführen will, dem Weibe und den Kindern desselben Caution bestellen, dass er ihn unversehrt wieder vorbringen werde. Damit stimmt überein, Ssp. II. 34. § 2. Der Richter aber hat immer nur einen Anspruch auf Gewette Weichb. 27 § 2. Die Klage desselben auf das Wergeld lässt sich nur erklären, wenn es sich um einen Elenden handelt M. Fr. I. 2. 14, 15. Diesen Fall mögen die Magdeburger hier vorzugsweise ins Auge gefasst haben, da Gerichtseingesessene, die Freunde in der Nähe hatten, in der Regel die Personalhaft durch Bestellung von Bürgen abwenden konnten.

i.

Die Immobilien, mit denen Sicherheit bestellt wird, müssen im Gerichtsbezirk belegen sein, ebenso müssen die Bürgen im Gerichtsbezirk angesessen sein. M. Görl. 136; Weichb. (Zob.) 27 § 3. Mühler Sch. 34. 14. M. Br. Sch. r. I. 23; II. 2. 28; IV. 2. 48; M. Fr. II. 2. 16. Ueber das Verfahren vgl. M. Fr. II. 2. 17; I. 2. 6; I. 6. 6. Nach diesen Stellen, ebenso nach dem obigen Schöffenspruch kann die Verhandlung über die Caution sowie die Bestellung der letzteren, namentlich die Satzung der Immobilien ausserhalb gehegten Dinges vor dem Richter allein stattfinden. Da der Beklagte unbedingt zur Cautionsbestellung verstattet werden muss, so ist ein Streit nur darüber möglich, ob die offerirte Caution ausreichend ist, also ob die Bürgen angesessen sind oder

) In dieser Stelle wie in M. Fr. I. 14. 1. werden auch die Vergabungen der Kinder von Unehelichen für gültig erklärt. Wie oben erwähnt (Anm. e), liegt darin möglicher Weise eine Hinweisung auf die passive Erbunfähigkeit derselben. Vielleicht soll aber auch blos angedeutet werden, dass die Kinder der Unehelichen hinsichtlich der Befugniss zu Vergabungen bei lebendem Leibe ebenso unbeschränkt sind wie die Unehelichen selbst, da sie eben so wenig wie diese in die Lage kommen können, über angestorbenes Eigen zu verfügen und deswegen einen Einspruch der nächsten Erben gleichfalls nicht zu befürchten haben.

ob die Grundstücke einen genügenden Werth haben. Tritt ein solcher Fall ein, so ist zur Erledigung der streitigen Punkte ein Urtheil nöthig; es müssen also alsdann Schöffen hinzugezogen werden. Dies wird bestätigt durch Glosse Weichb. 27 (v. Dan. 317. 18 fgg.) ***doch sunderlich do dem vorderer an genuget, do sal dem richter ouch an genugen. wenne abir dem vorderer nicht genuget alz der antwerter sine besessinheit berurte, so muste der antwerter sine besessinheit bewiesen. Alzo denne die bewisunge geschen ist, zu dem selbien dinge sollen die schepphen irkennen, ab er besessin is ader nicht.***

IV.

1) Oft eyn man vorvestet worde vor des herteghen voghet. — 2) Oft eyn man gheborghet worde in dat heghede dinck tu bringhende. — 3) Wo dy scülte einen man over gan mach.

[1] Den kloken mannen, den heren den . . schepen to Stendal enbeden . . de schepene der stat to Magd. oren willighen denest. Gy hebben uns ghescreven, dat lude von buten quemen in de stad to Stendal unde helden oren vorvesten man up unde brachten in borghen hant. de man was vorvestet to Tanghermunde vor der brucghe van deme voghede in deme lande (a); des quam de cleghere mit dem vorvesten manne in dat heghede dinck unde claghede up on; de man wart gheborghet vor in dat ander dinck, dar quam des landes voghet to unde bekande des mit sinen waren worden (b), dat he en mit rechte hedde vorvestet; nicht wolde he aver sin recht dar to don, den vorvesten man to winnende also eyn recht were. De vorvestede man wart aver gheborghet in dat heghede dinck unde wart deme scultechten vorwysset by erve unde by hundert punden, levendich oder dot to bringhende in dat heghede dinck. De clegher vorwissede sine clage vol to vorende. Se quemen beyde unde worden besen in deme dinghe; de clegher eschede den vorvesteden man nicht unde de en borghet hadde, vorbot des nicht, under des gaf de scultechte dat dinck up. Des kumpt de scultechte unde sculdeghet de gene de den vorvesten man in bringhen scolden, umme de hundert punt unde sodane lovede alse he vor om ghelovet hadde, dar deme richtere eyn vrede wart up gewracht, des gy ome bekennen (c).

[2] Hir umme sint gy gherende von uns eynes richtes, dat we gyk dat weder bescriven in unseme breve, ofte de lude icht mit orme wedde weder komen moghen to orer claghe oder nicht, oder wat ore

bute dar umme sy unde ofte de vorveste man deme cleghere ich negher untgande si unde wodane wis, wanne hy om over to gande, na dem male dat he eyn unbesproken man ist. Des spreke wy vor eyn recht: Is dat de man de gheborghet was, dat man on weder bringhen scolde in dat heghede dinck des nicht volkomen mach mit den schepen, dat he vorkomen si unde dat he sich vorboden hebbe in heghedeme also recht is, so heft de scultechte up on ghewunnen de penninghe, dar vor de man was gheborghet.

[3] Ok hebbe gy uns ghevraget an juweme breve, ofte de scultechte ich deme cleghere neger over to gande si oder om untgande na dem male dat de clegher deme scultechten in den ver scaren vorwisset hadde bi drittich punden, sine claghe vol to vorende. Des spreke wy vor eyn recht: Is dat de clegher sine claghe nicht ghehalden heft unde de scultechte des volkomen mach mit den scepen, dat he sine claghe nicht hebbe voltoghen, so heft de scultechte up on de penninghe ghewunnen to rechte, by den he ghelovet hadde, dat he wolde volten sine claghe (d). Wil de clegher nu ander warve claghen (e) up den vorvesten man unde on vorwinnen, so mot he dar to bringhen den belenden richter unde de scepen, vor den he vorvestet is. Mach aver de clegher on alsus nicht vorwinnen, so mut he on mit bute laten unde unde deme scultechten gheven sin ghewedde (f) (g).

Dat dit recht si, dat betughe wy mit unseme inghesegele, dat wy to rucghe an dessen bref hebben gheclevet laten. Na ghodes bort dusent jar drehundert jar an deme twe unde drittighesten jare an sente Prisken daghe der heylighen junckvrowen.

a.

Ueebr das Landgericht vor der Brücke zu Tangermünde vgl. Kühns Gesch. d. Ger. Verfass. u. d. Proc. i. d. Mark Brandenb. Bd. I. S. 106, 145.

b.

Die Wendung „bei seinen wahren Worten bekennen, aussagen“ kommt öfters vor für eine amtliche, nicht durch körperlichen Eid bekräftigte Aussage Wasserschl. IV. 165 (S. 310), V. 29. Wahrscheinlich fand dabei eine ausdrückliche Berufung auf den Amtseid statt, vgl. Ssp. III. 88 § 1. M. Fr. I. 2. 12; Halt. v. Wahrheit.

c.

Die Geschichtserzählung ergiebt folgenden Hergang der Sache: Der Verfestete wird bestätigt (Weichb. 27; Mühler 75, 76; Ssp. II. 10 § 1; Richtst. 33 § 6, 35) und in Bürgen Hand gebracht, d. h. er bestellt Bürgen für sein Erscheinen im nächsten Dinge. In diesem stellt der Kläger die förmliche Klage an. Der Beklagte läugnet und es muss nunmehr dem Kläger das Recht zugesprochen sein, den Beklagten zuerst in

Betreff der stattgehabten Verfestung und dann in Betreff der That selbst, wegen deren er verfestet worden (*settinge*, Satzung), zu überführen. M. Görl. 102, Weichb. 65, 33; Cod. Dresd. 29. (Wasserschl. S. 84); Ssp. III. 88 § 2—4; Richtst. 35. Im nächsten Dinge macht der Kläger einen misslungenen Versuch, die Verfestung zu erweisen; darauf erfolgt eine neue Vertagung, nachdem der Beklagte wiederum Bürgschaft für sein Erscheinen geleistet und auch der Kläger cavirt hat (*vorwissede*), dass er die Sache im nächstfolgenden Gerichtstage zu Ende führen werde. In diesem letzteren erscheinen zwar wieder beide Parteien, verhalten sich aber völlig schweigsam. Auf diese Vorgänge entscheiden nun die Magdeburger Schöffen die in den folgenden Anmerkungen näher erörterten Punkte.

d.

1) Der Bürge des Beklagten ist dem Richter in die Cautionssumme verfallen, wenn nicht nachgewiesen wird, dass der Beklagte sich vorschriftsmässig zu Recht erboten habe. Seine blosse Anwesenheit im Gericht befreit den Bürgen nicht. Uebereinstimmend: Weichb. 37, § 1; Ssp. III. 9 § 3; Richtst. 34. § 5. Bemerkenswerth ist die Höhe der geleisteten Caution (100 Pfund). An sich würde dem Richter in diesem Fall nur ein Anspruch auf das Gewette zustehen. M. Görl. 19, 90; Weichb. 35, § 1; Ssp. III. 9. 1 — und die Bürgen hätten unter keinen Umständen nöthig gehabt, höher als für das Wergeld des Beklagten zu caviren. B. Br. 1295 § 15; M. Görl. 54; M. Br. Schr. III. 2. 58; Ssp. II. 10 § 2. Indess kommt es öfter vor, dass freiwillig (vermöge einer Pression des Richters?) eine grössere „Vare“ angelobt wird und dann erhöht sich der richterliche Anspruch bis auf diesen Betrag. Glosse Ssp. II. 4. § 2 (Homeyer); Mühler Sch. 34. 6, 38; Wasserschl. IV. 92 (es ist zu lesen: *is sey denne das her zo grosse vor globit habe . . . wenn abir sick eyner aus der vestunge czyhen welde* u. s. w.) M. Br. Sch. r. II. 2. 27. Ein solcher Fall liegt auch hier vor. — Die Geschichtserzählung sagt, der Beklagte sei *vorwysset by erve u. by hundert punden.* Dies ist so zu verstehn, dass ein angesessener Bürge hundert Pfund bei seinem Erbe gelobt hat. In Betreff des ferner daselbst erwähnten Friedewirkens über dem Gelöbniss des Bürgen s. oben No. II. Anm. b.

2) Der Kläger, der die Klage nicht vollzogen hat, muss gleichfalls die Cautionssumme entrichten. Auch hier überschreitet die bestellte Caution weit das erforderliche Mass. Der Kläger haftet, wie der Beklagte, nach der Rechtsregel dem Richter nur für das Gewette M. Br. 1262 § 45; M. Görl. 103; M. Br. Sch. r. II. 2. 29; Ssp. I. 53 § 1. — ja er steht insofern noch günstiger, als er auch nur in Höhe des Gewettes und nicht für das Wergeld Sicherheit zu leisten braucht. Die Sicherheit muss (gleich der des Beklagten) mit Immobilien und wenn der Grundbesitz des Klägers nicht genügenden Werth hat, durch ansässige Bürgen bestellt werden. M. Br. Schr. II. 2. 32; Glog. 270 (hier ist zu lesen: *ob her nicht beerbit ist hochir wenne richters gewette*); Glosse Weichb. 27 (v. Dan. 316. 7). Im vorliegenden Fall ist der erste Modus der Cautionsbestellung anzunehmen, da immer nur vom Gelöbniss des Klägers selbst und nicht von Bürgen die

Rede ist. Das gebrauchte Wort *vorwissen* ist freilich ganz unbestimmt und kann jede Art von Caution bedeuten vgl. M. Fr. I. 4. 5.

Eine Caution *de prosequenda lite* kann übrigens dem Kläger abgefordert werden, sobald die Klage mit Urtheilen gefristet wird. Ssp. I. 61. § 1; II. 9 § 2. Dieser Fall ist hier schon früher eingetreten; es ist aber nicht mitgetheilt, ob die Caution auch bei der früheren Vertagung verlangt ist. (In Betreff der Processcautionen vgl. noch unten XII Anm. d.)

Hinsichtlich der Vertheilung der Beweisrollen scheint ein auffallender Unterschied zwischen dem ersten und dem zweiten Fall obzuwalten. Während dort der Beklagte dem Richter gegenüber den Beweis führen soll, dass er sich zu Recht erboten, ist hier umgekehrt der Richter der beweisführende Theil in Betreff der Negative, dass der Kläger seine Klage nicht gehalten habe*). Die Differenz ist jedoch nur scheinbar und beruht lediglich in der Verschiedenheit der sich gegenüberstehenden Behauptungen. Im ersten Fall handelt es sich allein um die materielle Frage, ob der Bürge haftet oder nicht. Der Beklagte wird behauptet haben, er habe seinen Bürgen geledigt „und will des vollkommen, als Recht ist". Ein Streit über das Beweisrecht liegt nicht vor; die Magdeburger hatten also auch keine Veranlassung, sich hierüber auszusprechen. Im zweiten Falle dagegen ist dies gerade der Streitpunkt. Der Kläger hat offenbar dem Anspruch des Richters auf Zahlung der verfallenen Caution seinerseits gar keine Behauptung gegenübergestellt, sondern sich lediglich auf eine Verneinung beschränkt. Nunmehr fragt es sich, ob der Kläger näher ist, mit seiner Unschuld davon zu kommen, oder der Richter ihn zu überführen. Die Magdeburger Schöffen entscheiden ganz mit Recht zu Gunsten des Richters, denn die Thatsache, auf welche es ankommt, fällt in den Bereich der gerichtlichen (wenn auch negativen) Wahrnehmung. Wäre dies dagegen nicht der Fall, würde das Gewette durch eine ausserhalb des gehegten Dinges vorgekommene Handlung oder Unterlassung verwirkt worden sein, so hätte zu Gunsten des Klägers erkannt werden müssen Ssp. III. 23; M. Fr. I. 2. 3a; Stobbe 35.

Im ersten Fall hat demnach der Beklagte ein Gerichtszeugniss gegen den Richter zu erbringen. Nach Ssp. II. 22 § 1 und III. 88. § 5 soll in solchem Fall der Beweisführer mit den Urtheilsfindern selbdritt zeugen; nach Weichb. 64 § 2 genügt schon das Zeugniss von einem Dingmanne und einem Schöffen. Nach diesen Stellen ist mithin das *volkomen mit den schepen*, welches das obige Urtheil fordert, dahin zu erklären, dass das Zeugniss von zwei Schöffen oder einem Dingmanne und einem Schöffen und im Anschluss daran der Eid des Beklagten selber erforderlich ist, vgl. Hänel Beweissyst. S. 65; v. Bar Beweisrecht Anm. 53.

[Ssp. II. 22. § 1 verlangt allerdings dann, wenn der Streitgegenstand, *de scüldegunge* höher geht als auf das Gewette, ein förmliches Gerichtszeugniss, wobei der Schultheiss oder der Frohnbote die Stelle des interessirten Richters vertreten soll. Man könnte geneigt sein, diesen Satz hier anzuwenden, also in unserem Schöffenurtheil, das sich mit dem

*) Im ersten Fall: „is dat de man de ghoborghet was ... des nicht volkomen mach mit den schepen, dat he vorkomen si ... so heft de scultechte up on ghewunnen de penninghe." Im zweiten Fall: „is dat ... de scultechte des volkomen mach mit den scepen, dat he sine clagbe nicht hebbe voltoghen, so heft de scultechte up on de penninghe ghewunnen."

Zeugniss der Schöffen begnügt, eine Abnormität zu finden — denn die Cautionssumme, um die es sich hier handelt, beträgt, wie erwähnt, weit mehr als das Gewette. Indess setzt die Stelle des Ssp. einen Anspruch gegen den Richter voraus, nicht wie hier einen Anspruch, den der Richter selbst erhebt. Ueberdiess denkt der Ssp. wohl an einen Fall, wo die Anschuldigung nicht bloss auf eine Geldforderung hinausläuft, sondern wo noch Anderes auf dem Spiele steht, wie z. B. in II. 13. § 8. Wenigstens scheint für diese letztere Auslegung zu sprechen, dass in solchen Fällen, wo Gewette und Busse vom Richter gefordert wird, das Zeugniss der Schöffen ausreichen soll. M. Br. Sch. r. II. 2. 77: *adir mochte en mit den scheppfin dy uf der bank sosen obirczugin*, vgl. M. Görl. 111; Weichb. 19 § 2].

Im zweiten Fall (dem Kläger gegenüber) soll der Richter mit den Schöffen vollkommen. Der Beweis wird also hier von Richter und Schöffen, d. h. mit denselben Personen geführt, die auch bei dem gewöhnlichen Gerichtszeugniss thätig sind. Der Umstand, dass der Richter selbst ein Privatinteresse hat, scheint demnach in diesem Falle einflusslos zu sein.

e.

Der Kläger, der seine Klage nicht vollzogen hat, kann von Neuem (*ander warve*) klagen. Der Beklagte hätte im dritten Dinge die definitive Lossprechung von der Klage erlangen können, Ssp. II. 8. vgl. Weichb. 84. § 2; Stobbe 34; Neumann 31. Allein zu diesem Behuf wäre nöthig gewesen, dass er sich vorschriftsmässig zu Recht erboten und ein Urtheil erwirkt hätte, dass er ledig und los sei. Richtst. 35. § 5. Da dies nicht geschehen ist, so steht der Erneuerung der Klage Nichts im Wege. M. Görl. 125; Glosse Weichb. 88 (v. Dan. 403. 22).

f.

Zur Ueberführung des Beklagten in Betreff der stattgehabten Verfestung ist ein Gerichtszeugniss erforderlich, welches nach Sächsischem Landrecht durch den Richter mit sechs Urtheilsfindern zu erbringen ist, Richtst. 33 § 7. *self sevende der de ordel vinden.* Ebenso nach Magdeb. Recht, nur dass dies letztere es für ausreichend erklärt, wenn neben dem Richter zwei Schöffen und vier Dingmannen Zeugniss ablegen, Weichb. (Zobel) 32, § 2, Glosse das. (v. Dan. 328. 32), Haenel S. 72*). Das alleinige noch dazu unbeschworne Bekenntniss des Richters, welches nach der Geschichtserzählung des vorliegenden Falles vom Kläger producirt worden ist, genügt nicht und wird daher implicite von den Magdeburgern in dem obigen Ausspruch verworfen.

Das Gerichtszeugniss erfordert das persönliche Erscheinen der bezeugenden Gerichtspersonen in demjenigen Gericht, vor welchem der Beweis geführt werden soll. Ein bloss briefliches Zeugniss, das sonst zulässig ist, reicht da nicht aus, wo es sich (wie in unserem Falle) um den Beweis der Verfestung oder eines in einer Ungerichtssache ergangenen Endurtheils handelt, M. Fr. I. 15. 6; III. 8. 1 vgl. Ssp. III. 88 § 2.

---

*) Ganz singulär ist Glog. 528, nach welcher Stelle der Richter der Rechtlosigkeit nur selbdritt zu bezeugen braucht.

Gemäss diesem Grundsatze verlangt der obige Schöffenspruch, dass der Kläger den Richter und die Schöffen, welche das Zeugniss ablegen sollen, selber herbeibringe. — In späterer Zeit ist allerdings auch in Beziehung auf Ungerichtssachen eine Erleichterung eingetreten und man hat ganz allgemein den Beweis durch Gerichts- oder sogar durch Rathsbriefe für vollgültig erklärt, vgl. Glosse Ssp. III. 82 § 1 (Homeyer); Glog. 203. Doch scheint man mit dieser Zulassung gerade in Bezug auf den vorliegenden Fall nur sehr allmählig und zögernd zu Werke gegangen zu sein, denn noch in den Anm. g. erwähnten Altmärkischen Bündnissen von 1344 und 1436 wird eine ausdrückliche Bestimmung darüber für nöthig erachtet, dass der Beweis der Verfestung durch Briefe oder Boten des verfestenden Gerichts solle erbracht werden können. In welcher Weise die Production der Gerichtsbriefe in den Fällen stattfand, wo sie zur Beurkundung in einem fremden Gericht zugelassen wurden, ob es namentlich alsdann immer noch „des lebendigen Wortes neben dem todten Zeugniss bedurfte*), kann hier nicht näher erörtert werden. Wahrscheinlich ist der Gang der Entwicklung der gewesen, dass man zuerst das in Ssp. III. 82 beschriebene Verfahren beobachtete. Dann wird das bezeugende Gericht selbst den Brief mit seinen Boten eingeschickt haben; endlich wird auch die Urkunde allein, sofern ihre Echtheit nicht bestritten wurde, für beweiskräftig erachtet worden sein.

Ausserdem bestimmt der obige Schöffenspruch bei diesem Punkte noch, dass der Kläger, wenn ihm der Beweis der Verfestung misslinge, Busse und Gewette zahlen müsse. Die Succumbenzstrafe ist in peinlichen Sachen stets zu entrichten, sobald die Klage mit Gerüfte begonnen worden ist. Zu den Klagen dieser Art gehört aber auch die hier vorliegende, vgl. M. Fr. III. 2. 1; 4. 2; 8. 3.

g.

Der Beklagte ist im Landgericht zu Tangermünde vom Vogt des Landesherrn (des Herzogs Otto) verfestet worden; seine Ueberführung soll vor dem Schultheiss und vor den Schöffen der Stadt Stendal erfolgen. Dies stimmt nicht mit dem Ssp, nach welchem der Beweis der Verfestung in einem anderen Gericht nur dann zulässig ist, wenn das letztere dem Gericht, welches die Verfestung ausgesprochen hat, untergeordnet ist und zum Sprengel desselben gehört (Ssp. III. 24 § 1)**). Diese Voraussetzung trifft hier nicht zu; wenigstens ist eine Subordination des Stendaler Stadtgerichts unter das Landgericht zu Tangermünde nicht erweislich (vgl. im Allgemeinen Kühns I. S. 175 fgg.). Es ist aber zu beachten, dass der Grundsatz des Ssp. im Magdeb. Recht nicht ohne Veränderung geblieben ist. Es zeigt sich nämlich hier das Bestreben, der Rechtsunsicherheit entgegenzutreten, die durch eine allzu-

*) Hänel Beidessystem S. 74, wo freilich der hier erörterte Fall nicht besonders ins Auge gefasst wird. — Für die im Text angenommene Entwickelung mag u. A. angeführt werden, dass von den mehrerwähnten Altmärk. Bundnissen das von 1344 die Ueberfuhrung fordert „met boden unde mit breven," während das von 1436 es für ausreichend erklärt, wenn der Beweis geführt wird „mit boden edder mit breven."

**) Vgl. auch Glosse Ssp. I. 71 (mitgetheilt bei Böhlau nove constitutiones S. XXIII. Note 3) wen de vorwest is tu Wizstock de ne is nicht vorvest tu Wredenhagen.

beschränkte örtliche Wirksamkeit der Verfestung nothwendig herbeigeführt werden musste. Man stellte deshalb die Regel auf: wenn Jemand in einer Stadt, die nach Magdeb. Recht lebt, verfestet ist, so erstreckt sich die Wirkung dieser Verfestung auf alle Orte, in denen gleichfalls Magdeburger Recht gilt (Stobbe bei Bekker und Muther Jahrb. I. S. 452). Diese Regel hat sich jedoch dem älteren Recht gegenüber keineswegs eine sofortige und unbedingte Anerkennung zu verschaffen vermocht. Zuweilen wird noch das Recht des Ssp. als das regelmässige hingestellt und nur ausnahmsweise die Ueberführung des Verfesteten in einem anderen Gericht vermittelst des Zweikampfes zugelassen; an anderen Stellen werden jene beiden Grundsätze völlig unvermittelt neben einander aufgeführt. Man vergleiche Weichb. 65. § 4, 5. Glog. 204, 219; Glosse Weichb. 110 (v. Dan. 419. 43); Homeyer Extrav. 48 — und dagegen Glog. 205, 206; Glosse Weichb. 110 (v. Dan. 419, 46); M. Br. Sch. r. III. 2. 109, 111 M. Fr. III. 8. 1. In dem obigen Schöffenspruch wird der neuere Grundsatz zur Geltung gebracht und in derselben Richtung sprechen sich auch andere Urtheile unserer Sammlung aus, vgl. unten VII. XII. XIV.

In der Mark Brandenburg und speciell in der Altmark trat gleichfalls das Bedürfniss hervor, der Verfestung eine grössere Ausdehnung zu geben und zwar suchte man hier diesem Bedürfnisse durch besondere Bündnisse zu genügen, in denen sich verschiedene Städte und Gerichtsobrigkeiten gegenseitig verpflichteten, die in einem Sprengel ausgesprochene Verfestung auch in den übrigen als wirksam anzuerkennen, so namentlich das Bündniss von 1321 bei Riedel, Cod. Dipl. I. XV. No. 93—101 und die Vereinigungen der altmärkischen Städte v. J. 1344 bei Gercken Fr. March IV. No. VIII. und dess. Cod. dipl. Brand. III. p. 348. Ueber die Bestimmungen dieser Bündnisse zur Erleichterung des Beweises ist bereits gesprochen.

V.

Wo dy scultе juwelkeme manne richten scal.

Gy hebben ghescreven an juweme breve: Wo twene kop knapen von buten landes worden bescinnet unde berovet ores ghodes in der olden marke unde de dat don let, de is beseten under juweme herren hertoghe Oden unde under juwer vrowen der hertoghinnen to Brunswic in der Marke. Des heft de silve man vor ju bekant up der loven, dat dat mit sinen willen were scen unde mit sime ghewete. De twene knapen quemen in de stat to Stendal unde klagheden over den man to dren malen; des worden si mit ordel unde mit rechte ghedaghet wante in dat gheheghede dinck, dat men den vorvesten scolde (a). Des hebben juwe herre de hertoghe unde juwe vrowe de hertoghinne deme scultechten in juwer stad dat vorboden, dat he nicht volrichten scal over oren man unde dener. Des spreke wy vor eyn recht: Dat de richter sik des nicht scal vorbeden laten; he en scole juwelkeme manne rechten nach siner claghe, it en si, dat man de klaghe mit rechte wederreden moghe (b).

Dat dit recht si, dat betughe wy mit unseme ingheseghel, dat to rucghe gheklevet is an dessen bref, den wy ghegheven hebben na ghodes bord dusent jar drehundert jar an dre unde drittighesten jare des sonendaghes na der hemelvart unsen heren.

a.

Zwei Leute eines auswärtigen Kaufmannes, die mit Geleit (*bescirmet*) in die Altmark gekommen sind, werden daselbst beraubt; ein rittermässiger, gleichfalls in der Altmark angesessener Mann erscheint in der Stadt Stendal und bekennt unter den Lauben, dass der Raub mit seinem Willen und Wissen verübt sei. Dies Bekenntniss scheint vor dem Rathe abgelegt worden zu sein, dessen Sitzungen unter den Lauben stattfanden. (Privil. v. 1345 bei Riedel I. XV. S. 125 *dye gyft. . . . die scal man geven vor dem rade up der löuen*), und zwar nach der Geschichtserzählung zu einer Zeit, wo überhaupt noch keine förmliche Klage angestellt war. Auf die Klage selbst verantwortet sich der Beklagte nicht, es tritt deshalb das Contumacialverfahren ein. Die Beraubten klagen *to dren malen*, worauf behufs der Verfestung des Räubers das weitere Verfahren „bis zum gehegten Dinge" vertagt wird.

Hierbei ist zu bemerken, dass nach Magdeb. Recht in Ungerichtssachen auch Gäste keinen Anspruch auf ein beschleunigtes Verfahren haben. Sie müssen, wenn keine handhafte That vorliegt, zu rechten ausgelegten Dingen oder, wie es im M. Br. Sch. r. III. 2. 5 a. E. heisst, zu dreien Dingen klagen, ehe man ihnen richtet. Die Verfestung erfolgt mithin ganz den gewöhnlichen Prozessregeln gemäss erst im vierten Dinge, vgl. M. Fr. II. 5. 1; Neumann 43; Stobbe 27; Osenbrüggen in Haimerl Oesterr. Viertelj.-Schr. Bd. 16 (1865), S. 90. [Wenn in dem Schöffenspruch bei Neumann gesagt wird: *so musz man durch recht de sache zcu oren uszgelechten dingtagen clagen u. in den selbten drutten dinge de freveler vorfesten u. vorachten* — so ist dabei der Gerichtstag, an welchem die Klage angestellt wird, nicht mitgezählt.] Es kann mithin keinem Zweifel unterliegen, dass auch im vorliegenden Falle die Kläger bereits vor der Vertagung in drei verschiedenen Dingen geklagt haben und dass dies unter dem Klagen *to dren malen* zu verstehen ist. Die Worte *wante in dat gheheghede dinck* bedeuten folglich so viel wie: bis zum nächsten gehegten Ding.

b.

Während der Vertagung sind vermuthlich auf Ansuchen des Beklagten die Landes- und Lehnsherren desselben (Herzog Otto von Braunschweig und seine Gemahlin Agnes) mit der Sache befasst worden und wollen dieselbe vom Stadtgericht zu Stendal avociren. Sie verbieten der

Stadt Stendal das weitere Vorgehen gegen ihren Lehnsmann und Diener, welches hiernach als ein unbefugter Eingriff in die Juristiction des Markgrafen betrachtet wird.

Die Magdeburger Schöffen erklären jedoch dies Verbot für unwirksam. Der Richter solle sich nicht darum kümmern, sondern Jedermann nach seiner Klage richten. Zu beachten ist, dass das obige Urtheil sich über die Frage, ob das Stendaler Gericht competent sei oder nicht, keineswegs auslässt. Die Entscheidung bringt nur den Grundsatz zur Geltung, dass Einreden gegen die Competenz im ordentlichen Verfahren selbst vorgebracht und durch Urtheil erledigt werden sollen, und dass, wenn dies nicht geschieht, keine Rücksicht darauf zu nehmen ist. Der Beklagte muss sich der Antwort wehren (Homeyer Richtsst. S. 451); er muss, wie es in unserer Stelle heisst, die Klage mit Recht widerreden, vgl. auch M. Br. Sch. r. III. 2. 5: *do sal ym der richter richtyn, di wile daz nymant weder redit.*

Was die Competenzfrage selbst anlangt, so ergiebt sich aus der Geschichtserzählung, dass kein Umstand vorliegt, durch welchen einer der ordentlichen Gerichtsstände in Stendal als begründet anzusehen wäre. Denn weder ist das Stendaler Gericht als Forum delicti commissi zuständig, noch ist der Beklagte innerhalb desselben mit der That ergriffen, noch endlich hat er seinen Wohnsitz daselbst, Stobbe bei Bekker u. Muther Jahrb. Bd. I. S. 449 fgg. Für die Zuständigkeit lässt sich nur anführen M. Br. Sch. r. III. 2. 5, nach welcher Stelle der Gast, der in dem Gericht, in welchem das Ungericht geschehen ist, kein Recht bekommen kann oder der durch einen Fall der ehehaften Noth verhindert wird, sich dorthin zu begeben, in jedem anderen Gericht die Klage anstellen darf, vgl. auch II. 2. 78 ebd. u. Stobbe a. a. O. S. 455. Ob etwa die Bedingungen für eine derartige ausnahmsweise Competenz im vorliegenden Falle vorhanden sind, ist nicht gesagt. Zur ehehaften Noth würde es auch gehören, wenn der Verletzte in dem Bezirk des ordentlichen Gerichts noch fernere Gefahr für Leben oder Gesundheit zu befürchten hätte, Glosse Weichb. 110 (v. Dan. 419. 33), unten No. VII. Anm. b.

Speciell würde übrigens in unserem Falle für die Beurtheilung der Zuständigkeit noch der rittermässige Stand des Beklagten und seine Eigenschaft als Lehnsperson des Landesherrn in Betracht kommen. Der Regel nach brauchten in der Mark Personen dieses Standes vor den städtischen Gerichten nicht zu Recht zu stehen. Diese Regel ist jedoch gerade in Bezug auf Ungerichtssachen durch vielfache, den Städten ertheilte Privilegien durchbrochen worden. Das erste derartige Privileg für Stendal datirt indess m. W. erst von 1345 (Riedel) I. XV. S. 122) ist also später als der vorliegende Fall. In demselben sind überdies der Stadt Stendal Juristictionsbefugnisse über die Mannen des Landesherrn nur unter der Voraussetzung eingeräumt, dass an Stendaler Bürgern ein Verbrechen verübt ist, was hier gleichfalls nicht zutrifft. *Mer hebben wy en gnaden getan, dat se gegen den, die ere borger schindet und roubet und die mit der waren getat begrepen werdit, moghen richten nah recht. Wer ock dat se jeniger unser manne die in unserem lande gesetin und wonhaft sind, schundin und roubetin und mit der waren getat nicht begrepin wurden, die moghen se mit recht in er vestung bringen und ock vort in unse vestung* — vgl. Kühns I. § 27 und namentlich S. 252 fgg., ausserdem unten VII. Anm. b.

Hiernach ist es allerdings sehr zweifelhaft, ob das Stendaler Gericht im vorliegenden Falle in der That zuständig gewesen ist. Alle diese Verhältnisse sind jedoch, wie erwähnt, hier überhaupt nicht zur Sprache gekommen.

VI.

1) Wo sich ein man eines mordes weren mach unde wo dane wys. — 2) Wo der tughe eyd gan scal. — 3) Von unrechter fulst. — 4) Oft eyn man den anderen mach weder sculdighen.

[1] Den bescedenen mannen den schepenen .. enbeden de .. schepen to Magd. oren willighen denest. Gy hebben uns ghescreven, dat lude quemen nacht tides bi slapender det in eynes mannes hof; des underspreken se sik mit worden unde quemen to hope, dat se sich underlank wunneden. Des blef der eyne de in den hof ghesteghen was, dot; de wert wart drie ghewunt unde sin husvrowe eynes. Dufte wart deme doden manne up ghebunden in deme hove unde wart in der selven nacht bracht vor gherechte unde wart ghewunnen; sin recht wart ome ghedan (a). Des anderen daghes dar na starf de man van den wunden in des hof ghesteghen was; des brochten on sine vrunt dot vor gherichte unde sneden om af sine hant unde clagheden uppe de unrechten fulst (b). Des worden etleke vorvestet unde eyn wart benomet (c). De benomede wart gheborghet wante in dat gheheghede dinck up eyn stad recht. De man quam in dat dink; des wart van siner weghen eynes ordels ghevraghet: Na dem male, dat he dar stunde in deme dinghe vry, unghevanghen unde unghebunden unde eyn umbesproken man were, ofte he sinen vryen hals icht negher to werende were mit helpenden tughen, wan on over to ghande, wat dar eyn recht umme were. Des wart om ghevunden, dat he negher om untghande were wan over to ghande. Sine tughen worden benomet also vele, alse her bedorfte (d).

Hyr umme bidde gy eynes richtes: Wat lude dat scolen sin ome behulplick to sineme rechte unde wo de ede scolen ghan unde bi welker tit dat scal volvuren. Des spreke wy vor eyn recht: De thughe scolen unbesprokene lude wesen unde ores rechtes unvorlecht, sunder sine brodere unde sine brot etere moghen nicht wesen sine tughe (e). Sin eth scal alsus ghan: dat he des mordes unsculdich si unde dat he in der vechte nicht gheweset hebbe, dat om ghod also helpe unde sine heylighen.

[2] Der tughe eth scal alsus ghan: dat de man de mordes unsculdich si unde dat si to deme male bi om weren in der stad; dat om ghod also helpe unde sine heylighen. Unde de thughe scolen nene utwendighe lude wesen. Vortmer nach dem male dat it eyn vornachtet claghe is, so mach de man sin recht vul vuren binnen den neyesten dren dinghen, svenne he wil, er he vorvestet werde (f).

[3] To deme anderen male sint gy gherende eynes rechtes, wo men de unrechte fulst vul vuren scal in deme ghehegheden dinghe oder dar buten, ofte de clegher de personen icht benomen scal oder nicht, wat dar eyn recht umme si. Des spreke wy vor eyn recht: De unrechte fulst mach nemande to scaden komen an jenegher vestinghe; it en si dat he bi namen in de vestinghe kome (g).

[4] Over dat so ghere gy eynes rechtes, oft enich man sich mit rechte desser dinck sik werede unde den clegher weder sculdighede umme sodan ticht, wat sin bute dar umme were. Des spreke wy vor eyn recht: Svenne eyn man van deme anderen kumpt mit rechte, so mach he one nicht weder sculdighen umme de sake (h).

Dat dit recht si, dat betughe wy mit unseme ingheseghele, dat wy to rucghe an dessen bref hebben gheclevet laten, den wy ghegheven hebben na ghodes bort dusent jar drehundert jar an deme twe unde drittighesten jare lateren daghe sente Martines des heylighen biscopes.

a.

Der erschlagene Friedebrecher wird noch in derselben Nacht, in welcher der Einbruch verübt worden, nachdem ihm das Diebesgut auf den Rücken gebunden, vor Gericht geschleppt und überführt; *syn recht wart ome ghedan* heisst: es ward über ihn gerichtet, als Recht ist, m. a. W. dem Kläger wird das Urtheil gefunden, dass er seinen Friedebrecher nach Recht gewonnen habe und ihm Friede hierüber gewirkt. Vgl. über das Verfahren hierbei die Anm. zu No. XIV; ferner Ssp. I. 64; II. 69 (I. 50. § 1. 69); M. Br. § 70 a. E.; Glosse Weichb. 38 (v. Dan. 342. 27 fgg.); M. Br. Sch r. II. 2. 64; Glog. 233; Levita Recht der Nothwehr S. 129. — Nach der Glosse zu Ssp. I. 64 ist das Aufbinden der handhaften That in diesem Falle nicht erforderlich: *Wo hulpe yd icht, oft he em nu up den hals icht wat gebunden hedde? Segge: tu rechte nicht, wan don he en doden mochte, was he syns so geweldich, dat he em up den hals wol wat binden mochte* (Homeyer Richtst. S. 481).

b.

Nach dem Ableben des verwundeten Wirthes klagen die Freunde desselben *uppe de unrechten fulst.* Den Ausdruck *unrechte fulst (vullest,* Volleist) fasst die Glosse Ssp. II. 25 in einem concreten Sinne auf als den Inbegriff der Volleister oder, wie sie selbst sich ausdrückt, derjenigen Personen *dy em* (dem Hauptthäter) *behelpen synen willen vulleisten*. In diesem Sinne findet sich das Wort in unseren Quellen sehr häufig, vgl. die Anm. c. angeff. Stellen, und ebenso wird dasselbe auch in unserer Stelle zu verstehen sein. Offenbar von jenem Sprachgebrauch erst abgeleitet ist die objective Bedeutung der Theilnahme.

Fraglich ist es, welche Art der Theilnahme zur Volleist gehöre. Wenn man die Glosse a. a. O. zu Grunde legt, so könnte es scheinen, dass jede Beihülfe überhaupt, sowohl die physische wie die intellectuelle hierher gerechnet werden müsse. Dies nimmt John an, Strafr. I. S. 227 Anm. 23. — A. M. ist bereits Oenbrüggen in der Zts. f. D. R. Bd. 18. S. 86 und in der That sprechen gegen eine solche Annahme directe Quellenzeugnisse. So wird bei Neumann 16 die Klage wegen der erlittenen Verwundungen angestellt gegen Michael Taubmann als Hauptschuldigen (*sachwalden*), gegen seine beiden Söhne und einen Dritten als Volleister und ausserdem gegen den früheren Landeshauptmann Heinrich Kottwitz: *das her zu sulchen wunden rat und tat getan hat*. Hier wird also die Volleist ganz ausdrücklich als eine besondere Art der Beihülfe von anderem „Rath und That" unterschieden. Ebenso wird Glog. 238 *vorrethenis* und *fulleyst*; Neumann 15: *hulffe volleist und rath* gegenübergestellt. (In der letzten Stelle werden allerdings die Volleister beschuldigt, dass sie *volleist hulfe u. rat dorczu getan habin*. Darin ist jedoch m. E. nicht sowohl ein unterschiedsloses Zusammenwerfen zu finden, als vielmehr die cumulirende Behauptung des Klägers, dass sich die Beklagten jener drei Arten der Beihülfe sämmtlich schuldig gemacht haben.)

Das positive Wesen der Volleist ergiebt sich aus Stellen wie M. Fr. III. 1. 6: *bekennet abir eyn man vor ger. das her in eyner volleist des totslagis sey gewest adir in volleist kampwirdiger wunden unde noch die kampirwunden nicht getan hat.* Stobbe 14: *bekennet eyn man vor ger. das her in eyner vulleist eyns totslages adir eynir kampwirdigen wunden gewest sey also das her dach des totslages und kampwirdigen wunden nicht getan habe u. unschuldig sey.* — Stobbe 44: *bekennet her der volleist und das her in der vechte mete gewest sey.* Es ist die unmittelbare Theilnahme an der That selbst, zu welcher mindestens die körperliche Gegenwart am Orte und zur Zeit der That erforderlich ist. Diese ist aber auch allein und ohne jede weitere Betheiligung ausreichend, um den Thatbestand der Volleist zu begründen, sofern nur die gefährliche Absicht vorliegt oder vielmehr sofern nicht nachgewiesen wird, dass die gefährliche Absicht ausgeschlossen war. Daher klagt der Verwundete, der das Gerüft geschrieen hat, gegen Jeden, *die darzu jegenwarde was.* M. Br. 1261. § 21; M. Görl. 14, 63; Mühler 15; Weichb. 52, § 1.*) Aus demselben Grunde muss derjenige, der wegen Betheiligung an einem Streite beschuldigt wird, den Beweis führen, dass *in der stat dar daz schach ine nieman ne sach*, M. Br. 1261, § 27 (unten Anm. f.). Der Begriff der Volleist ist demnach identisch mit demjenigen, was in anderen Quellen und namentlich im Rechtsbuch nach Distinctionen Folge genannt wird. (Hierüber John a. a. O. S. 215 fgg.) Das letztere

---

*) In der entsprechenden Stelle der Quartausgabe 78, § 1 will v. Daniels sinnwidrig interpoliren: „der do nicht kegenwertig was."

Wort kommt meines Wissens weder im Ssp. noch im Magdeb. Recht zur Bezeichnung der Beihülfe vor. Die gleiche Bedeutung beider Worte wird jedoch bezeugt durch die Pölman'schen Distinctionen VI. 5. 1—3, ,5, 8.

c.

Einer der Volleister wird namhaft gemacht, die übrigen werden unbenannt beklagt und verfestet. Dies entspricht dem allgemeinen Grundsatz, dass man einen Friedebrecher, dessen Namen man nicht weiss, auch unbenannt beklagen kann, Ssp. I. 62 § 5. Bei der Klage *over* oder *uppe de unrechten fulst* scheint es vorzugsweise häufig vorgekommen zu sein, dass die einzelnen Volleister nicht namentlich bezeichnet wurden, Richtst. 35 § 4: *wer he oc unbenomet vorvestet alse mit unrechter vullest.* — Es wird daher auch geradezu das Gerüft über die unrechte Volleist im Allgemeinen geschrieen, Richtst. 33 § 1: *so scrie de sacweldige selven over N. unde over sine unrechte vullest;* Gerichtsformel bei Homeyer Richst. S. 330: *to iodute over eynen N. mynen morder . . . u. over sin unrechte vulleist*; unten No. IX. 2: *dar mede worden beropen unser borghere vere unde ore unrechte fulst.* — Einen derartigen Fall hat offenbar auch Ssp. II. 25, § 1 vor Augen: *die richtere sal volgen* (dem Gerüft) *to hant unde richten deme klegere umme den rof unde over den rovere unde over sine unrechte vullest.* Gleichlautend Weichb. 34, § 2. Ueber das Verfahren und die Wirkung der Verfestung gegen die unbenannten Volleister unten Anm. g.

d.

Gegen den namentlich bezeichneten Beklagten findet das ordentliche Verfahren statt. Die Klage ist übernächtig, denn sie ist frühestens am zweiten Tage nach der That angestellt (*des anderen daghes dar na starf de man van den wunden* — davon gehen auch die Magdeburger in ihrer Entscheidung aus: *nach dem male dat it eyn vornachtet claghe is*). Daher ist die Vertagung bis zum nächsten Dinge erforderlich, M. Görl. 31; Weichb. 69; Mühler 43. Der Beklagte aber muss, wenn er in der Zwischenzeit eine Bestätigung vermeiden will, für sein Erscheinen Caution bestellen, Ssp. III. 13; M. Görl. 119; Weichb. 33, vgl. Weichb. (Zobel) 40. Dies geschieht, er wird *gheborghet wante in dat gheheghede dinck up eyn stad recht*, d. h. bis zum nächsten gehegten Dinge des Stadtgerichts. In diesem erfolgt eine verneinende Antwort auf die Klage und darauf ergeht das Beweisurtheil.

Durch dasselbe wird dem Beklagten das Beweisrecht zugesprochen. Er ist näher zu entgehen, als der Kläger ihn zu übergehen. Wie sich aus dem Zusammenhang ergiebt, soll er sich jedoch nicht durch seinen alleinigen Eid reinigen dürfen, sondern mit Gezeugen schwören. Die Zahl der Gezeugen, welche ihm zur Seite stehen müssen, ist zwar nicht genannt, indess ist es unbedenklich einen Eid, selbsiebend anzunehmen, denn die Freunde des Ermordeten haben denselben im vorliegenden Falle, ehe sie ihn begruben, als leibliche Beweisung vor Gericht gebracht und im Gericht ein Leibzeichen von ihm genommen (*des brochten on sine vrunt dot vor gherichte unde sneden om af sine hant* — vgl. über das Verfahren hierbei Wasserschl. IV. 17). In solchen Fällen muss aber der Beklagte sich stets mit sechs Gehülfen vertheidigen.

Um dies zu begründen und um zugleich die obige Entscheidung mit dem Beweissystem des Magdeb. Rechts in peinlichen Sachen überhaupt in Einklang zu bringen, mag hier die nachstehende kurze Uebersicht folgen, deren nähere Durchführung einer anderen Gelegenheit vorbehalten bleiben muss.

Den Ausgangspunkt des Criminalverfahrens im Magdeb. Recht wie in allen Deutschen Rechten bildet die handhafte That. Zu derselben gehört: 1) dass während der That das Gerüft vom Verletzten geschrieen worden ist; 2) die Ergreifung des Verbrechers „mit der That oder in der Flucht der That"; 3) die Gegenwart von sechs Schreimannen bei der Ergreifung; 4) das Vorhandensein leiblicher Beweisung. Wird unter diesen Voraussetzungen sofort oder doch innerhalb der *twere nacht* gegen den Friedebrecher unter abermaliger Erhebung des Gerüftes geklagt, so kann derselbe durch den Kläger nebst den sechs Schreimannen überführt werden. (In Betreff der Einzelheiten vgl. *Eschenburg dissert. de delicto manifesto jure Saxonico Berol. 1866.)*

Der handhaften That am Nächsten steht die kämpfliche Ansprache.*) Dieselbe ist dann zulässig, wenn keine unmittelbare Ergreifung des Verbrechers stattgefunden hat, aber die übrigen Erfordernisse der handhaften That vorliegen. Erforderlich ist also namentlich, dass das Gerüft während der That geschrieen worden und dass auf dasselbe Schreimannen hinzugekommen sind: *si vero per fugam elapsus fuerit et lesus audientibus hominibus contra ipsum proclamaverit et hoc testibus ostendere potuerit, si postmodum deprehensus fuerit, secundum judicium duelli satisfaciat*, M. Goldb. Ia. § 8: *so spreke he vort: dar sach ik selve en selven unde becsriede'ne mit deme rüchte*, Ssp. I. 63, § 2; M. Br. 65; M. Görl. 137. Ebenso muss leibliche Beweisung beigebracht werden: *so sal he wisen de wunden oder de naren of se heil is*, Ssp. a. a. O. § 1; M. Br. 64; M. Görl. 137. Endlich ist auch hier die Erneuerung des Gerüftes bei Anstellung der Klage nöthig, Wasserschl. IV. 3: *hat der clegir die wunden mit geruffte kamphertig nicht geclait* u. s. w. Die Ergreifung des Verbrechers kann dagegen in diesem Fall nachträglich vorgenommen werden; sie braucht erst im Wege der kämpflichen Unterwindung selbst zu geschehen.

Ein dritter Fall ist der, wo dem Kläger keine Schreimannen zur Seite stehen. Hier müssen alle die Umstände ausser Betracht bleiben, die in den beiden vorigen Fällen durch die Schreimannen constatirt werden. Es ist demnach gleichgültig, ob die That bereits ausserhalb des Gerichts beschrieen worden ist oder nicht; ebenso ob der Verbrecher auf frischer That oder erst später ergriffen wird oder ob er freien Fusses vor Gericht erscheint. Von allen belastenden Momenten, die vorher in's Gewicht fielen, bleibt mithin in diesem Falle nur die leibliche Beweisung übrig. Wenn dieselbe vorhanden ist, so kann allerdings auch hier mit Gerüft geklagt werden, doch nur mit der Wirkung, dass der Beschuldigte sich, um nicht für überführt zu gelten, selbsiebend reinigen muss.

Dass dies der ursprüngliche Fall ist, in welchem die Vertheidigung mit sechs Gehülfen Anwendung gefunden hat, geht m. E. aus folgender Stelle hervor: *si alicui domine . . . vis allata fuerit . . . et domina testes*

---

*) Von der Klage auf Verfestung und der Ueberführung des Verfesteten wird hier abgesehen.

VII. habuerit qui screylude appellantur actor facti cum gladio capitali sentencia punietur, si domina testes habere non poterit se itaque VIImus expurgabit, H. N. § 8. Derselbe Fall liegt auch dann vor, wenn der Kläger, der nach Lage der Sache berechtigt ist, mit der kämpflichen Ansprache zu klagen, sich lediglich auf die leibliche Beweisung stützt und demgemäss auf den Eid selbsiebend Seitens des Beklagten provocirt. Dies ist jedenfalls von vornherein statthaft gewesen, vgl. H. N. § 14: *si aliquis accusatus fuerit coram judice de homicidio, ipse se VIImus expurgabit, nisi sit quod duello aggrediatur.* Dagegen hat die Anwendbarkeit des gedachten Beweismittels eine weitere Ausdehnung erst in der Folge gewonnen, dadurch dass die Zulässigkeit des Zweikampfes allmählig immer mehr beschränkt und dem Beklagten das Recht ertheilt worden ist, sich durch den Eid selbsiebend desselben zu erwehren. Den Abschluss dieser Entwicklung bezeichnen Stellen wie Glosse Weichb. 38 (v. Dan. 345. 22): *er ist nehir zu entgehin selbsebinde nach kamphes rechte*, ferner solche, in denen die Wendungen kämpflich und peinlich klagen gradezu identisch gebraucht werden, Wasserschl. IV. 3, 67.

Ueber das Erforderniss der leiblichen Beweisung und das Gerüft bei Anstellung dieser Klage vgl. M. Br. Sch. r. III. 1. 33: *bewisit man abir dy wegeloge adir not als recht ist und beschuldegit man yn mit gerufte, zo untget hers salb sebinde;* Glog. 300: *ap man geheymsuchet worde, konde her dy heymsuche beweysen . . . do muste der entworter do vor selp sebende richtin;* M. Fr. III. 1. 10: *wirt der man beclaget mit gerufte, so mag her unschuldig werdin selbsebinde.* In Bezug auf dies Erforderniss ist jedoch auf eine Differenz in unseren Quellen aufmerksam zu machen, welche gerade den vorliegenden Schöffenspruch berührt. Einige Stellen verlangen nämlich, dass die Beweisung jedenfalls auf frischer That zur Kenntniss des Gerichts gebracht werde. M. Br. 1295, § 8: *beklaget man aver eine vrowen umbe totschlach oder umbe wunden die des selben tages bewiset sin . . des is die vrowe neher zu untgende selbe sebende;* Kulm Sch. (Steffenhagen in Altpr. Mon.-Schr. III. S. 241. No. 31): *geschege is das eyn man adir eyne frawe wurde geslagen mit wunden adir ane wunden so das sy storben unde das nicht beleitet adir beweiset worde in frischer tot, sundir wurde obirnechtig, so mag der der das ungerichte getan hat, vor sweren mit eyns hant;* — wogegen nach anderen Stellen der Zeitpunkt, in welchem der leibliche Beweis producirt wird, unerheblich zu sein scheint, vgl. ausser unserem Schöffenurtheil, unten No. IX. Anm. b; ferner M. Br. Sch. r. III. 1. 8. Ich bin zur Zeit nicht im Stande, diese Differenz genügend aufzuklären.

Die drei hier besprochenen Klagen haben, wie erwähnt, das mit einander gemeinsam, dass sie sämmtlich mit Gerüft begonnen werden. Diese Klagen mit Gerüft werden bekanntlich gleichfalls unter der Bezeichnung peinliche Klagen verstanden, Homeyer Richtst. S. 442 fgg. Im Gegensatz hierzu stehen die Klagen ohne Gerüft, die bürglichen oder bruchlichen Sachen, Wasserschl. IV. 54, Neumann 15. Dies sind dieselben Klagen, die auch zur Verfolgung wegen bürgerlicher Schuldansprüche dienen: die schlichte Klage und die Klage mit Gezeugen. Ueber das Beweisrecht bei diesen Klagen vgl. M. Fr. III. 1. 10 und unten XXVI. Anm. a.

e.

Der Spruch der Magdeburger Schöffen erörtert zunächst die Qualität, welche die Gezeugen des Beklagten haben sollen. Sie sollen unbescholten sein und nicht in naher Verwandtschaft zur Partei noch in deren Brod stehen. Diese Erfordernisse sind allgemeiner Natur und beziehen sich der Regel nach auf jedes Gezeugniss überhaupt, M. Görl. 9, Weichb. 88 a. E.; Mühler 10; M. Br. Sch. r. III. 2. 124; M. Fr. I. 9. 6. Wenn dagegen das obige Urtheil ferner noch die Forderung aufstellt, dass die Zeugen *nene utwendighe lude* sein dürfen, so gilt dies nach den übrigen Quellen nur in dem Falle, wo es sich um Erbe oder Eigen handelt. Dann wird verlangt, dass die Gezeugen im Gerichtsbezirk angesessen seien, M. Görl. 35, 78; Weichb. 75; Mühler 51. In allen anderen Fällen kann dagegen sonst Jeder Zeugniss ablegen, der seines Rechtes unverlegt ist; ja sogar der Verfestete ist nur innerhalb des Bezirkes ausgeschlossen, auf welchen die Verfestung sich erstreckt, Ssp. II. 63, § 2; Glog. 341.

f.

Ferner wird die Formel des vom Beklagten und seinen Gehülfen zu leistenden Eides festgestellt. Der Beklagte selbst muss schwören, dass er des Mordes unschuldig und auch nicht in der *vechte* gewesen, d. h. dass er weder Hauptthäter noch Volleister sei. Würde er nur seine Unschuld in Bezug auf den Mord selbst betheuern, so würde er der Volleist schuldig befunden werden und das Wergeld zahlen müssen, oben Anm. b.

Die Gezeugen müssen gleichfalls zweierlei beschwören: dass der Beklagte des Mordes unschuldig und dass er zur Zeit der That bei ihnen gewesen sei. Durch den letzten Theil ihres Eides soll also geradezu das Alibi des Beklagten dargethan werden. Das Magdeb. Recht unterscheidet in dieser Beziehung zwischen dem Fall, wo sich die Thätlichkeiten während der Tageszeit zugetragen haben, und demjenigen, wo sie des Nachts geschehen sind. Im ersten Falle braucht nur beschworen zu werden, dass der Beschuldigte nicht bei der That gesehen worden, wogegen im letzteren die hier vorliegende positive Formulirung vorgeschrieben ist, vgl. M. Br. 1295 § 16; M. Görl. O. 55; Weichb. 47. § 3; Mühler 11; M. Br. Schr. r. III. 1. 20; III. 2. 1. Es ist bisher zweifelhaft gewesen, ob in den zuletzt angeführten Stellen die Gehülfen des Beklagten die Funktion vou Eideshelfern oder von wirklichen Zeugen versehen. Durch den obigen Schöffenspruch wird diese Frage in dem zweiten Sinne entschieden (vgl. Albrecht diss. de prob. II. p. 62, Homeyer Richtst. S. 459 fg. Anm.). Allgemeinere Folgerungen, wie sie Albrecht a. a. O. zu ziehen versucht, lassen sich jedoch aus diesem singulären Fall nicht begründen.

In Betreff der Frist, innerhalb deren der Beklagte seinen Beweis zu erbringen hat, s. unten No. VIII. Anm. c.

g.

Die gegen die unbenannten Volleister ausgesprochene Verfestung soll nach dem obigen Schöffenspruch Niemand zu Schaden gereichen. Nach

Ssp. I. 66. § 3. kann keinem Menschen das Leben abgesprochen werden auf Grund einer Verfestung, *dar he nicht mit namen inkomen is.* Welche positiven Wirkungen der Verfestung in solchem Falle beizumessen sind, ist in keiner von beiden Stellen gesagt. Zufolge der Glosse a. a. O. in Verbindung mit Glosse I. 62. § 5. bestehen dieselben nur darin, dass die später gegen einen bestimmt bezeichneten Beklagten angestellte Klage nicht als bereits vernachtet gilt. In den Fällen. wo, wie hier, von vornherein eine vernachte Klage vorliegt, ist dies natürlich bedeutungslos. Daraus erklärt sich auch, weshalb die Magdeburger einen Theil der ihnen bei diesem Punkt vorgelegten Frage gar nicht beantworten, nämlich ob die Klage gegen die unbenannten Volleister im gehegten Dinge durchgeführt werden müsse oder ob dies auch ausserhalb eines solchen geschehen könne. In gewöhnlichen Fällen würde das Erstere bei einer vernachteten Sache erforderlich sein, während, wenn auf frischer That geklagt ist, die Verfestung analog der Ueberführung des auf handhafter That Ergriffenen sofort in einem Nothdinge erfolgt, M. Fr. III. 1. 3. In unserem Falle dagegen ist es gleichgültig, ob die Verfestung überhaupt ausgesprochen wird oder nicht, da dieselbe doch keine besonderen Wirkungen erzeugt.

Ueber die Unandwendbarkeit dieser Grundsätze bei der Verfestung von Stadtgemeinden vgl. Homeyer Inform. ex spec. Sax. in den Abh. der Berl. Ak. 1857. S. 653.

b.

Einer der Beklagten ist von der Klage losgesprochen (*oft enich man mit rechte desser dink sick werede*) und hat hierauf seinerseits wegen des zur Klage gestellten Vorfalls (*umme sodan ticht*) eine Wiederklage erhoben, jedenfalls weil er selbst bei den stattgehabten Thätlichkeiten Verletzungen erlitten zu haben behauptet. Die Stendaler scheinen darüber keinen Zweifel zu hegen, dass dies unzulässig sei; sie fragen nur, welche Busse ein solcher Wiederkläger zu zahlen habe. Auf diese letztere Frage wird jedoch von den Magdeb. Schöffen kein Bescheid ertheilt, die Antwort derselben beschränkt sich darauf, die Unstatthaftigkeit der Wiederklage auszusprechen. Implicite liegt darin wohl, dass sich die Anfrage in Betreff der Busse überhaupt nicht durch einen allgemeingültigen Satz beantworten lasse. Nach den sonst zur Anwendung kommenden Grundsätzen wird die Entscheidung dieser Frage von der Art der Klageanstellung abhängig zu machen sein. Bei den Klagen, die mit Gerüft oder mit Gezeugen angestellt werden, hat der unterliegende Kläger Busse zu zahlen, bei der schlichten Klage dagegen nicht.

Aus welchem Grunde aber wird in der vorliegenden Entscheidung die Reconvention für unstatthaft erklärt? Anscheinend steht dies mit einer in unseren sonstigen Quellen öfters wiederholten Regel direct in Widerspruch. Wer beklagt ist, darf eine Wiederklage nicht anstellen, bevor nicht die Klage selbst erledigt ist; dann aber ist der Kläger schuldig, dem Beklagten zu antworten, und zwar in der Regel in dem Forum Reconventionis Ssp. III. 12. § 1; III. 79. § 3; I. 60. § 3; M. Görl. 93; Wasserschl. IV. 181; Neumann 39 (S. 301). Danach müsste auch hier der Kläger zur Antwort auf die Wiederklage verpflichtet sein.

Diese Regel erleidet jedoch nothwendiger Weise eine Ausnahme in den Fällen, in welchen die Entscheidung auf die erste Klage zugleich auch für den in der Wiederklage erhobenen Anspruch Res judicata macht.*) Einen solchen Fall enthält z. B. Wasserschl. IV. 165. Der Kläger beschuldigt den Beklagten, dass er trotz eines Compromisses gerichtlich gegen ihn vorgegangen sei und fordert die Compromissstrafe. Die Magdeb. Schöffen weisen ihn ab. Kläger hätte seine Helfrede gegen die Klage des jetzigen Beklagten vorbringen sollen; *nu abir das nicht geschen is und Niclas clagen ane rechte wedirsprache zugegangen sint . . . so mus is dobie bleyben, alzo das gerichtet ist und her endarff F.* (dem Reconvenienten) *vordir zu disszer schult nicht antwortin* (S. 314). Unser Schöffenspruch liefert hierzu einen Belag auf einem anderen Gebiete. Wichtig ist dabei namentlich, dass hier die beiderseitigen Verletzungen durch das eine Urtheil, welches auf die erste Klage ergeht, definitiv erledigt werden. Daraus ergiebt sich, dass der Streit um die Vorklage, mit welchem sich die Quellen des Magdeb. Rechts so vielfach beschäftigen, nicht bloss die processualische Bedeutung hat, die Vertheilung der Beweisrollen zu bestimmen. Derjenige, welchem die erste Klage zugesprochen wird, entzieht überhaupt dem Beklagten die Befugniss, seinerseits aus der nämlichen Veranlassung zu klagen. Angedeutet, wenngleich nicht deutlich ausgesprochen, findet sich diese Wirkung der Vorklage z. B. auch in Glog. 281: *wenne daz alleczeit daz groste daz cleinst henweg czuget.* Bei näherer Betrachtung dürfte sich zeigen lassen, dass dieselbe in einem nothwendigen inneren Zusammenhang mit der Einseitigkeit des deutschen Beweisrechts steht.

VII.

Oft ein man tweyer wegen clagen moghe oder nicht.

Gy hebben uns ghescreven an juwen breve: Wo eyn borghere van Sehusen scolde wanderen over eyn velt, de wart mit ghewalt dot gheslaghen unde de on sloch, de heft dat hogheste unde dat sideste (a) dar de man wart gheslaghen. Des quam des dodes mannes vader unde brodere unde deden twe claghe in der stad to Sehusen dar he eyn borgher was; de dridde claghe wart up ghestoten mit ordel unde

---

*) Der Ausdruck ist den deutschen Quellen natürlich fremd, nicht aber die Sache. Der grosse Einfluss, welchen die Rechtskraft der Zwischenurtheile auf den formalen Gang des Processes hat, ist häufig hervorgehoben. Daneben sind aber auch die materiellen Wirkungen der Res judicata unserem einheimischen Recht keineswegs unbewusst geblieben. Die in dieser Beziehung zur Geltung gebrachten Grundsätze verdienen m. E. eine genauere Beleuchtung, als ihnen bisher zu Theil geworden ist: auch das Magdeb. Recht bietet reichlichen Stoff zu einer Erörterung hierüber dar. — Rücksichtlich des oben besprochenen Punktes ist noch zu vergl. die Glosse Ssp. III. 12. die hier allerdings bereits auf romanistischem Boden steht.

mit rechte. Na dem male dat se van vruchten unde van angheste lives unde ghudes de dridde claghe nicht vul vuren dorsten al dar dar de man is gheslaghen; sine hant sneden si om af unde is dar silves behalden; des hebben des mannes vrunt de den mort heft began, den clegheren dat gheboden, dat si aldar quemen, se wolden se veylighen, unde vul vorden ore claghe: Hyr umme so bidde gy eynes richtes, dat wi ju dat weder bescriven in unseme openen breve, ofte de cleghere de dridde claghe icht vul vuren mach in der stad to Sehusen dar de twe claghe ghedan sin oder dar don scal dar de man is gheslaghen oder nicht. Des spreke wy vor eyn recht: Wil men den clegher gheleyden vor dat gherichte dar de mort ghescen is unde mach he dar velich komen vor lives not, so scal he sine claghe dar vul vuren, unde de erste claghe scal to rechte stan also langhe went he disse claghe dar vul toghen hebbe. Mach he aver dar nicht komen van lives not, so scal he de claghe vul vuren de he to dem ersten heft begrepen. Unde ist dat he wol de claghe vul vort dare dar de mort ghescen is, doch mach he de anderen claghe dar na ok wol vulvoren (b).

Dat dit recht si, dat betughe wy mit unseme inghesegbele, dat wy to rucghe an dessen bref hebben ghecleyvet laten, den wy gheven hebben na ghodes bort dusent jar drehundert jar an deme dre unde drittighesten jare.

a.

Dat hogheste unde dat sideste ist das *judicium supremum et infimum*, s. hierüber neuerdings Kühns I. S. 164 fgg.

b.

Die Freunde des Ermordeten haben in der Stadt Seehausen, also in dem Gericht ihrer Heimath, die beiden ersten Klagen angestellt; mit der dritten sind sie an das Gericht verwiesen worden, in dessen Bezirk der Mord verübt ist. Zur Erläuterung dieses Verfahrens dient eine mehrfach besprochene Bestimmung, die in einem Privileg von 1313 für das Land Lebus enthalten ist. *Ceterum addicimus pro vestro commodo et profectu quod quicunque contra quempiam ex vobis egerit excedendo sive in latrocinio vel furto aut homicidio seu quocunque casu excessum perpetraverit quod super eo judex loci illius sive sit civitas sive villa debent duas sententias judicare et tertiam sentenciam ad nos deferendam dominus H. de W. prenotatus noster advocatus fidelis judicabit.* Hiernach konnte, wenn innerhalb des Bereiches dieses Privilegs ein Ungericht verübt war, der Verletzte zwei Klagen vor seinem persönlichen Richter anstellen, dagegen musste behufs der Definitiventscheidung die dritte Klage an dasjenige Gericht verwiesen werden, welches im landesherrlichen Namen richtete und unter dem Vorsitz des Vogtes stand. Vgl. hierüber Riedel Mark Brandenb. II. S. 421; Kühns I. S. 256 fgg. Aus unserem Falle lässt sich schliessen, dass eine ähnliche Bestimmung auch für die Altmark bestanden haben muss, wenigstens wird hier ganz der in dem obigen Privileg enthaltenen Vorschrift gemäss verfahren. Die dritte Klage wird mit Urtheil und Recht *upghestoten*; dies Wort entspricht offenbar dem *deferre* in dem gedachten Privileg. Processualisch ist der Hergang wohl so zu denken, dass auf Befragen des Richters die Schöffen von Seehausen erklärt haben, die Kläger mögen sich mit ihrer dritten Klage dahin ziehen, wohin sie sich zu Rechte ziehen sollen.

Der weitere Verlauf der Sache ist m. E. nicht ganz klar referirt. Zunächst in Bezug auf die Construction des nun folgenden Satzes ist zu bemerken, dass, wie mir scheint, mit dem Wort *na dem male* ein längerer Vordersatz beginnt, in welchem die der Entscheidung zu Grunde zu legenden Momente (Thatsachen und Behauptungen) lose an einander gereiht werden; darauf folgt der Nachsatz: *hyr umme so bidde gy* u. s. w. Als Inhalt desselben stellt sich im Wesentlichen heraus, dass die Kläger, welche ein Leibzeichen von dem Ermordeten genommen haben*), verlangen, das Gericht zu Seehausen solle auch in Betreff der dritten Klage entscheiden. Sie behaupten, der Zugang zum Gericht der That sei ihnen unmöglich gemacht, weil ihnen daselbst Gefahr für Leben und Gut drohe. Ihrer Behauptung steht entgegen, dass ihnen die Freunde des Beschuldigten behufs Durchführung ihres Anspruchs Geleit angeboten haben. Das Seehausener Gericht selbst ist im Zweifel über seine Competenz und ruft deswegen eine höhere Entscheidung an.

Es kann auffallend erscheinen, dass diese Sache überhaupt dem Magdeburger Schöffenstuhl unterbreitet worden ist. Die Mittheilung des Falles in unserem Urtheilsbuch macht es wahrscheinlich, dass man sich von Seehausen aus in Stendal befragt hat und dass erst die Stendaler weitere Belehrung von Magdeburg eingeholt haben. Eine derartige indirecte Befragung des Oberhofes ist bekanntlich nicht selten und auch in der vorliegenden Sammlung sind mehrere ähnliche Fälle enthalten (z. B. No. IX). In dem hier in Rede stehenden Falle ist dies jedoch deswegen bemerkenswerth, weil Seehausen weder mit Stendaler noch überhaupt mit Magdeburger Recht bewidmet war, Heydemann Elem.der Joach. Const. S. 51, 155 fgg.; Riedel Cod. dipl. I. III. S. 342, 367. Indess ist zu berücksichtigen, dass das obenerwähnte Bündniss von 1321 (No. IV. Anm.) eine besonders enge Verbindung unter den altmärkischen Städten in Bezug auf das Verfahren in Ungerichtssachen nothwendig zur Folge haben musste. Dadurch wird es erklärlich, dass man sich in solchen Fällen an die angesehenste unter den verbündeten Städten wandte, auch wenn dieselbe nicht eigentlich als Mutterstadt gelten konnte.

Was die Sache selbst betrifft, so machen die Magdeburger ihre Entscheidung zunächst davon abhängig, ob sich das den Klägern angebotene Geleit als wirksam erweisen werde oder nicht. Ist das letztere der Fall, ist es also den Klägern nicht möglich, die dritte Klage im Forum delicti commissi durchzuführen, so dürfen sie dieselbe noch nachträglich in See-

---

*) Sine hant sneden si om af unde is dar silves behalden. Bedeuten die letzten Worte, dass man den Klägern den Todten nicht habe herausgeben wollen — oder etwa das Leibzeichen ist im Gericht zu Seehausen behalten worden?

hausen anstellen und hier die Verfestung des Beschuldigten erwirken. Insoweit steht unsere Entscheidung mit dem allgemeinen Grundsatz in Einklang, dass die regelmässigen Competenzgränzen fortfallen, sobald es unmöglich ist, das ordentliche Gericht anzugehen. Von diesem Grundsatz ist bereits oben No. V. Anm. b. eine Anwendung in Bezug auf Gäste gemacht worden; hinsichtlich der Einheimischen vgl. ausser dem vorliegenden Urtheil noch M. Br. Sch. r. III. 2. 25; Glosse Weichb. 110 (v. Dan. 419. 26 fgg.)

Bedenklicher ist es, wenn dem Kläger auch für den Fall, dass er im Forum delicti commissi mit seiner Klage durchdringt, gestattet wird, noch *de anderen claghe*, d. h. die in Seehausen angestellte zu Ende zu führen. Einen Sinn kann dies nur unter der Voraussezung haben, dass in dem ordentlichen Gericht die Verfestung über den Beschuldigten ausgesprochen wird, denn wenn die Strafe selbst vollstreckt worden wäre, würde dem Kläger jedes weitere Interesse zur Sache fehlen Die eigentliche Bedeutung des obigen Schöffenspruchs liegt demnach darin, dass nach demselben die in dem einen Gericht erfolgte Verfestung auf den Bezirk des anderen erstreckt wird. Vom Standpunkte des Magdeburger Rechts ist dies deswegen nicht gerechtfertigt, weil im vorliegenden Falle das Gericht der That ein Landgericht ist uud mithin nicht die beiden Gerichtsstätten im Weichbildrecht belegen sind (oben IV. Anm. g. Vom Standpunkte des Bündnisses von 1321 stellt sich die Sache allerdings anders).

VIII.

1) Wo maneghen man beclaghen mach myt einem morde. — 2) Wanne dy man sik uteren scal des mordes.

Gy hebben uns ghescreven in juwen brewe, des heft uns berichtet de bescedene man Volczekinus juwe scrivere (a), dat gy under anderen stukken de gy uns ghescreven hebben an juweme breve, begherende sin sunderliken twyger stucke, dat wy jy der berichten, wenne wy jy der anderen stucke vore in unsen breven berichtet hebben.

[1] Dat irste stucke is dat, wo manghen personen men beclaghen moghe mit dem morden. Des spreke wy vor eyn recht: Also manighe wunden de man hadde de ghemordet wart, also menghen man mach men umme den mort beclaghen unde nicht mere. Were aver dat men uppe eyne heymsokinghe gheclaghet hedde, so mochte men in der claghe benomet hebben, wo vele personen dat men wolde, unde wolde der personen jenich der dinghe unsculdich werden, dat muste he dun silve sevede uppe den heylighen alse recht is (b).

[2] Dat andere stucke is dat, wanne de man de sik des mordes uteren wil, sine tughe buten dinghe oder binnen dinghe vol leyden scal. Des spreke wy vor eyn recht: dat de man scal sine tughe vorbringhen in eyn hegheth dingh unde nicht dar en buten unde dat scal he dun jo binnen den neghesten dren dinghen also, swelker dingh he selven kuset under dissen dren dinghen, in dat dingh scal he vorbringhen sine tughe. Vorsumet he dat, also dat he siner tughe dar nicht en bringhet, alse he sich vormeten heft, so is he in der sake vellich worden (c).

Dat dit recht si, dat betughe wy mit unseme ingheseghele, dat wy tu rucghe an dessen bref hebben gheklevet laten, den wy gheheven hebben na ghodes bort dusent jar drehundert jar an deme twe unde dritteghesten jare des neghesten dinghesdaghes na sunte Lucien daghe der heylighen juncvrowen.

a.

Der Schreiber Volcekinus wird ausser in dieser Stelle noch urkundlich bezeugt bei Riedel Cod. dipl. Br. I. XV. No. 112, wo derselbe a. 1329 ein Buch für die Denkwürdigkeiten der *gulda pannicidarum et mercatorum* zu Stendal anlegt.

b.

Die Einleitung zu dem vorliegenden Schöffenspruch nimmt ausdrücklich auf eine frühere Entscheidung Bezug und bezeichnet sich als Ergänzung derselben: *des heft uns berichtet . . . juwe scrivere: dat gy . . . begherende sin sunderlike twyger stucke . . . wenne wy jy der anderen stucke vore in unsen breven berichtet hebben.* Jener bereits früher entschiedene Fall ist offenbar der in No. VI. enthaltene. Dazu passt nicht nur der Inhalt der vorliegend gestellten Fragen, sondern auch den von den Magdeburger Schöffen ertheilten Antworten ist anzumerken, dass von dem in No. VI. mitgetheilten Sachverhalt ausgegangen wird.

Dies zeigt sich namentlich bei der ersten Frage, welche dahin geht wieviel Personen man mit *dem morden* beklagen könne. Die Magdeburger, Schöffen fassen in ihrer Antwort die stattgehabten Thätlichkeiten überhaupt ins Auge und unterscheiden demgemäss, ob die Klage wegen Mordes oder wegen Heimsuchung angestellt wird. Da das Einsteigen in den Hof des Erschlagenen den Thatbestand des letzteren Verbrechens enthält, so liegt eine Concurrenz dieser zwei Ungerichte vor und beide Klagen sind an sich rechtlich zulässig.

In Bezug auf die Klage wegen Mordes wird der Grundsatz *quot vulnera tot actiones* zur Geltung gebracht. Nach demselben kann bei Tödtungen und Verwundungen die Klage immer nur gegen so viel Personen gerichtet werden, als an dem Verletzten tödtliche oder kampfbare Wunden aufzuweisen sind, M. Fr. III. 1. 11 und die Allegate das.; ausserdem M. Br. Sch. r. III. 1. 19. Dieser Grundsatz gilt indess nur in Bezug auf die Hauptthäter; die Zahl der Personen, die man wegen „Rathes und Hülfe“ in Anspruch nehmen kann, ist unbeschränkt Ssp. III. 46. § 2. Diejenigen Theilnehmer, die über die Zahl der vorhandenen

Wunden hinaus beschuldigt werden, nehmen jedoch eine günstigere processualische Stellung ein als die übrigen. Von den verschiedenen Proceduren, welche im Allgemeinen bei Tödtungen und Verwundungen eintreten können, sind ihnen gegenüber die Ueberführung auf handhafter That, die kämpfliche Ansprache und die Klage auf Verfestung ausgeschlossen, dagegen wird auch in Bezug auf sie die leibliche Beweisung insoweit für beschwerend erachtet, dass sie sich nicht durch ihren alleinigen Eid, sondern nur selbsiebend reinigen können. Folgerecht ist anzunehmen, obwohl dies in den Quellen des Magdeb. Rechts nicht direct ausgesprochen wird, dass auch die Klagen zulässig sind, bei denen es überhaupt einer leiblichen Beweisung nicht bedarf; die Klage mit Gezeugen und die schlichte Klage (oben VI. d.). Diese Klagen werden also immer gegen eine unbeschränkte Anzahl von Beklagten angestellt werden können.

[Noch günstiger ist die Stellung der Theilnehmer nach Sächs. Landrecht. Dasselbe kennt in Ungerichtssachen weder ein Entgehen selbsiebend noch eine Klage mit Gezeugen; es verbleibt demnach für den hier besprochenen Fall lediglich die schlichte Ansprache und dies wird durch die Glosse z. Ssp. bestätigt, Behrend obss. de act. simpl. 1861, p. 39. Zwar sagt auch M. Görl. 14 und 63: *hat abir her mer lute beclaget danne der wunden sin, die anderen entgen ime mit irme rechte.* Indess ist hierbei jedenfalls zu ergänzen *manlich selbe sibende*, vgl. Mühler 15; Weichb. 52. § 3.]

Für unanwendbar erklärt unsere Stelle den vorstehend erörterten Grundsatz bei der Klage wegen Heimsuchung. Man darf in dieser Klage beliebig viel Personen als Beklagte bezeichnen. Die in der obigen Regel enthaltene Beschränkung bezieht sich eben nur auf Tödtungen und Verwundungen. Sie findet demnach auch dann keine Anwendung, wenn, wie im vorliegenden Falle, das Verbrechen der Tödtung oder Verwundung mit dem der Heimsuchung concurrirt, sofern die Klage nur auf die letztere gegründet wird.

Die Unterscheidung ist freilich in unserem Fall ohne besondere practische Erheblichkeit. Denn nach der Art der Klageanstellung müssen sich hier die Beklagten, gleichviel ob wegen Mordes oder wegen Heimsuchung geklagt ist, selbsiebend reinigen; zu einem solchen Eid können aber, wie so eben gezeigt, auch bei der Mordklage beliebig viel Angeschuldigte gedrängt werden. Die Differenz besteht mithin hier nur in der Eidesformel, welche bei beiden Verbrechen verschieden zu fassen ist.

Wenn demnach der obige Schöffenspruch zu dem Ergebniss gelangt, dass von den mehreren der Heimsuchung angeklagten Personen ein Jeder selbsiebend seine Unschuld beschwören müsse, so berücksichtigt er ausschliesslich das concrete Sachverhältniss. Ein allgemeiner Schluss in Betreff anderer Fälle lässt sich daraus nicht ziehen. Vielmehr ist anzunehmen, dass bei allen Klagen, die überhaupt auf Grund der Heimsuchung zulässig sind, die ihnen eigenthümlichen processualischen Folgen rücksichtlich jedes Beklagten (ohne Beschränkung auf eine gewisse Zahl) eintreten. Dies gilt namentlich auch für das Verfahren auf handhafter That und für die Klage auf Verfestung. [Die kämpfliche Ansprache scheint, wenn es sich um eine Heimsuchung allein handelte und nicht zugleich eine Verwundung und Beraubung vorlag, überhaupt unstatthaft gewesen zu sein. Ssp. I. 63 § 1, *disse drü ungerichte sal he to male klagen, svelk ere he vorsviget, he hevet sinen kamp verloren;* M. Br. 1261. § 64; M. Görl. 42, 137; Weichb. (Zobel) 35.*) — Vgl. ferner in Betreff des Beweisrechtes bei der Heimsuchung ausser den allgemeinen Bemerkungen, oben Anm. d. zu No. VI. noch speciell: M. Goldb. Ia. § 6; H. N. § 10; M. Br. 1291 § 40; M. Görl. 13, 17; Weichb. 87, 89; Glosse Weichb. 37 (v. Dan. 34, 35 fgg.); Mühler 13; M. Br. Sch. r. II. 2. 14; M. Fr. III. 8. 3; Glog. 300 fgg.

c.

Die zweite, den Magdeburgern vorgelegte Frage betrifft den Zeitpunkt, in welchem die Beklagten den ihnen zuerkannten Beweis zu produciren haben Mit Bezug hierauf wird:

1) bestimmt, dass der Beweis nur in einem gehegten Ding und nicht ausserhalb eines solchen erbracht werden dürfe. Im weitesten Sinne gehören unter den Begriff des gehegten Dinges alle Gerichte, in denen „der Richter mit Urtheilen richtet", Ssp. I. 62 § 10, also nicht nur die regelmässig wiederkehrenden echten und gebotenen Dinge, sondern auch die ausnahmsweisen Nothgerichte, da auch bei diesen eine Hegung stattfindet, vgl. Richtst. 29; Blume Ssp. (Homeyer S. 365). In diesem Sinne findet der hier ausgesprochene Grundsatz ganz allgemein Anwendung, sobald überhaupt ein Eid mit Gezeugen zu leisten ist. Nur bei der schlichten Klage und auch bei dieser nur dann, wenn es sich zugleich um sog. schlechte Sachen (*causae simplices*) handelt, kann der Richter allein ohne Urtheilsfinder verhandeln, Behrend de act. simpl. p. 12 sqq.

Gewöhnlich aber werden die Ausdrücke „dingen" und „gehegtes Ding" ausschliesslich auf die regelmässigen Gerichtstage bezogen; vgl. z. B. Ssp. II. 10 § 5: *nicht ne mut he aver dingen binnen gebundenen dagen* (nachdem im § 1 gesagt ist, dass man über den in handhafter That Ergriffenen auch in gebundenen Tagen richten dürfe). M. Fr. III. 3. 1—5. Dieser gewöhnliche Sprachgebrauch ist auch in unserer Stelle vorauszusetzen. Die Fälle, in welchen behufs Ableistung des Eides mit Gezeugen ein Nothgericht anberaumt werden kann, sind daher in der obigen Stelle nicht gemeint. Solcher Ausnahmefälle giebt es zwei: die handhafte That und die Klage um Schuld oder fahrende Habe, bei welcher ein Gast als Kläger oder als Beklagter betheiligt ist (Gastgericht) M. Br. 1261 § 12; M. Görl. 7; Weichb. 45; Mühler 9; M. Fr. II. 5. 1.

Dagegen ist der Unterschied zwischen echten und gebotenen Dingen bei der Production des Zeugeneides unerheblich. Auch in ungebotenen Dingen kann der Eid mit Gezeugen erbracht werden. Ausdrücklich ausgesprochen wird dies zwar nur in Bezug auf die Klagen um Geld und in Ansehung des Burggrafendinges: *wirt aber ein man mit gezeuge beclaget in demselben dinge (des borchgreven dinge) umbe gelt unde sprichet her, he habe im vergulden, daz volbrenget*

*) Diesen Stellen wird gewöhnlich eine lediglich formalistische Bedeutung beigelegt, so noch neuerdings bei Siegel die Gefahr vor Gericht und im Rechtsgange S. 10. M. E. enthalten sie zugleich eine erhebliche materielle Beschränkung hinsichtlich der Zulässgkeit des Zweikampfes.

he baz mit erhaften liuten . . daz mac he tun zu hant, ob he wil, M. Br. 1205 § 2; M. Görl. 43; M. Br. Sch. r. II. 2. 7. Nach dem Zusammenhang dieser Stellen liegt jedoch kein Grund vor, für andere Fälle das Gegentheil anzunehmen.

2) Die Beweisfrist beträgt sechs Wochen (dreimal vierzehn Nacht).*) Die Bedeutung dieser Frist ist folgende: Die Production der Gezeugen kann unter allen Umständen sofort (*tu hant*), d. h. in demselben Dinge, in welchem das Beweisurtheil gesprochen worden, stattfinden; sie muss aber spätestens in einem der drei nächsten Dinge geschehen. Wenn der Beweisführer von der Frist Gebrauch macht, oder wie die Quellen sich ausdrücken, „wenn er seinen längsten Tag gewonnen hat", so ist es üblich, dass er bereits in dem unmittelbar auf das Beweiserkenntniss folgenden Gerichtstage seine Wahl trifft, also sich definitiv darüber erklärt, wann er die Beweismittel vorbringen wolle, M. Br. 1261 § 26; Weichb. 50 § 2; Mühler 40 a. E.; M. Br. Sch. r. III. 2. 31. Eine stricte Verpflichtung zur Abgabe einer derartigen Erklärung, die vermuthlich zugleich eine Benennung der zu producirenden Gezeugen enthielt, scheint nicht bestanden zu haben; wenigstens finde ich keine Stelle, in welcher Contumacialfolgen an das Unterbleiben der Erklärung geknüpft würden. War aber dieselbe einmal abgegeben, so war auch der Erklärende hieran unbedingt gebunden; er hatte sich nunmehr des Gezeugnisses zu einem bestimmten Termin angemasst und musste, um nicht beweisfällig zu werden, diesen Termin einhalten, Weichb. 84 § 3 und unser Schöffenspruch.

Diese Bestimmungen über Productionsfrist und Productionsverfahren gelten (mit alleiniger Ausnahme der Gastgerichte) in allen Fällen, in denen der Beklagte zu beweisen hat. In wie weit sie aber auch auf die Fälle Anwendung finden, wo der Kläger Beweisführer ist, darin stimmen unsere Quellenzeugnisse nicht mit einander überein. Ganz allgemein wird dem Kläger jede Beweisfrist abgesprochen bei Wasserschl. II. 221 S. 111): *beclagit eyner den andern umb gelt adir umb wunden adir is sey worumb is sey mit geczeuge und wirt dem cleger das geczeug geteylit adir wirt ym der czog gelozen von dem untworter, zo sal der cleger zcu hant geczeugen yn dem selbin dinge, wenne her mag der geczeug lengir tag nicht gehabin, und tut her des nicht, zo is der cleger seyner clage vellich worden.* Dagegen lassen die M. Fr. II. 2. 13 auch in diesem Falle die sechswöchentliche Frist als Regel zu und statuiren nur einzelne Ausnahmen: *ab eyn man mit geczugen claget und der ander slecht antwort . . der geczuge hat her (der cleger) tag dry virczentage sunder umb erbe und umb handhafte tat.* Indess ist diese zweite Stelle unzuverlässig. Aus M. Görl. 127 geht hervor, dass es ausser den hier angeführten Fällen noch andere giebt, in denen der Kläger sofort beweisen muss: *beclaget abir einer den anderen mit gezuge umme gelt unde jener sprichet her en sie im nicht shuldic . . . den gezug muz her zu hant habben.* Da nun die in dem M. Fr. ausgesprochene Regel sonst nirgend bestätigt wird und da wir hier nur eine mittelbare, bereits bearbeitete Ueberlieferung vor uns haben, während Wasserschl. II. 221 einen directen Ausspruch der Magdeb. Schöffen enthält, so spricht die

*) Die sechswöchentliche Productionsfrist ist dem Ssp. gleichfalls bekannt, I. 62 § 6; dagegen scheinen die übrigen hier erwähnten Bestimmungen speciell Magdeb. Recht zu sein.

Wahrscheinlichkeit dafür, dass in dieser letzteren Stelle der wahre Inhalt des Magdeb. Rechts zu finden ist. Gemäss derselben muss der Kläger in allen Fällen sofort beweisen, ohne eine Frist beanspruchen zu können. Die ungleiche Behandlung der Parteien, welche hiernach stattfindet, hat darin ihre natürliche Rechtfertigung, dass der Kläger bereits vor Anstellung der Klage in der Lage ist, seinen Angriff genügend zu präpariren. (Ueber die „Klage um Erbe" vgl. hinsichtlich des Sprachgebrauchs unter No. XXVI. Anm. a. und in Betreff des Falles selbst M. Fr. II. 3. 2.)

IX.

1) Wo eyn vrowe mit eres selves hant sic weren mach unnechter bord. — 2) Wo sic eyn man ute der vestungh ghetyen mach. — 3) Wo man veylechgen scal einen vorvesteden man.

[1] Gy hebben uns gescreven an juweme breve dat eyn vrowe vorderde vorstorven erve mit ju, des quam de scultechte unde hinderde dat unde sprak: dat erve were deme richte anghestorven von unechte unde sculdeghede de selven vrowen umme also dan erbe mit helpende tughe. Des sint gy gherende eynes rechtes, ofte de vrowe sic weren mach mit ores selves hant oder nicht unde wodane wis unde mit welken personen. Des spreke wy vor eyn recht, des gy uns ghevraghet hebben: Dat de vrowe sic wol weren mach mit ores selves hant unde en bedarf dar neyner tughe tu umme also dane sake tu rechte (a).

[2] Echt hebbe gy uns ghescreven: dat juwer borgher eyn wanderde ut juwer stad unde wart dot gheslaghen in eyme anderen richte. Des quemen sine vrunt unde brachten den doden man in juwe stad vor eyn richte; des worden sine wunden besen; der wunden weren vere an ome ghewracht; dar mede worden beropen unser borghere vere unde ore unrechte fulst. De claghe warde dre verteynnacht, er de lude vorvestet worden. Des hebben si ghewesen jar unde dach nu in seste jar in der vestinghe. Dar under hebben si dedinghes daghe beholden unde hebben ore sone gheboden dicker wenne eynes. Des hebben se sic ghedan tu eyneme anderen heren. Dar mede wer unse here de biscop sere umme ghebeden unde ghedrucket, went on des dunket, dat man on unrecht do (b). Ore vrunt boden recht vor si to der lesten claghe teyne oder twinticht vor se tu dunde. Des wolden de cleghere ore recht nicht nemen; se wolden jo se vor de rechtsculdighen hebben. Nu heft juwe herre Tyderick *de biscop**)

*) Die Hds. liest: T. de de biscop.

ghewesen to anderen heren; des hebben ome twene riddere gesproken eyn recht: her Ghumprecht van Alsleve, her Johan van Crocheren unde eyn knape, de het Henningh van Buch, de hebben unseme heren ghesproken eyn recht, dat man scole welighen desse vorveste lude vor eyn recht, dar scolen si sveren mallick mit sines selves hant, dat si rades unde dades unsculdich sin; dar mede scal man si uter vestinghe laten; wenne dat ghesceyn is, so scolen se vorwissen aller tosprake unde alles rechtes, dat man mit rechte tu en kan bringhen, dat se scolen dre dingh daghe ud stan unde scolen antwerden alle des des man em scult gyft; darmede scolen se ledich unde los wesen (c).

[3] Des spreke wy vor eyn recht: Is dat de vorvesteden lude gheren gheleydes van deme richtere, so scal he se vor gheleyden to rechte unde se scolen sik ut tyen ir jowelk mit sines selves hant unde sveren up den heylighen, dat se der wunden unde des mordes unsculdich sin. Dar na scolen se borghen setten, dat se vorkomen tu dren dinghen unde antworden alle des man se sculdighet; unde svene man sculdighet, de scal der wunden unde des mordes unsculdich werden selve sevede up den heylighen alse recht is (d).

Dat betughe wy mit unseme ingheseghele, dat tu rucghe an dessen bref gheklevet is. Na ghodes bort dusent jar drehundert jar an deme eyn unde drittighesten jare an sente Lucas daghe des heylighen evangelisten.

a.

Eine Frau fordert ein ihr angestorbenes Erbe, wird aber an der Durchführung ihrer Forderung durch den Schulzen gehindert, welcher dasselbe für das Gericht in Anspruch nimmt. Der Ausdruck „ein Erbe fordern" ist gleichbedeutend mit dem, was an anderen Stellen „sich zum Erbe ziehen" genannt wird, M. Fr. I. 7. 7 *unde furderte deme kinde syner muter teil an des mannes erbe*, vgl. I. 6. 4 ebd. Unter dem „sich zum Erbe ziehen" aber ist die Führung der Erbeslegitimation zu verstehen, und zwar vorzugsweise diejenige, welche dem Gericht gegenüber erfolgt und welche den Zweck hat, die gerichtliche Einweisung in das Erbe zu erlangen. Die hierbei vorzunehmenden Handlungen bestehen darin, dass der Erbe seine Sippezahl benennt und eidlich erhärtet*). Ausserdem muss er, sofern es sich nicht um Grundstücke handelt, Caution bestellen für den Fall, dass sich binnen Jahr und Tag ein näherer Erbe melden sollte, M. Fr. I. 6. 1; 7. 4, 5, 7. Eine solche Führung der Erbeslegitimation ist immer dann erforderlich, wenn sich das Gericht des Erbes unterwunden hat, und ein derartiger Fall ist wohl auch hier vorauszusetzen. (In welchen anderen Fällen der Erbe sich auch noch in dieser Weise zu legitimiren hat, mag dahingestellt bleiben.)

---

*) Nach späteren Quellen ist ein Eid selbdritt erforderlich. Glog. 9; Wassersch. Succ. S. 141. Art. 25; S. 162. Art. 39.

Das Verfahren selbst scheint hier höchstens bis zur Benennung der Sippezahl gediehen zu sein; das weitere Vorgehen wird eben durch den Einspruch des Schulzen gehemmt, welcher behauptet, der Nachlass sei dem Gericht *van unechte* angestorben. Man wird geneigt sein, diese Behauptung auf die uneheliche Geburt entweder des Erblassers oder der Erbprätendentin selber zu beziehen. In beiden Fällen würde die Frau in der Lage sein, einen Angriff des Schulzen abzuwehren und demnach das Beweisrecht beanspruchen können (oben III. Anm. f). Indess würde dann doch unser Schöffenspruch insofern eine Anomalie enthalten, als hier die Frau allein und ohne Zeugen schwören soll, während bei Statusfragen der Beweis sowohl von Frauen wie von Männern selbsiebend zu erbringen ist. M. Fr. I. 14. 3a.; Wasserschl. IV. 172; M. Br. Sch. r. III. 2. 55; oben III. 6.*) Es ist deshalb nicht wahrscheinlich, dass die Behauptung des Schulzen diesen Inhalt gehabt habe. Dagegen erklärt sich die getroffene Entscheidung sehr gut, wenn etwa der Anspruch desselben sich darauf gründete, dass der Erblasser in einer Unehe gelebt und keine ehelichen Verwandten hinterlassen habe. Die obige Fassung passt durchaus auch zu einer solchen Unterstellung. Es liegt alsdann hierin zugleich eine Bestreitung des Verwandtschaftsverhältnisses der das Erbe fordernden Frau. Wenn die Behauptungen der Parteien sich in dieser Weise gegenüberstehen, so befindet sich der obige Schöffenspruch mit allen sonstigen Quellenzeugnissen im Einklange, da, wie aus den bereits angeführten Stellen hervorgeht, die Sippezahl mit eines Hand behalten werden kann.

b.

Ein Bürger ist in einem auswärtigen Gericht erschlagen worden. Seine Freunde bringen den Leichnam in die Stadt und stellen hier die Klage an. Dies ist zulässig, weil im vorliegenden Falle die Beklagten in derselben Stadt wohnhaft sind, M. Br. Sch. r. II. 2. 78, zu vergl. mit mit Stobbe 27, Neumann 43 **). Gemäss dem zu No. VIII. Anm. b. erörterten Grundsatz werden so viel Personen des Mordes beschuldigt, als an dem Erschlagenen tödtliche Wunden aufzuweisen sind; ausserdem wird das Gerüft über die unrechte Volleist geschrieen, S. 31. Anm. d. Dabei ist zu bemerken, dass hier wie in No. VI. Anm. d. das Gerüft auf Grund der leiblichen Beweisung zugelassen wird, obwohl die Sache vernachtet ist.

Die als Hauptthäter Angeschuldigten sind nicht anwesend und werden nach der dritten Klage (im vierten Dinge) verfestet. Nach der Verfestung bleibt die Sache über fünf Jahre hindurch (*jar unde dach nu in seste jar*) rechtlich völlig unverändert. Die Kläger unterlassen es, die Verfestung an ein höheres Gericht zu bringen, aber auch die Beklagten thun nicht die nöthigen Schritte, um sich aus derselben zu ziehen. Nur aussergerichtlich finden Verhandlungen statt; auf Antrag der Beklagten werden Vergleichstermine angesetzt (*dar under hebben si dedinghes daghe*

*) Das weibliche Geschlecht gewährt demnach in Fällen dieser Art keine Ausnahmestellung vgl. unten XXVI. Anm.

**) Vgl. auch oben No. V. Anm. b. Wäre nur der Ermordete in der Stadt ansässig gewesen, so würde sich die Competenz des Stadtgerichts wahrscheinlich bloss auf die beiden ersten Klagen erstreckt haben und die Sache hätte daselbst nicht bis zur Verfestung durchgeführt werden können.

beholden), allein es kommt keine Einigung zu Stande. Hierauf wenden sich die Beklagten an den Herrn, unter dessen Schutz sie sich begeben haben, und dieser ersucht den Bischof Dietrich, sich der Sache anzunehmen.

Der Bischof Dietrich, welcher hier genannt wird, ist Dietrich I. von Havelberg, der den bischöflichen Stuhl von 1324—1341 inne hatte (Riedel Cod. dipl. I. II. S. 409). Eine andere Persönlichkeit dieses Namens kommt nicht in Betracht. Derselbe wird in unserer Stelle von der anfragenden Stadt als *unse here* bezeichnet. Da nun Stendal nicht in der Diöces von Havelberg, sondern in der von Halberstadt belegen war, so geht daraus m. E. hervor, dass hier die Anfrage nicht unmittelbar von Stendal, sondern von einer im Havelberger Sprengel belegenen Tochterstadt dieses Ortes (vielleicht Wittstock oder Kyritz) ausgegangen sein muss.

c.

Die Anführungen, welche dem Bischof bei dieser Gelegenheit mitgetheilt werden, sind folgende. Die Verfesteten behaupten, es geschehe ihnen Unrecht. Ihre Freunde hätten sich auf die letzte gegen sie angestellte Klage in grosser Zahl (*teyne oder twintichi*) erboten, den Reinigungseid für sie zu leisten (*ore recht vor se tu dunde*). Die Kläger hätten jedoch hierauf nicht eingehen wollon, sondern ein Urtheil verlangt, dass die Beklagten rechtmässig in der Klage gewonnen seien (*se wolden jo se vor de rechtsculdighen hebben*).

Es leuchtet ein, dass das Verlangen der Kläger durchaus gerechtfertigt war, da zum Reinigungseid der Schwur der Partei selbst unumgänglich ist. Das Urtheil ist denn auch ganz im Sinne der Kläger ausgefallen, wie die auf Grund desselben verhängte Verfestung beweist, und die Kläger werden sich auch jetzt noch ohne Weiteres auf die formale Rechtsbeständigkeit dieses Urtheils gesteift haben.

Der Bischof scheint sich erst nach einigem Zögern mit der Sache befasst zu haben; er wird, wie es heisst, sehr darum „gebeten und gedrückt.“ Zum Zweck der Entscheidung gesellt er sich drei Herren zu*), welche nach Art der Urtheilsfinder das Recht sprechen. Von diesen gehört der zuerst genannte, der Ritter Gumprecht von Alsleben dem vielfach in Urkunden vorkommenden Geschlechte an, welches im Erzbisthum Magdeburg das Amt des Erbtruchsess inne hatte. Ein Ritter Gumprecht von A. wird gegen Ende des 13. Jahrhunderts besonders in den Jahren 1276 und 1278 erwähnt; unser Gumprecht ist der Sohn desselben, welcher sich als G. der jüngere z. B. in einer Urkunde des Jahres 1315 findet, Riedel Cod. dipl. I. 1. S. 368; Wohlbrück Gesch. Nachr. v. d. Geschl. v. Alvensleben I. S. 6 fgg.

Der zweite, Johann von Kröcher, einer altmärkischen Familie entstammend, wird urkundlich in der Zeit von 1296 bis 1332 bezeugt. Ausführliche Nachrichten über ihn s. in der Gesch. d. Geschl. von Kröcher, Berlin 1865. S. 223—251. Hiernach ist derselbe spätestens im Jahre

*) So verstehe ich das: ghewesen to anderen heren. V. oben S. 45. Anm. *)

1283 geboren, die letzte bisher bekannte Urk., in welcher seiner Erwähnung geschieht, ist vom 5. October 1332. Unser Schöffenspruch ist mithin wahrscheinlich das jüngste Zeugniss für das Leben dieses Ritters*). Die bedeutendste Persönlichkeit unter den drei Urtheilsfindern ist aber der letzte, der Knappe Henning von Buch. Nach den Erörterungen von Homeyer Richtst. S. 28 fgg. und bes. S. 38 kann es nicht zweifelhaft sein, dass wir hier den Glossator und Verfasser des Richtsteiges vor uns haben. Der ehrenvolle Auftrag, den derselbe in Gemeinschaft mit älteren, bereits zu höheren Würden emporgestiegenen Männern erhält, liefert einen neuen Beweis für das allgemeine Ansehen, dessen er sich erfreute. Zugleich ist aber diese Stelle das einzige Beispiel, welches den vielbeschäftigten Mann in einer Thätigkeit zeigt, über deren grosse Belästigung er selbst in dem Glossenprolog Klage führt (*et responsionibus et curis conquassatus . . . atque potentum placitis saepius perplexus*).

Der Spruch, welchen die drei genannten Urtheilsfinder fällen, gestattet den Beklagten, sich unter gewissen Modalitäten von der auf ihnen ruhenden Verfestung zu befreien. Diese Entscheidung muss demnächst, wie in der Geschichtserzählung zwar nicht ausdrücklich erwähnt, aber stillschweigend zu ergänzen ist, dem Gericht, welches die Verfestung verhängt hatte, mitgetheilt worden sein. Von hier aus ist dann entweder durch die Schöffen selber oder durch eine der Parteien eine nochmalige Befragung des Oberhofes herbeigeführt worden. Nach dem in Anm. b. Bemerkten ist dies die Schöffenbank zu Stendal gewesen, von welcher wiederum (wie in No. VII.) eine weitere Anfrage nach Magdeburg ergangen sein wird.

Bei den Ausstellungen gegen den bischöflichen Spruch, welche hiernach vorgekommen sein müssen, ist jedoch nicht an ein eigentliches Urtheilsschelten zu denken. Denn das dem Bischof gewiesene Recht ist kein processualisches Urtheil**), sondern vielmehr einem Rechtsgutachten zu vergleichen, welches durch seine innere Begründung und durch das Gewicht seines Urhebers zu wirken bestimmt war.

d.

Die Entscheidung der Magdeburger stimmt im Wesentlichen mit dem dem Bischof gewiesenen Spruche überein. Sie beruht darauf, dass ein Verfesteter, so lange er nicht in der Verfestung begriffen ist, sich jederzeit durch freiwillige Gestellung aus derselben ziehen kann und dass ihm hierzu Friede gewirkt und sicheres Geleit gewährt werden muss. Die Frist von Jahr und Tag ist in dieser Hinsicht nur insofern erheblich, als nach Ablauf derselben die Verfestung in einem höheren Gericht bestätigt werden kann, und wenn dies geschehen ist, der Act der Ausziehung vor diesem stattzufinden hat, Ssp. III. 17. § 1. Unzulässig ist das Ausziehen nur, wenn der Verfestete bereits bis in die Oberacht gebracht

*) Es ist allerdings nicht sicher, dass Johann von K. auch noch zur Zeit des vorliegenden Schöffenurtheils gelebt hat, denn wir wissen nicht, wann die Entscheidung gefällt worden ist, an welcher derselbe auf Veranlassung des Bischofs von Havelberg Theil genommen hat. Die Wahrscheinlichkeit spricht jedoch m. E. für die obige Annahme, da sonst wohl in der Anfrage seines inzwischen erfolgten Ablebens gedacht sein würde.

**) Nach dem Inhalt der Geschichtserzählung bleibt es sogar zweifelhaft, ob bei der Erörterung der Sache vor dem Bischof die Kläger überhaupt zum Gehör verstattet worden sind.

worden ist; in diesem Falle bleibt allein der in Ssp. I. 38. § 3 vorgesehene Modus der Befreiung übrig.

Das Verfahren, welches bei der Ausziehung stattfindet, besteht darin, dass zunächst der Verfestete eine Art Calumnieneid zu leisten hat. Nach unserer Stelle geht dieser Eid auf die Abläugnung der ihm zur Last gelegten That selbst; in anderen Stellen kommt der Schwur vor: *das er in die vestunge mit unrechte komen sy, do er nicht lenger ynne sien wil*, Glosse Weichb. 110 (v. Dan. 418. 45) oder: *daz her ny alzo in ochte queme daz her durch recht dorynne bliben sulle*, M. Br. Sch. r. III. 2. 110. Darauf wird derselbe aus der Verfestung gelassen *mit vingere unde mit tungen alse man ine in der vestinge dede.* Er muss nunmehr für sein Erscheinen in den drei nächsten Dingen Caution bestellen (sonst wird er in der Haft behalten) und hier zu Recht stehen. Wird in einem derselben die Klage gegen ihn aufgenommen, so erfolgt die weitere Verhandlung in gewöhnlicher Weise, wie wenn keine Verfestung vorhergegangen wäre. Tritt dagegen in diesen drei Dingen kein Kläger auf, so wird der Beklagte aller Ansprache ledig und los getheilt, vgl. Ssp. II. 4. § 1; Weichb. 65 § 1; Glosse Weichb. 110 (v. Dan. 418, 419); Mühler Sch. 34. 15; M. Br. Sch. r. III. 2. 110; Neumann 43, 54.

Dies Verfahren soll nach dem übereinstimmenden Inhalt der beiden vorliegenden Entscheidungen auch in unserem Falle eintreten. Die Abweichungen derselben von einander reduciren sich auf Verschiedenheiten in der Wortfassung. Dahin gehört namentlich, dass nach dem Urtheil der Magdeb. Schöffen die Beklagten, wenn sie sich aus der Verfestung ziehen, schwören sollen, *dat se der wunden unde des mordes unsculdich sin*, während nach dem früheren Ausspruch die Schwurformel lautet: *dat si rades unde dades unsculdich sin.* Die Fassung der Magdeburger ist offenbar correcter, da die Beklagten der That selbst und nicht der Beihülfe angeschuldigt sind.

X.

1) Wo eyn jode sic unsculdigen mach enes mordes oder wunden. — 2) Oft unechte lude moghen erve nemen oder nicht. — 3) Ofte des sculten voget moge sitten in deme hegeden dinge. — 4) Oft jenichman spreke boven der schepen recht.

[1] Gy hebben uns gescreven, wo kamwordighe wunden sint mit gyk ghewracht an eyneme kerstene manne, dar sint joden mede beruchtighet unde beklaghet, wo de joden des dinghes, der claghe unde der wunden sik weren scolen, mit kersten luden oder mit joden, vor der joden scole up Moyses buch oder vor deme hegheden dinghe in den ver scaren. Des spreke wy vor eyn recht: Dat de joden de mit der kamwordighen wunden beruchtighet unde beclaghet sin, scolen

der wunden unsculdich werden vor der joden scole jowelk selve sevede mit joden nach erme jodeschen rechte, he vore mit sines selves hant unde dar na dre unde echt dre alse recht is (a).

[2] To deme anderen stucke: Ofte unechte lude gheboren tuhope quemen in echte unde wunnen echte kindere tu samene, ofte de kindere erve mochten besitten oder nicht; wo verne dat unechte trede unde tu welkeme lede dat utginghe. Spreke wy vor eyn recht: Dat der unechte lude kindere neyn erve nemen noch besitten moghen tu rechte unde dat en heft neyn ende, dat se erve nemen mogen, de wile man dat berekenen mach unde dat bewisen (b).

[3] To deme dredden: Wor des scultetten voghet sitten scal in deme hegheden dinghe, swenne man richtet. Spreke wy vor eyn recht: Dat des scultechten voghet neyne besceydene stede heft in heghedeme dinghe, wenne alse man ome wil ghunnen (c).

[4] To deme verden: Oft jenichman spreke boven der schepen rechticheit unde ore scrift, wat sin broke dar an were oder nicht. Spreke wy vor eyn recht: Is dat he des bekant, so scal he on dat vorbuten mit eyner bute. Vorsaket he is, he scal des unsculdich werden uppe den heylighen alse recht is (d).

Up eyn orkunde, dat dit recht si, so hebbe wy unse ingheseghel an dessen bref tu rucghe gheclevet latet. Na ghodes bort dusent jar drehundert jar an deme eyn unde dritteghesten an deme achten daghe sunte Stefanes na wynachten.

a.

Ueber einen Juden, der ein Ungericht begeht, richtet man wie über einen Christen, M. Görl. 118. Die gleiche Behandlung erstreckt sich sowohl auf die materiellen Straffolgen wie auf das Verfahren, namentlich auch auf das Beweisrecht. Hinsichtlich der Personen der Eideshelfer oder Zeugen, welche bei einem Streit zwischen Christen und Juden der einen oder anderen Partei zur Seite stehen müssen, entscheidet die Nationalität des Beklagten. Hat sich ein Jude wegen eines Ungerichts zu vertheidigen, so dürfen auch die Gehülfen sämmtlich Juden sein. Handelt es sich dagegen um die Ueberführung eines Christen durch einen Juden, so kann der Hülfseid nur von Christen geleistet werden. Diese Regel gilt jedoch nur für peinliche Sachen, wogegen bei bürgerlichen Klagen in der Regel ein gemischtes Zeugniss erfordert wird, vgl. Weichb. 116; M. Br. Schr. III. 2. 38; Glog. 481, 482; Wasserschl. V. 44; Stobbe Juden in Deutschl. S. 148 fgg. und dazu Anm. 141. — Ueber die Ableistung des Eides in der Synagoge s. ebendas. Anm. 142. Den hier mitgetheilten Stellen ist speciell für Stendal hinzuzufügen das Privil. von 1297 (Riedel C. d. I. XV. No. 57.) *cum judeus aliquis causabitur et justitia persecutus usque ad juramentum publice faciendum et hoc quidem ante scolas judeorum faciet lingua theutonica ita quod christiani universi intelligant suum juramentum.* Dass nach unserer Stelle die Eideshelfer nicht alle zusammen sondern je drei und drei schwören sollen, ist nicht gerade aussergewöhnlich, Glog. 241, Homeyer Richtst. S. 473 Anm.; vielleicht hängt dies im vorliegenden Fall damit zusammen, dass man, wie aus dem Stendaler Privileg hervorzugehen scheint, bei der Ableistung von Judeneiden besonderes Gewicht auf das deutliche Aussprechen der Eidesworte legte.

b.

Der Inhalt dieser Entscheidung ist bereits besprochen, oben No. III. Anmerkung e.

c.

Spätestens im Jahre 1282, wahrscheinlich aber schon früher, wurde die Stadt Stendal von der Gewalt der markgräflichen Vögte befreit, vgl. die Urk. bei Riedel C. d. I. XV. No. 38, *item predicte civitati Stendal et burgensibus nec non eorum successoribus dedimus ut habeant inpheodatum judicem sive scultetum virum hereditarium cum ipsis in civitate St. commanentem. Nos autem dictum judicium vel prefecturam emere non debemus nec aliquis vice nostra et nullus advocatorum nostrorum acquirere debet judicium supra dictum in statuque eodem dicta prefectura perpetuo permanebit, scilicet quo stat tempore presenti*, s. auch dessen Mark Brandenb. II. S. 508 fgg. Der in unserer Stelle wie bereits oben No. III. 1, 2 und später No. XXII vorkommende Vogt ist mithin kein landesherrlicher sondern lediglich ein dem Schulzen untergeordneter Beamter, der zum Gericht desselben geschworen hat und eine Stellung einnimmt, die etwa der des Frohnboten analog ist. Dass die Bezeichnung Vogt für den Boten auch sonst üblich war, ergiebt sich u. A. aus Maurer altd. Gerverf. §. 104.

In dem vorliegenden Schöffenspruch wird dem Vogte eine bestimmte Stätte im gehegten Dinge versagt, er solle sich mit dem Platz begnügen, den ihm die Gunst des Richters im einzelnen Falle anweist. Diese Entscheidung ist namentlich insofern von Interesse, als sie eine Folgerung, die Maurer a. a. O. §. 131 auf Grund bildlicher Ueberlieferungen vermuthungsweise ausgesprochen hatte, ausdrücklich bestätigt.

d.

Zu dieser Stelle sind zu vergleichen M. Fr. 3, 12; II. 6. 1 und in unserer Sammlung unter No. XXVIII.

XI.

1) Oft eyn vrowe vorgheven mach buten heghet dingh oder nicht. — 2) Wo de leste gyft mach breken di irsten gyft. — 3) Oft eyn schepen vure in eyne andere stat.

[1] Tu den saken de gy uns ghescreven hebben an juweme breve, spreke wy vor eyn recht: Dat de vrowe van der gy uns ghe-

screven hebben, wol gheven mochte van rechte erme werde, do si one nam, swat se hadde an redeme ghude unde an varender have ane heghet dingh. Swaz se aver eghenes unde standes erves hadde, des en mochte se ome nicht gheven wenne in gheheghedeme dinghe, unde gaf se om des nicht, so scal it volghen to rechte oren erven (a).

[2] Vortmer umme de anderen ghift de ore wert ore heft ghegheven. Spreke wy vor eyn recht: Heft se dar jeghenwerdich ghewesen, do ore wert ore de anderen gyft dede unde se de ghyft mit willen heft anghenemet, so en heft de erste ghyft nene macht (b).

[3] Echt umme den man de juwe kumpan is in deme schependome, de ut juwer stad is ghevaren. Spreke wy vor eyn recht: Dat de selve man dar umme, dat he ut juwer stad ghevaren is anders wor tu wonende, sin schependom nicht vorloren heft tu rechte (c).

Dat bethughe wy mit unseme ingheseghele dat tu rucghe an dessen bref gheclevet is. Na ghodes bort dusent jar drehundert jar an deme drittighesten jare des neghesten dinsdaghes vor alle ghodes heylighen daghe.

a.

Vergabungen der Frau an ihren Ehemann unterliegen im Magdeb. Recht denselben Regeln wie Vergabungen an dritte Personen. Das eheliche Verhältniss ist für die rechtliche Beurtheilung ohne Einfluss; es macht daher auch keinen Unterschied, ob eine solche Gabe, wie dies hier der Fall ist, bereits bei Eingehung der Ehe (*do si one nam*) oder erst während derselben stattgefunden hat. Dies hängt mit der allgemeinen Stellung des Mannes zum Frauengut zusammen und hierbei muss zunächst auf eine Differenz zwischen dem Magdeb. Recht und dem Recht des Ssp. hingewiesen werden*).

Nach dem Ssp. wird bekanntlich der Mann durch die Eingehung der Ehe Vormund seiner Frau und zwar im Augenblick der Eheschliessung selbst (*to hant als sie ime getrüwet wert*) Ssp. III. 45 § 3; I. 45 § 1. Als eine selbstverständliche Folge des ehemännlichen Mundiums sieht es der Ssp. an, dass der Mann das gesammte Frauengut in seine Gewere nimmt. *Svenne en man wif nimt, so nimt he in sine gewere al ir gut to rechter vormuntscap* Ssp. I. 31 § 2. Unter Gewere ist hier, wie Kraut Vorm. II. S. 364 fg. dargethan hat, der körperliche Besitz zu verstehen (vgl. auch Stobbe Gewere S. 477). Der Sinn des Ssp. kann demnach nicht der sein, dass schon durch die Ehe an sich eine Gewere des Mannes

*) Die obige Bemerkung war bereits vor dem Erscheinen des Werkes von v. Martitz „das eheliche Recht des Sachsenspiegels und der verwandten Rechtsquellen, Leipzig 1867“ niedergeschrieben. Die genannte Schrift bringt den hier hervorgehobenen Gegensatz zwischen Landrecht und Magdeb. Recht von umfassenderen Gesichtspunkten aus zur Sprache, als an dieser Stelle geschehen konnte. Es gereicht mir zu nicht geringer Befriedigung, dass die trefflichen Ausführungen des Herrn Verfassers im Wesentlichen mit den oben aufgestellten Sätzen übereinstimmen. Wenn ich in einigen Beziehungen von ihm abweiche, so muss ich doch hier auf eine Polemik verzichten, die sich für den Zweck der gegenwärtigen Arbeit allzuweit ausspinnen würde.

an den der Frau gehörigen Gegenständen begründet werde; vielmehr ist hierzu immer noch die wirkliche Besitzergreifung erforderlich. Aus der angeführten Stelle folgt aber jedenfalls, dass der Mann zu dieser Besitzergreifung kraft seines Mundiums berechtigt ist. Er kann sich des Frauengutes, sowohl desjenigen, was die Frau ursprünglich besitzt, wie desjenigen, was ihr im Laufe der Ehe zufällt, in Folge der Eheschliessung ohne Weiteres unterwinden, sofern nicht etwa abändernde Pacta unter den Eheleuten vorliegen (Kraut S. 368).

Der eigentliche Grund für die Rechte des Mannes in Bezug auf das Frauengut ist also nach dem Ssp. doch immer die Ehe selbst. Denn mit dieser entsteht das Mundium des Ehemannes und die daraus hervorgehende eheherrliche Gewalt. Nur soweit besondere Rechte von der Gewere abhängen, wie z. B. das Recht des Mannes auf die fahrende Habe bei Auflösung der Ehe, muss der körperliche Besitz hinzukommen; die Befugniss zur Erlangung desselben ist aber, wie gezeigt, in dem Mundium begründet*).

Damit stimmt überein, dass nach dem Ssp. die Frau bei Dispositionen über ihr Vermögen schon in Folge der Eheschliessung selbst an die Zustimmung des Mannes gebunden wird, ohne Unterschied, ob das Vermögen derselben bereits in die Gewere des Mannes gekommen ist oder nicht. Kraut S. 392 fgg. ist zwar anderer Ansicht auf Grund von Ssp. I. 45 §. 2 *en wif ne mach ok ane irs manes gelof nicht ires gudes vorgeven noch egen verkopen noch liftucht uplaten*, *durch dat he mit ir in den geweren sit.* Er hält wegen der zuletzt hervorgehobenen Worte die Zustimmung des Mannes zu den Verfügungen der Frau nur dann für wesentlich, wenn der Mann zuvor den Besitz des Frauengutes erlangt hat. Dieser Ansicht ist jedoch neuerdings ganz mit Recht v. Bar entgegengetreten (Beweisurtheil S. 202). Die Worte *durch dat he mit ir in den geweren sit* bezeichnen nur den factisch gewöhnlichen Fall, ohne dass sich daraus für die übrigen Fälle das Gegentheil schliessen liesse. Dies ergiebt sich einmal aus der von v. Bar angeführten Stelle Ssp. I. 31 §. 1 *wif ne mach ok ires gudes nicht vergeven ane ires manes willen dat he't dur recht dulden durve*, woselbst die Dispositionsbeschränkung der Frau ganz unabhängig von der Gewere des Mannes angenommen wird. Sodann aus dem Schlussatz von Ssp. I. 45 §. 2: *megede aver unde ungemannede wif verkopen ir egen ane irs vormünden gelof, he ne si dar erve to.* In diesen Worten liegt ein deutlicher Gegensatz zu den verheiratheten Frauen, bei welchen die Zustimmung des Vormundes zu den Vergabungen stets erforderlich ist. Vormund aber ist der Ehemann, auch wenn er das Frauengut noch nicht besitzt.

Vergleicht man hiernach mit dem Ssp. die Quellen des Magdeb. Rechts, so ergiebt sich, dass die letzteren für die Begründung der ehemännlichen Rechte am Frauengut einen Umstand als entscheidend ansehen, der im Ssp. gar keine Berücksichtigung findet, nämlich die Illation, d. h. die freiwillige Besitzeinräumung Seitens der Frau oder ihrer Angehörigen. Aus den zahlreichen Beweisstellen, welche für diesen Inhalt

*) Hieraus und aus dem Folgenden ergeben sich zugleich die Berührungspunkte der obigen Auffassung mit der v. Bar's Beweisurtheil S. 199 fg.

des Magdeb. Rechts geltend gemacht werden können, hebe ich hier solche hervor, die zu dem Ssp. in näherer Beziehung stehen.

1) Dem Ssp. I. 45 §. 1 entspricht Weichb. 81 §. 1 *svelk man en wif nymt bynnen wichbelde . . die sal ir rechter vormünder sin an allerhande klage.* Das aus der Ehe selbst hervorgehende Mundium wird hier beschränkt auf die Gerichtsvormundschaft in streitigen Sachen, d. h. auf die Legitimation des Mannes zur Processführung im Namen der Frau (Nietzsche de prolocutoribus c. XII, Homeyer Richtst. S. 426). Dies ist keine eigentliche Gewalt über das Vermögen sondern mehr ein persönliches Schutzverhältniss. Die Einschränkung ist dem Ssp. fremd und die Annahme liegt sehr nahe, dass dieselbe in der Absicht hinzugefügt ist, weiter gehende Folgerungen, welche im Sinne des Sächs. Landrechts aus der Mundschaft des Mannes gezogen werden könnten, zurückzuweisen.

2) Bestätigt wird diese Annahme durch die dem Ssp. I. 31 § 2 entsprechende Stelle Weichb. 78 § 2, durch welche zugleich die oben behauptete positive Verschiedenheit der beiden Rechte dargethan wird. Die Stelle lautet: *wente en man wif nimt, so untveit he mit ir al dat gut dat men mit ire gift und wat sie to eme brinct, to rechter vormuntscap.* Der gesperrt gedruckte Zusatz ist wiederum im Ssp. nicht vorhanden. Nach dieser Stelle kommt also nur dasjenige Gut in das Mundium des Mannes, was ihm von den Verwandten der Frau als Mitgift gegeben worden ist oder was sie selbst ihm zugebracht hat. Da er demnach über das ihm nicht mitgegebene oder nicht zugebrachte Gut keine vormundschaftliche Gewalt hat, so hat er auch kein Anrecht auf den Besitz desselben; er kann sich desselben mithin auch nicht, wie es nach dem Sächs. Landrecht der Fall sein würde, ohne Weiteres unterwinden. Unter dem Zubringen aber ist das Einbringen in die Gewere des Mannes zu verstehen, s. z. B. Th. 29 (M. Fr. Beil. III.) *was dy frawe gereitis geldes czu erem manne brochte, das bedarf man ir nicht wedir gebin, wenne das gelt was seyn do her is in seyne gewere brochte.* Es ist somit hier deutlich ausgesprochen, dass nach Magdeb. Recht die vormundschaftlichen Befugnisse des Mannes über das Frauengut nur begründet sind, sofern eine Illation stattgefunden hat.

Scheinbar steht mit diesem Ergebniss das Weichb. selbst im Widerspruch, denn dasselbe führt a. a. O. (78 §. 2) so fort: *darumme so ne solen sie nen getveiet gut hebben an varender have, wente die man dar an untwangen hevet ene rechte gewere.* Hiernach gewinnt es den Anschein, als wenn der Mann die Herrschaft über alles fahrende Gut der Frau erhält, gleichviel ob ihm dasselbe inferirt worden ist oder nicht. Indess ist der Widerspruch in Wirklichkeit nicht vorhanden; vielmehr hat man bei diesen Worten lediglich an den Gegensatz zwischen fahrender und liegender Habe zu denken. Den gewöhnlichen Regeln entsprechend reicht bei der ersteren die blosse Besitzübertragung, also die Illation in die Gewere des Mannes aus, um demselben volles und unwiderrufliches Recht zu verschaffen, während bei Immobilien (abgesehen von dem Einspruchsrecht der nächsten Erben) hierzu die gerichtliche Verlautbarung nothwendig ist und ohne dieselbe die Frau Eigenthümerin verbleibt. Vgl. hierüber z. B. M. Görl. 130; Glosse Weichb. 39 (v. Dan. 408. 8); M. Br. Sch. IV. 1, 29, 32; Wasserschl. II. 115, 203; IV. 98. Wenn also vorstehend gesagt ist,

Mann und Frau sollen kein gezweiet Gut haben an fahrender Habe, so ist dabei als stillschweigende Voraussetzung zu ergänzen, dass das bewegliche Gut der Frau in die Gewere des Mannes gebracht worden ist, denn Gut, das sich *auswenig des mannes geweren* befindet, gehört der Frau und nicht dem Manne (s. z. B. Wasserschl. II. 177 u. öfter).

3) Ist hier anzuführen M. Br. Sch. r. IV. 1. 9: *Keyne frauwe mag obir gut daz ze czu erym manne brocht hatte, vormunde kysin noch enmag des nicht vorgebin wedir eris elichin mannes wille* (gleichlautend bei Böhme 97. 6). Dieser Stelle giebt Kraut Vorm. II. S. 376 Anm. 6 die Deutung, dass es einer Ehefrau nicht gestattet ist, diejenigen ihrer Güter, welche in die Gewere ihres Mannes gekommen sind, einseitig dadurch zu Einhandsgütern zu machen, dass sie einen besonderen Vormund dafür erwählt. Die Auslegung ist zwar im Allgemeinen richtig, doch ist zu beachten, dass auch hier wieder vorausgesetzt wird, das Gut sei dem Manne zugebracht, also durch Illation in seine Gewere gekommen. Zugleich aber ist aus der Stelle in Verbindung mit dem zu 2) Angeführten vermittelst eines m. E. unbedenklichen Argumentes *e contrario* der weitere Satz abzuleiten, dass die Ehefrau in Betreff aller Sachen, die sie ihrem Ehemann nicht inferirt hat, gleich einer Unverheiratheten verfügen kann, dass sie also namentlich bei gerichtlichen Vergabungen solcher Gegenstände sich ihren Geschlechtsvormund frei wählen darf (No. XXVI. Anm. e).

Die Gränze für die Gewalt des Mannes ist mithin im Magdeb. Recht enger gezogen als nach dem Ssp., insofern nach dem letzteren die begründende Thatsache schon in der Eingehung der Ehe, nach dem Magd. Recht dagegen in der Illation liegt. Man hat auf Grund einer Stelle des Verm. Ssp. ein entgegengesetztes Verhältniss zwischen Weichbild und Landrecht annehmen wollen: *Keyn wip en magk ores gutes nicht vorgeben an ores mannes willen, daz her is durch recht dulden durffe noch lantrecht. Adder noch wichbilde mag eyn fruwe wedder in erbe noch in erbegute noch lipczucht noch ore anwartunge daz sy anirstorben mag, laszen ane ores elichen mannes willen* Verm. Ssp. I. 20. 16, vgl. Kraut a. a. O. S. 394 fg., v. Bar S. 203 Anm. 370. Bei näherer Betrachtung zeigt sich jedoch, dass diese Stelle aus zwei Gründen für uns unerheblich ist. Zunächst nämlich ist hier unter dem Weichbild überhaupt nicht das Magdeburger sondern das Goslarische Stadtrecht zu verstehen (Gosl. Stat. S. 11 Z. 26, vgl. Ortloff Vorr. z. Rechtsb. n. Dist. S. XXXI). In diesem aber ruht bekanntlich das eheliche Güterrecht auf einer ganz anderen Grundlage als im Ssp. und im Magdeb. Recht, nämlich auf einer Verschmelzung der beiderseitigen Gütermassen (Hänel in f. Rechts Gesch. Bd. I. S. 273 fgg.). Ferner aber ist auch der in der angef. Stelle hervorgehobene Unterschied zwischen dem Goslar. Recht und dem Ssp. nicht darin zu suchen, dass nach dem letzteren Vergabungen von Anwartschaften Seitens der Frau ohne Zustimmung ihres Mannes für zulässig erachtet werden, nach dem ersteren dagegen nicht — sondern vielmehr darin, dass das Sächs. Landrecht solche Vergabungen von Anwartschaften überhaupt nicht kennt, während sie nach dem Gosl. Recht in gewissen Fällen als statthaft gelten. Die Stelle enthält daher keinen eigentlichen Gegensatz sondern nur eine Amplification des im Ssp. ausgesprochenen Grundsatzes auf einen Fall, der im Geltungsgebiet desselben nicht eintreten konnte.

Um hiernach auf das Magdeb. Recht zurückzukommen, so ist noch zu bemerken, dass die Illation, durch welche in demselben das Mundium des Mannes über das Frauengut begründet wird, wie bereits angedeutet, in der Einräumung der Gewahrsam besteht. Bei der fahrenden Habe erfolgt dieselbe durch Ausantwortung der betreffenden Gegenstände in die Hand des Mannes; bei Immobilien dagegen dadurch, dass der Mann mit Bewilligung der Frau in das Gut derselben fährt oder zieht, vgl. z. B. Glog. 588; Wasserschl. II. 158, 178; IV. 69 (s auch Ssp. III. 76, § 2).

Aus dem Satz, dass der Mann das Gut der Frau zu rechter Vormundschaft in seine Gewere nimmt, wird im Ssp. die Folgerung abgeleitet, dass die Frau ihrem Manne keine Vergabungen machen kann: *dar umme ne mach nen wif ireme manne nene gave geven weder an ireme egene noch an irer varende have, dar se't iren rechten erven mede verne na irme dode, wende die man ne mach an sines wives gude nene andere were gewinnen wen alse he to dem irsten mit ire untfieng in rechter vormuntscap*, Ssp. I. 31. § 2. Der Gedankengang dieser vielbesprochenen Stelle (vgl. über dies. neuerdings v. Bar S. 199) ist offenbar folgender: der Mann erwirbt die Gewere am Gut seiner Frau stets auf Grund seines Mundiums; dieses ist der einzige Titel, kraft dessen er dieselbe erwerben kann; er kann sie nicht auf Grund eines anderen Titels erlangen. Demnach enthalten auch Gaben der Frau an ihren Mann keinen solchen Titel, sie sind deshalb ungültig, soweit sie eine für die Erben der Frau nachtheilige Veränderung der Vermögenslage herbeiführen würden. Da die Stelle von der Gewere des Mannes ausgeht, diese aber, wie oben dargethan, als körperlicher Besitz aufzufassen ist, so ergiebt sich ferner, dass auch die Gaben, welchen hier die rechtliche Wirksamkeit versagt wird, als Uebertragungen des körperlichen Besitzes oder als ein in die Gewere Lassen im Sinne von Ssp. I. 9. § 5 zu verstehen sind. Gerichtliche Auflassungen sind mithin in der Stelle direct nicht gemeint. Indirect werden dieselben allerdings mitgetroffen, sofern aus den angeführten Worten zugleich hervorgeht, dass der Mann selbst auf Grund einer Seitens der Frau vorgenommenen Auflassung keine rechte Gewere erwerben kann, da eben der Besitz nicht auf Grund der Auflassung, sondern in Folge des Mundiums erlangt wird. Als practische Consequenz stellt sich demgemäss heraus, dass bei Auflösung der Ehe durch den Tod der Frau die Auseinandersetzung zwischen den Erben der letzteren und dem überlebenden Ehemann immer nach Massgabe der gesetzlichen Bestimmungen stattfinden muss und dass Dispositionen der Frau zu Gunsten des Mannes von ihren Erben angefochten werden können. (Hervorzuheben ist, dass auch hier wieder der Ssp. ausschliesslich den gewöhnlichen Fall in's Auge fasst, in welchem der Mann sogleich bei Eingehung der Ehe sich des Frauengutes unterwindet. Es hat aber gewiss kein Bedenken, in den Ausnahmefällen, wo die Besitzergreifung erst während der Ehe stattfindet, dasselbe anzunehmen.)

Im Magdeburger Recht gilt die erste Voraussetzung nicht, an welche die Schlussfolgerung des Ssp. anknüpft. Da hier die Gewalt des Mannes am Frauengute sich auf die Illation gründet, so beruht sie stets auf einer Gabe im obigen Sinne, d. h. auf einer Besitzeinräumung oder auf einem in die Gewere Lassen. Vom Standpunct des Magdeburger Rechts ist es daher ganz unmöglich, solche Gaben der Frau an ihren Mann für ungültig zu erklären. Denkbar wäre nur eine direct gegen die gerichtlichen Auflassungen gerichtete Bestimmung, allein eine solche enthält das Magdeb. Recht so wenig wie der Ssp. Vielmehr wird in unseren Quellen der Grundsatz, der im Eingang zu dieser Anmerkung bereits erwähnt worden ist, dass die Frau auch während der Ehe Vergabungen sowohl von fahrender Habe wie von Eigen an ihren Ehemann rechtsgültig vornehmen könne, vielfach theils als allgemeine Regel, theils in einzelnen Fällen ausgesprochen.*) Bei Veräusserungen von angestorbenem Eigen steht zwar den Erben das Einspruchsrecht zu; aber wenn sie dasselbe nicht binnen Jahr und Tag geltend machen, erlangt der Mann eine rechte Gewere; er ist also in dieser Hinsicht nicht schlechter gestellt wie jeder andere Erwerber. Auf diesen Inhalt des Magdeb. Rechts hat schon Kraut hingewiesen (a. a. O. S. 437 fg.); nur irrt derselbe, wenn er den Grund für die Zulässigkeit derartiger Verfügungen darin sucht, dass nach den Stadtrechten Vergabungen von Todeswegen auch ohne sofortige Uebertragung der Gewere an den Bedachten stattfinden konnten, was nach dem Ssp. noch nicht statthaft gewesen sei. Diese Rechtsentwicklung in Bezug auf die Dispositionen von Todeswegen ist allerdings vorhanden; der vorstehend erörterte Grundsatz ist jedoch nicht aus derselben hervorgegangen, sondern hängt unmittelbar mit der abweichenden Auffassung von der Stellung des Mannes zum Vermögen der Frau zusammen. Dies ergiebt sich schon daraus, dass keineswegs blos Vergabungen der Frau, die erst nach dem Tode der Vergabenden wirksam werden sollen, sondern auch solche, bei denen eine sofortige Veräusserung beabsichtigt ist, unbedenklich zugelassen werden. Beläge für das Eine wie für das Andere enthalten u. A. folgende Stellen: M. Br. Sch. r. IV. 1. 4, 7, 10, 12, 18 (*was eyne vrauwe eryn wirte gebit, das ist syn*), 29, 30, 33; Wasserschl. II. 45, 145; IV. 98, 195; Neumann 4. Diesen Zeugnissen, die sich leicht beträchtlich vermehren liessen, stehen wenige vereinzelte Stellen gegenüber, deren hier noch kurz Erwähnung geschehen muss.

1) Glog. 70, 71 stimmt in Bezug auf die Unstatthaftigkeit von Vergabungen der Frau an ihren Mann fast wörtlich mit dem Ssp. überein. Als nächste Quelle liegt dabei wahrscheinlich das Breslauer Landrecht 53 zu Grunde (Gapp Schles. Landr. S. 149). Für uns kann die Stelle bei dem Widerspruch der übrigen Quellen schon deswegen nicht in Betracht kommen, weil das Glog. Rechtsbuch nicht direct Magdeb. Recht darstellt.

2) Nach der Glosse Weichb. 64 (v. Dan. 387. 27 fgg.) ist „die Gabe verboten, die da geschieht zwischen Mannen und Weiben.“ Hier ist der Boden des deutschen Rechts überhaupt verlassen; der Glossator beruft sich auf Dig. XXIV. 1. Auch diese Stelle ist daher für das Magdeb. Recht nicht von Erheblichkeit.

3) Ist ein von Steffenhagen S. 236 mitgetheiltes Kulmer Schöffenurtheil zu erwähnen: *ab eyn man seynem elichen weibe ader das weib irem elichen manne moge gelt u. gut geben czu entphoende noch irem tode czu voraus vor*

---

*) Beschränkt ist die Frau nur hinsichtlich der Gerade. Der Grund dieser Beschränkung kann jedoch hier nicht näher erörtert werden.

den erben ane erben geloub u. dy gift geschee an mechtiger dingstath? Sy mogen is nicht gethun us rechte. Die Stelle weicht von dem ab, was sonst nach Magdeb. Recht in Betreff der Vergabungen von Todes wegen gilt. Einen Widerspruch gegen den hier erörterten Grundsatz enthält sie dagegen nicht, denn sie bezieht sich gleich der vorigen ebenso wohl auf die vom Manne wie auf die von der Frau vorgenommenen Vergabungen.

Durch die angeführten Stellen, denen meines Wissens weitere nicht hinzuzufügen sind, wird demnach jener Grundsatz nicht erschüttert und es ergiebt sich somit, dass derselbe auch in der Praxis des Magdeb. Rechts durchweg als feststehend und unbestritten betrachtet wurde. Schliesslich mag hier noch hervorgehoben werden, dass nach M. Fr. I. 12. 5 man es sogar für zulässig hielt, wenn die Frau bei einer gerichtlichen Vergabung an ihren Ehemann diesen selbst zum Geschlechtsvormund erwählte (*unde hette den selbin ir do zcu vormunde gekoren*). Ueber den eigenthümlichen materiellen Inhalt des in dieser Stelle mitgetheilten Falles siehe die folgende Anmerk.

b.

Der Mann hat die Frau an seinem Gute begabt, will jedoch später an die Stelle der ersten Gabe eine andere setzen. Hierzu ist die Einwilligung der Frau nöthig, die Frau aber willigt ein, indem sie die zweite Vergabung annimmt. Eine Entscheidung in demselben Sinn, nur mit entgegengesetzter thatsächlicher Voraussetzung enthält M. Fr. I. 11. 3. Hier wird daraus, dass die Frau bei der zweiten Vergabung nicht gegenwärtig war, also dieselbe nicht acceptirt hatte, gefolgert, dass die erste Gabe nicht gebrochen sei, sondern beide neben einander bestehen. Wenn von einem Brechen der zweiten Gabe durch die erste überhaupt die Rede sein soll, so ist natürlich immer erforderlich, dass der Vergabende auch wirklich die Absicht hatte, die zweite Gabe an die Stelle der ersten treten zu lassen und nicht etwa, sie cumulativ derselben hinzuzufügen. Ein Sachverhalt der letzteren Art liegt in M. Fr. I. 11. 2 und, wie mir scheint auch in No. XIa dieser Sammlung zu Grunde (*senttemmale dat die leste ghift . . die ersten ghift nicht en rore*).

Ein bemerkenswerthes Beispiel für die Interpretation der in der Annahme einer Vergabung liegenden Willenserklärung gewährt die am Schluss der vor. Anm. erwähnte Stelle M. Fr. I. 12. 5. Eine Frau vergabt im gehegten Dinge von Todeswegen an ihren Mann Gut und Hausgeräth, das sie ihm bereits früher inferirt hatte mit dem Beding, dass, wenn derselbe vor ihr versterbe, die Sachen an sie zurückfallen sollen. Der Mann stirbt zuerst; die Erben desselben wollen jedoch die Vergabung und insbesondere die Rückfallsclausel (*die usnemunge*) nicht gelten lassen, weil die Frau durch die Illation die Verfügung über ihr Gut verloren und der Mann ihr dasselbe nicht vor gehegtem Dinge (d. h. von Todeswegen) zurückgegeben habe. So scheinbar diese Ausführung auch ist, so lautet das Urtheil doch zu Gunsten der Frau. Der entscheidende Grund ist, dass der Mann die Gabe acceptirt und damit seine Einwilligung auch zu dem beigefügten Vorbehalt erklärt habe. Formell erscheint hier die Frau als Vergabende und insofern enthält dieser Fall zugleich eine Bestätigung der in Anm. a. besprochenen Rechtssätze. In Wahrheit aber ist sie die

Begünstigte; es wird eine Disposition zu ihrem Vortheil getroffen; denn ohne die vorstehende Abmachung müsste die fahrende Habe, die sie ihrem Manne zugebracht hat, beim Tode des letzteren an die Erben desselben fallen. Eigenthümlich ist, dass diese Disposition des Mannes zu Gunsten der Frau durch die Annahme einer von der Frau ausgehenden Verfügung zu Stande kommt, vgl. auch unten zu No. XX, Anm. b.

c.

Die Veränderung des Domicils bewirkt weder den Verlust des Schöffenamtes, noch ist der Schöffe selbst berechtigt, seinem Amt aus diesem Grunde ohne Weiteres zu entsagen, vgl. M. Fr. I. 3. 7.

XIa.

Wie schepen der stad to Magd. gheven gyk kloken manne deme scultechten to Stendal vor eyn recht: Sentemmale dat die leste ghift die gi juwer husvrouwen ghedan hebben, dat ore god ghenedich si, die ersten ghift nich en rort die gy ok vore ghedan hebben ore an juweme gude, alse wie berichtet sin, so scal die erste ghift macht hebben to rechte.

Dies Urtheil steht in der Hds. unter dem Text von No. XI in der Weise einer Anmerkung. Die Schriftzüge stimmen nicht ganz mit denen der unmittelbar voraufgehenden und nachfolgenden Schöffensprüche überein und diese Entscheidung scheint demnach nicht gleichzeitig mit ihnen, sondern erst in einer etwas späteren Zeit in das Urtheilsbuch eingetragen worden zu sein. Den schicklichsten Platz fand dieselbe gerade an dieser Stelle wegen der Verwandtschaft ihres Inhalts mit dem in No. XI. 2 mitgetheilten Schöffenspruch, s. hierüber oben Anm. b. Eine nähere Beziehung lässt sich dem Urtheil nicht geben, da es an jeder Nachricht über den Streitfall fehlt und namentlich nicht ersichtlich ist, was die Veranlassung zur Anfrage des Schulzen gewesen sein mag.

XII.

1) Wo eyn man synen vorvesteden man winnen mach. — 2) Ofte eyn man ghevangen were unde binnen der stunt vorvestet were. — 3) Ofte eyn man antwerden scole umme vestunghe die alt is. — 4) Vor orveyde unde vor lovede.

[1] De berechtunghe des rechtes dar gy uns umme ghevraghet hebben laten, sende we juk bescreven an dessen breve nach juwer

begherunghe unde bede unde spreken tu dem ersten stucke vor eyn recht umme Seghere van Vorstenberch, de ansprak Henninghe van Rossowe (a), dat he were sin vorveste mordere, in der stad tu der Kyriz, des wolde he one over ghan mit twen belenden richteren unde mit verteyn schepenen. Hedde do de selve Segher den vorbenumeden Hennighe behalden also langhe, wente he den vorbenomden richtere unde schepene dar tu bracht hedde, he mochte one wol dar mede hebben over ghan, dat he muste ome umme de vestunghe gheandwerdet hebben, also bescedeliken dest man in den steden van denne de . . . richtere unde de schepene weren, dar he on vorvestet hadde, also dan recht holden, also man tu der Kyriz halt dar he one ansprak.

[2] To deme anderen stucke umme dat Henninghes van Rosowe vorspreke vraghede eynes rechtes, oft man uppe den selven Hennighe tu rechte jeneghe vestunghe bringhen mochte, na deme male dat he hadde gheseten *beslut**) unde behalden mit holte unde mit yseren. Spreke wy vor eyn recht: Dat Hennighe dat nicht mochte helplic wesen, na deme male dat he in der vestunghe bleven was unde dar inne begrepen wart (b).

[3] To deme dridden stucke umme dat Seghers vorsprake vraghede eynes rechtes, oft Henningh van Rossowe umme de vestunghe tu rechte icht andwerden scolde, na dem male dat se old were. Spreke wy vor eyn recht: Dat Seghere de vraghe wol hulplec hedde ghewesen, hedde he des bedorft (c).

[4] To deme verden stucke spreken wy vor eyn recht: Dat de lude de Henninghe van Rosowe gheborghet hebben, hebben se ghelovet vor eyn orveyde unde one weder in tu bringhende levendich oder dot ane underschet, so ne moghen se des lovedes nicht los werden, se ne moten dedinghen nach gunste des clegheres unde der den si ghelovet hebben tu des selven clegeres hant. Hedden se aver ghelovet one weder in to bringhende oder dar umme tu lidende wat eyn recht is, so worden se des los mit eyme werghelde unde mit der orveyde (d). De aver dat lovede untfanghen hebben mede tu des clegheres hant, de ne scolen van rechte neyne not liden, mer se scolen manen helpen umme dat lovede, dat se tu des clegheres hant mede untfanghen hebben (e).

Dat dit recht si, dat betughe wy mit unseme inghesegbele dat wy an dessen bref hindene gheklevet hebben laten.

a.

Das Geschlecht von Rossow war nach den Angaben von Wohlbrück,

*) Die Handschrift liest bescut.

Gesch. der Altmark S. 283, in dem im Seehausenschen Kreise belegenen Dorfe Gross Rossow angesessen. Danach ist es nicht unwahrscheinlich, dass der hier erwähnte Henning von Rossow identisch ist mit dem Gerichtsherrn, der oben in No. VII wegen des Mordes eines Bürgers von Seehausen in Anspruch genommen wird. Dies würde auch insofern sehr gut zu unserem Falle passen, als der Beklagte im vorliegenden Falle in zwei Gerichten verfestet sein soll und eine solche doppelte Verfestung nach der obigen Entscheidung gerade bevorstand. Unser Henning von Rossow scheint übrigens längere Zeit mit den Städten in Fehde gelegen zu haben. Im Jahre 1338 schliesst derselbe als Knappe in Gemeinschaft mit zwei Rittern eine *treuga* mit dem Rath von Stendal, jedoch zunächst nur auf kurze Zeit, Riedel Cod. Diplom. I. XV. No. 128. S. 99. — Die Ansprache des Verfesteten geschieht hier in der Stadt Kyritz. Die Urtheilsfragen sind demnach hier wie in No. VII zunächst nach Stendal gerichtet und von da nach Magdeburg weiter befördert worden. Dies hat jedoch in unserem Falle nichts Auffallendes, da Kyritz mit Stendaler Recht bewidmet war. Heydemann Elemente S. 51, 143; Riedel Cod. Diplom. I. III. S. 341, No. VII.

Ueber die rechtliche Bedeutung der obigen Entscheidung vgl. oben No. IV. Anm. g.

b.

Der Vorsprecher des Beklagten macht den Einwand, sein Client sei in Gefangenschaft gewesen und könne deshalb nicht mit einer Verfestung gewonnen werden. Wenn dieser Einwand überhaupt einen Sinn haben soll, so muss darin die Behauptung liegen, dass der Beklagte sich zu der Zeit im Gefängniss befunden habe, als die Verfestung über ihn verhängt wurde. Dann liesse sich allenfalls geltend machen, dass das Contumacialverfahren gegen ihn zu Unrecht stattgefunden habe, da er wider seinen Willen, durch echte Noth am Erscheinen vor Gericht behindert worden sei. So wird jener Einwand und die darauf bezügliche Urtheilsfrage auch in dem Marginale sowie von den Magdeburger Schöffen verstanden. Die letzteren erklären sich jedoch gegen den Beklagten, weil derselbe jedenfalls in der Verfestung geblieben und darin begriffen worden sei. Dabei liegt als Ratio decidendi zu Grunde, dass die einmal ausgesprochene Verfestung nur dadurch beseitigt werden kann, dass man sich vorschriftsmässig aus derselben zieht; vgl. u. A. Weichb. (Zob.) 111 und dazu die Glosse (v. Dan. 418. 22); Stobbe 26.

c.

Da die Magdeburger den Einwand des Beklagten ohne Weiteres verwerfen, so berühren sie die vom Kläger hiergegen aufgestellte Gegenfrage nur obenhin. Diese Gegenfrage, die in ihrer Fassung etwas undeutlich ist, lautet, ob Henning nicht dennoch um die Verfestung antworten müsse, da dieselbe alt sei. Wenn ich diese Frage richtig verstehe, so will der Kläger damit hervorheben, dass der Beklagte eine genügende Frist gehabt habe, um sich aus der Verfestung zu befreien, da bereits längere Zeit seit der Verhängung derselben und nachdem der Beklagte aus der Gefangenschaft entkommen, verstrichen sei. Die Magdeburger

Schöffen sagen: die Gegenfrage würde allerdings erheblich sein, wenn es zur Zurückweisung des vom Beklagten erhobenen Einwandes überhaupt einer Replik bedürfte, wenn also z. B. der Beklagte die Behauptung aufgestellt hätte, es sei ihm bisher wegen Kürze der Zeit unmöglich gewesen, sich aus der Verfestung zu ziehen oder die nöthigen Schritte hierzu zu thun. Da jedoch eine solche Behauptung Seitens der Beklagten nicht vorliegt, der Einwand desselben vielmehr an sich hinfällig ist, so kommt es auf eine Erörterung der klägerischen Gegenrede nicht weiter an.

d.

Wer sich für eine Urfehde verbürgt, verfällt bei einem Bruche derselben, je nach der Beschaffenheit der Verletzung in ein ganzes oder ein halbes Wergeld, Ssp. III. 9, § 2; M. Br. 1261 § 37; M. Görl. 27, 90; Weichb. 55; Mühler 38; M. Br. Sch. r. II. 2. 42 fgg. Ebenso sind die Bürgen, die sich für die Gestellung eines wegen Ungerichts Beklagten verbindlich gemacht haben, im Falle seines Nichterscheinens in das ganze oder halbe Wergeld verfallen, je nachdem die Anklage an den Hals oder an die Hand geht, M. Fr. III. 1. 6 und die daselbst allegirten Stellen, ausserdem Glosse Weichb. 27 (v. Dan. 316. 49), 114 (v. Dan. 424. 43). Handelt es sich dagegen um eine Civilsache, so muss der Bürge den Streit an Stelle der Beklagten selbst aufnehmen und eventuell auch für den Streitgegenstand aufkommen, Ssp. III. 11; M. Br. 1261 § 52; M. Br. 1295 § 15; M. Görl. 54, 92; Glosse Weichb. 27 (v. Dan. 317. 1); M. Br. Sch. r. III. 2. 85; Wasserschl. IV. 34. Ausserdem wird in den Quellen des Falles gedacht, wo Jemand gelobt hat, *eynyn man vor recht czu gestellin unde is nicht benumpt, worumme her en gestellin sulle czu rechte* — wo es also unterlassen worden ist, in der Fassung der Bürgschaftserklärung anzudeuten, weswegen die Sistirung erfolgen solle, M. Br. Sch. r. III. 2. 22, vgl. Glog. 375. In diesem Fall, heisst es, haben sich beide Theile versäumt. Deshalb hat der Kläger keine bestimmte Forderung gegen den Beklagten (*dorumme ne mag her nicht benantis gutis gewunnyn uf den lobir.*) Aber auch der Bürge ist nicht ledig, *sundir her mus teydingen nach gunste des clegirs;* d. h. er wird auf eine gütliche Einigung mit dem Kläger hingewiesen. Wie es zu halten ist, wenn keine solche Einigung zu Stande kommt, darüber äussert sich die Stelle nicht; consequent wird in diesem Falle Folgendes anzunehmen sein Es besteht dann immer noch die Verpflichtung des Bürgen zur Gestellung des Beklagten, also zur Leistung einer Handlung. Auf diese wird der Kläger den Bürgen direct belangen können. Klagen auf Leistung von Handlungen werden im Allgemeinen den Schuldklagen gleichgestellt; es werden also hier schliesslich die verschiedenen Grade der Civilexecution gegen den Bürgen zur Anwendung gebracht werden, vgl. M. Fr. I. 6. 9.

Mit den angefügten Rechtssätzen ist unser Schöffenspruch in Verbindung zu bringen. Thatsächlich steht hier fest, dass die Bürgen sich für eine Urfehde u n d für die Gestellung des Beklagten verpflichtet haben (*vor eyne orveyde unde one weder in tu bringhende*). Und zwar ist offenbar diese doppelte Verpflichtung in ein und derselben Erklärung eingegangen worden. In Frage ist der Effect des zweiten Theiles der übernommenen Bürgschaft. Die Magdeburger machen ihre Entscheidung von dem Wortlaut der Verbürgung abhängig: (α) ob dieselbe ganz allgemein lautete auf ein Wiedereinbringen *levendich oder dot*, ohne Hinzufügung einer *underscheit* — oder (β) ob dieselbe dahin ging, den Beklagten zu gestellen *oder darumme tu lidende wat eyn recht ist.* Wie es scheint, handelt es sich dabei um zwei schematische Fassungen, die beide im Verkehr gebräuchlich waren. Das gegenwärtige Urtheil zeigt, dass denselben eine verschiedene rechtliche Bedeutung beigelegt wurde.

Die erste Fassung (α) enthält einen ganz ähnlichen Fall wie die vorher angeführte Stelle des M. Br. Sch. r's. *Underscheit* bedeutet bei vertragsmässigen Verpflichtungen jede Clausel und jeden Vorbehalt, wodurch denselben eine Einschränkung irgend einer Art beigefügt oder eine nähere Beziehung gegeben wird. Fehlt es also an solcher *underscheit*, so liegt ein abstractes Sistirungsversprechen vor. Es stimmt demnach mit dem M. Br. Sch. r. überein, wenn in unserer Entscheidung festgestellt wird, dass sich die Bürgen in diesem Fall nicht schon durch die Zahlung des Wergeldes ihrer Verbindlichkeit entledigen können, sondern dass ihre Befreiung von der Gunst des Klägers abhängt. Mithin werden auch die übrigen oben gezogenen Consequenzen hier Platz greifen.

Scheinbar nicht anders liegt die Sache bei der zweiten von den Magdeb. Schöffen vorausgesetzten Alternative (β). Die Verpflichtung, der sich die Bürgen hier unterwerfen, im Falle der Nichtsistirung zu leiden, was Recht ist, enthält, wenigstens direct, gleichfalls keine Bezeichnung der Sache, wegen der die Sistirung erfolgen soll. Wenn die Magdeburger hier dennoch die Folgen der Verbürgung anders bestimmen als im vorigen Fall, so erklärt sich dies wohl dadurch, dass in der ausdrücklichen Bezugnahme auf die Rechtsvorschrift ein Gegensatz zur Unterordnung unter die Genade oder die Gunst des Klägers gefunden wird. Dieser Gegensatz muss für ausreichend erachtet sein, um aus dem concreten Sachverhältniss die weitere Beziehung zu entnehmen. Hiernach wird denn für diesen zweiten Fall entschieden, dass die Bürgen durch die Zahlung des Wergeldes und der Urfehde frei werden. Die Erwähnung der Urfehde neben dem Wergeld ist nur eventuell, für den Fall, dass sich der Verbürgte eines Bruches derselben schuldig machen sollte.

Nach dem ganzen Zusammenhang unserer Stelle ist es unzweifelhaft, dass im vorliegenden Falle die Wergeldsforderung dem Kläger zusteht, resp. den Personen, welche von ihm als Mitempfänger des Versprechens hinzugezogen worden sind (über diese letzteren s. Anm. e). Bedenken hiergegen könnte die Glosse z. Ssp. II. 4. § 2 erregen, der zufolge bei der Verbürgung in Ungerichtssachen der Anspruch auf die Cautionssumme immer dem Richter zustehen soll: *sve enen um ungerichte borget, dat gelt dat dar ane verloren wirt, dat wirt deme richtere. We aver geborget worde um' scult, dat dar van velle, dat worde dem clegere* (Homeyer). Diese Bemerkung ist jedoch, soweit sie sich auf die Bürgschaft für peinliche Klagen bezieht, nicht einmal vom Standpunkt des Sächs. Landrechts allgemein richtig, wie sich aus Ssp. III. 9. § 1 ergiebt. Sie hat nur Geltung für die Fälle, in denen das Bürgschaftsversprechen unmittelbar in die Hand des Richters abgelegt wurde, wie beim Ausziehen aus der Verfestung und in dem oben No. IV. mitgetheilten Falle. Dagegen trifft sie überall da nicht zu, wo das Gelöbniss zu Händen des Klägers geleistet ist. In diesen Fällen erhält der Richter, wenn der Bürge seiner Verpflichtung nicht nachkommt, nur das Gewette; das Wergeld gebührt dem Kläger, vgl. aus dem Gebiet des Magdeb. Rechts hierüber M. Görl. 19, 90; Mühler Sch. 34. 6; M. Fr. III. 5. 1.

e.

Eine eigenthümliche Stellung nehmen in unserem Falle die Personen ein, *de dat lovede mede untfangen hebben tu des clegeres hant.* Diese Adstipulatoren sind, so sehr sie auf den ersten Blick an Römische Analogieen erinnern mögen, doch echt deutschen Gepräges. Sie bilden eine Unterart der bekanntlich in den verschiedensten Anwendungen vorkommenden treuen Hand und werden an anderen Stellen auch geradezu als Treuhänder bezeichnet. Ihre Zuziehung erfolgt nach den Urkunden namentlich bei Gelöbnissen und Verpfändungen, und zwar vorzugsweise mit Rücksicht auf den etwaigen Tod des eigentlichen Promissars, um alsdann für das Recht der Erben einzutreten; aber wohl auch, um bei sonstigen Verhinderungen des Hauptgläubigers dessen Interesse wahrzunehmen. Aus den Quellen des Magdeb. Rechts stehen mir für dieses meines Wissens bisher noch nicht beachtete Beispiel einer deutschrechtlichen Correalobligation nur folgende Beläge zu Gebot: M. Br. Sch. r. III. 2. 120 betheiligt sich Jemand als Mitinteressent bei einer Beschlagnahme (und wird als solcher auch zugelassen), dem der Schuldner gelobt hat *czu eynis andirn mannis hant* — Neumann 3 verlangt der Herzog Johann von Sagan, der von den edlen Herren von Hakenborn beklagt ist, eine Klagengewere, damit *was wir mit rechte von en* (den Klägern) *ledigen, das wir das . . von den andern iren getrawen henden adir wen die sachen anlangen . . ouch geledigel sien und bleiben.* Die Entscheidung, die in der Hauptsache zu Gunsten der Kläger ausfällt, besagt: *Kennen die von H. und ire truwe hende jenghen schaden der redlich und ghewonlich sie bewisin . . des sint ene dy sachwaldighen und borghen . . pflichtig czu geldin* — Wasserschl. V. 31 behauptet die Klägerin, dass sie gute Briefe über eine Forderung hat, *dy yr czusten und oren Kinde und ouch Balthesar Wilczewicz czu getruer hant.* (In dieser letzteren Stelle tritt der Treuhänder zugleich als Vormund des Kindes auf und nimmt dessen Interesse gegenüber der Mutter wahr. Da nun auch sonst die Vormundschaft als getreue Hand bezeichnet wird, so ist es nicht ganz unzweifelhaft, ob dieser Fall hierher gehört.)

Diesen wenig zahlreichen Beispielen lassen sich aus Urkundenbüchern eine grosse Menge anderer zugesellen, durch welche der häufige Gebrauch dieser Art von Treuhändern bestätigt wird. Man vgl. u. A. folgende Fälle aus dem mir gerade vorliegenden zweiten Bande des Braunschweigischen Urkundenbuches von Sudendorf: S. 11. No. 20 (1342) *et hec omnia supra dicta domino meo Ottoni duci de Luneborch et Brunswich promisi et promitto ad jam dicti domini Wilhelmi fratris sui fidas manus* — ebd. S. 29 No. 55 (1343): *wy Ludolf u. Henningh van dem Knesebecke brodere . . bekennet openbare . . dat wj gelovet hebbet u. lovet in guden truwen . . den erbaren vorsten usen heren Hertoghen Otten u. Hertoghen Willehelmen to Brunsw. u. Luneb. eren rechten erven u. nacomelinghen u. to erer hant hern* . . . (folgen die Namen von 5 Rittern und 3 Knappen); — ebd. S. 54 fg. No. 83, 84 (1344) schwören die Gevettern von Knesebeck eine Urfehde den Herzögen Otto und Wilhelm, ihren Erben und Nachkommen und zu ihrer Hand 7 Rittern und 3 Knappen; — ebd. S. 88 No. 152 (1346) verpfändet Herzog Magnus auf drei Jahr eine Rente von 10 Mark für eine Schuld von 100 Mark an Burchard von Sunstide und dessen rechten Erben *unde to erer truwer hand* den Herren von Bertensleven. Dabei gelobt der Schuldner: *wanne desse tid* (die drei Jahre) *umme komen is . . so sculle we u. willen Borchard u. sinen erven u. to orer hand den von Bertensleven . . desse selve hundert mark bereden.* — Ebenso gehören hierher alle die Urkunden, die Haltaus bei dem Worte Hand IV. 3 (col. 300 sq.) anführt, die ihm selbst aber noch als *obscuri sensus* erschienen sind.

Aus den hier mitgetheilten Stellen geht hervor, dass die Treuhänder selbständig und in eigenem Namen klagen können; nach unserem Schöffenspruch können sie aber nicht für den materiellen Ausgang der Sache verantwortlich gemacht werden — (*de ne scolen van rechte keyne not liden, men se scolen manen helpen umme dat lovede).*

XIII.

1) Von der ratmanne ghebode. — 2) Oft ein man gut heft jar unde dach in sinen weren. — 3) Wo eyn waterganck beseten is jar unde dach.

[1] Gy hebben uns ghescreven: Ofte de stad ghebode eyn both tu haldende unde jenich man breke unde dar umme lede sine bute, ofte de richter an deme broke icht hedde oder nicht. Dar spreke wy tu: Is dat jenich man brickt unse gheboth mit uns dat wy ghebeden unde kundighen laten under der loven tu haldende, unde lidet he dar umme sine bute, dar en heft de richter nicht an; it en were, dat unse ghebot den richter rorde oder weder on were, dat halde wy also.

[2] Echt hebbe gy uns ghescreven: Ofte jenich man hedde twey erve oder dre tu samende unde in deme hove buwede eyne heymelike kamere, de erve worden seder besunderet unde vorkoft, de selve kamere bestunde unde neyn man des dechte, dat si gy worde vorwandelet; ofte de des de kamere were, icht wiken unde rumen scolde deme den si hinderlik unde schedelik were, oder nicht. Dar spreke wy tu: Sint dem male dat de man den hof dar de heymelike kamere inne steyt, mer wenne jar unde dach beseten heft ane wedersprake, so scal he de heymelike kamere behalden alse wente here unde dar nemande mede rumen.

[3] An der selven wyse spreke wy umme eynen watergank eynes hoves mit ju. Wente de hof dar de water gank inne is, beseten is jar unde dach mit deme water ganghe ane wedersprake unde dar over gan sin mer ghyft wenne eyn, so en darf man den water gank nicht wandelen, mer he scal bliven also he is tu rechte (b).

Desse bref is ghegeven under unseme heymeliken ingheseghele.

a.

Die öffentliche Verkündigung der städtischen Willkühren war ein Erforderniss für ihre Gültigkeit, vgl. M. Fr. I. 1. 19 *is en sy denne das dy ratmanne . . . ander willekor doruff gesatczt haben u. dy offinbar gekundiget;* Wasserschl. II. 170: *were abir ouch dem ammechtmanne bey grosser vor* (Vare) *und busse frede geboten u. offinbar gekundiget*; Stobbe 56: *das uf solche willekore gesatczt u. offinbare gekundiget ist.* Die Verkündigung erfolgte nach unserer Stelle unter den Lauben, d. h. vor dem Rathhause. Damit stimmt überein, dass sie anderen Zeugnissen zufolge zu oder vor dem *burdinge* geschehen soll M. Fr. I. 1. 11. a. E.; Glosse Weichb. 43 (v. Dan. 357. 3), 47 (v. Dan. 367. 39). In letzterer Stelle wird zugleich einer Publication in der Kirche gedacht und diese doppelte Art der Verkündigung ist auch in dem Privileg für Stendal von 1345 (Riedel Cod. dipl. I. XV. S. 125) angeordnet: *alle böt und settinghe scal man in burspraken und in kerken kundegin dat sic menlic dorun bewar.* Eine in Magdeburg bestehende Einrichtung, die sich ebenfalls in anderen Städten wiederfindet, war es ferner, dass alljährlich bei der Einführung der neuen Rathmannen die Gemeinde befragt wurde, ob sie bei den bisherigen Willkühren verbleiben wolle: *alz denne die jarczal uszkommet unde man nuwe herrn keusit und die ufftretin zu dem burgirdinge, so spricht der burgermeister, ab sy wollen by der selbien wilkor bliben, do sy daz jar inne gelegen sien. So steit is an der gemeine, ab sy is volborten wollen oder nicht,* Glosse Weichb. 43 (vgl. Dan. 357. 7 fgg., vgl. ebendas. 355. 55 fgg.). Wahrscheinlich stand hiermit eine alljährliche Erneuerung der Publication in Verbindung.

Die auf die Uebertretung der städtischen Willkühren gesetzte Busse wurde vom Rath eingezogen und kam ausschliesslich der Stadt zu Gute. Der Richter oder der Herr der Stadt hatte keinen Anspruch darauf. Diese in unserer Stelle ausgesprochene Regel wird vielfach bestätigt, vgl. z. B. M. Fr. I. 1. 11 a. E., M. Goldb. Ia. § 12; Stobbe 56; Neumann 1. Sie steht in unmittelbarem Zusammenhang mit dem oben zu II. Anm. g erörterten Grundsatz, nach welchem die Magdeburger Schöffen den Inhalt städtischer Willkühren überhaupt nicht als zu ihrer Cognition gehörig betrachteten. Demgemäss erkannten sie auch nicht auf Bussen, die in den Willkühren festgesetzt waren, sondern überliessen die Rechtsprechung hierüber lediglich dem Rath.

Die in unserer Stelle vorbehaltene Ausnahme in Betreff der Fälle, wo das Gebot der Stadt *den richter rorde oder weder on were* erhält ihre nähere Erklärung durch die Schranken, welche der städtischen Autonomie gesteckt sind. Dieselben ergeben sich insbesondere aus M. Fr. I. 1. 10 sowie aus dem in Beil. II. zu M. Fr. I. 1. 11 mitgetheilten Schöffenspruch.

Hier ist in dieser Beziehung Folgendes hervorzuheben. [M. Fr. I. 1. 11. selbst sind in einem Hauptpassus *was geistlich recht antrit* u. s. w. augenfällig corrumpirt, vgl. Pölmann VIII. 5. 1].

Der Rath darf 1) keine Willkühren machen, die dem Recht des Burggrafen schädlich sind Beil. II. zu M. Fr. I. 1. 11. Durch die städtischen Anordnungen soll den Befugnissen des Gerichts- oder Stadtherrn Nichts vergeben werden. Würde letzteres der Fall sein, so müsste die Einwilligung (*volwort*) desselben hinzukommen. 2) Unzulässig sind ferner alle Satzungen, die „wider das gemeine geschriebene Recht sind" (M. Fr. I. 1. 10), die „das geschriebene Recht kränken". Die Begriffe gemeines geschriebenes Recht haben in dieser Zeit bekanntlich keine ganz scharf abgegränzte Bedeutung; jedenfalls gehört dahin das Magdeburger Weichbildrecht (vgl. M. Fr. I. 3. 2, 3), aber auch alle sonstigen Rechtssätze, die ihre Geltung von einer höheren Auctorität als von der blossen Stadtobrigkeit ableiten (s. über diesen Begriff neuerdings v. Martitz eheliches Güterrecht S. 57). Die städtischen Willkühren können solchen Rechtssätzen nicht derogiren, sondern nur ergänzend zu ihnen hinzutreten. 3) Die städtischen Willkühren sollen keine Bussen androhen, die an Leib oder Glied gehen. Also weder Strafen zu Hals und Hand noch zu Haut und Haar. Gestattet sind nur Geldstrafen (*pfennigbusse*) und *andere bedranknus*, Beil. II. zu M. Fr. I. 1. 11, worunter namentlich die Verweisung aus der Stadt (*weichen aus der stad*), die in der Regel auf eine bestimmte Reihe von Jahren ausgedehnt wurde, zu verstehen ist. Die Unzulässigkeit der Verhängung einer Gefängnissstrafe scheint indirect aus M. Fr. I. 1. 6 hervorzugehen. Eine Ausnahme von diesen Beschränkungen in Betreff der Strafart findet hinsichtlich der Fälscher statt, von denen es in der Beil. II. a. a. O. heisst, man solle über sie richten *als das beschriebene recht ausweiset*. Dies bezieht sich auf eine Bestimmung des Magdeb. Rechts über die Marktböker, die wegen Meinkaufes, d. h. wegen Verfälschung von Waaren, Maassen oder Gewichten durch den Rath und zwar alternativ mit einer Geldbusse oder zu Haut und Haar bestraft werden konnten — vgl. hierüber M. Br. 1261 §. 25; M. Görl. 2; Weichb. 21 §. 2, 44; Mühler 3; M. Br. Sch. r. I. 10; Glog. 351; Wasserschl. II. 225. — Endlich 4) sollen die städtischen Willkühren sich überhaupt nicht auf Gegenstände erstrecken, die vor das geistliche Forum gehören: *aber die ding, die geistlich recht antreten und weltlich recht nicht anruren dorauf mogen sie keyne wilkör nicht setzen*, Beil. II. a. a. O. Diese letztere Vorschrift scheint indess in der Praxis nicht streng eingehalten worden zu sein; wenigstens finden sich mehrere Fälle, in denen der Ehebruch durch städtische Satzungen verpönt wird; M. Fr. III. 7. 1. Neumann 9.

Innerhalb der hiernach zu ziehenden Schranken blieb also für die städtischen Willkühren im Wesentlichen folgendes Gebiet übrig 1) Gegenstände, über welche sich die gemeinen geschriebenen Rechte überhaupt nicht verbreiteten und die der ausschliesslichen Competenz des Rathes unterlagen. Dahin sind besonders die verschiedenen polizeilichen Anordnungen zu rechnen, von denen Beil. II. zu M. Fr. I, 1. 11 mehrere Beispiele anführt. 2) Ergänzungen der gemeinen Rechte in einzelnen Punkten. An sich stand nichts im Wege, Willkührbestimmungen mit solchem Inhalt zu treffen; nur gehörte zu ihrer practischen Verwirklichung immer als nothwendige Voraussetzung, dass dem Rathe die Jurisdiction zustand, da die Schöffen, wie erwähnt, den Willkühren keine Berücksichtigung angedeihen liessen. Abgesehen von speciellen Veranlassungen, durch welche die Zuständigkeit des Rathes in einzelnen Fällen herbeigeführt werden konnte, war das regelmässige Mittel, die Gerichtsbarkeit desselben zu begründen, auch hier wieder die Festsetzung einer Busse für die Uebertretung derartiger Vorschriften, deren Einziehung dann dem Rath anheimgestellt blieb. 3) Verschärfung gemeinrechtlicher Strafbestimmungen dadurch, dass auf eine Handlung, die bereits nach dem gemeinen Rechte straffällig war, von der Stadt wegen noch ein besonderes Verbot mit einer eigenen Strafsanction gesetzt wurde. Als Normalfall dieser Art führt die Beil. II. zu den M. F. I. 1. 11 an, wenn gewisse Vergehungen in der Stadt überhand genommen haben (*die in irer stad uberwachsen sindt*), wo sich also das Bedürfniss einer verstärkten Abschreckung herausstellte. In solchen Fällen concurrirte die Gerichtsbarkeit des Rathes mit der des ordentlichen Richters in der Weise, dass die Zuständigkeit des ersteren wegen der ihm gegenüber verwirkten Strafe zu der Competenz des ordentlichen Richters hinzutrat.

Hiernach erklären sich die oben angeführten Worte unseres Schöffenspruches vollständig. Das Gebot der Stadt ist wider den Richter, wenn dasselbe die Gerechtsame des Richters und der Gerichtsherrschaft zu schmälern versucht. Es berührt den Richter in dem zuletzt hervorgehobenen Falle, wo die Zuständigkeit beider Behörden neben einander begründet ist. In diesen beiden Fällen galt die Regel nicht, dass der Richter keinen Antheil an der städtischen Satzung habe.

g.

Zu der zweiten und dritten in diesem Schöffenspruch enthaltenen Entscheidung vgl. M. Fr. I. 19. 1, 2 und die daselbst allegirten Stellen.

XIV.

1) In welkeme richte men vorwinnen mach enen vorvesteden man. — 2) Wo men enen vorvesteden man vorwinnen scal.

[1] Gy hebben uns ghescreven an juweme breve, dat lude quemen in der stad tu Wosterhusen unde anverdegheden oren vorvesten man unde sloghen en doth unde bunden deme sine hant unde sin ghewede des mannes uppe sinen rucghe den he vore ghemordet hadde, dar he umme vorvestet was, unde brachten on vor gherichte. Des wart eynes ordeles van orer weghen ghevraget: na dem male dat se oren vorvesten man irslaghen hedden, oft si mit der doden hant unde mit sodaneme ghewede icht negher weren over tu ghande unde

tu winnende wen on untgande, wat dar eyn recht umme were. Des wart van des doden mannes de vorvestet was, eynes rechtes dar jeghene weder ghevraghet: na dem male si des volkomen wolden mit eyme richtere unde mit eyner gantzen burscap, mit eyneme belende richtere unde mit seven lantschepen, dat he ore vorvestede man nicht en were, oft sine vrunt des doden mannes vestinghe ich negher tu werende weren wan on over tu gande, wat dar eyn recht umme si. Des spreke wy vor eyn recht des gy uns ghevraget hebben: Is de man vorvestet in deme gherichte dar si on irslaghen hebben, so moghen si on wol vorwinnen selve sevede also recht is, unde over on richten laten. Is he aver dar nicht vorvestet, so en moghen se on nicht vorwinnen mit der doden hant unde mit deme ghewede; mer se moten andwerden vor den mort den se begangen hebben, alse recht.

[2] Hedde se aver en bestedeghet, er si en irslughen unde den belenden richter unde de schepen vor den he vorvestet was, dar tu ghebracht unde de vestinghe betughet also recht is, so hadden se on ghewunnen.

Dat dit recht si, dat betughe wy mit unseme ingheseghele, dat tu rucghe an dessen bref ghekleyvet is den wy gheven hebben na ghodes bort dusent jar dre hundert jar an deme dre unde dritteghesten jare lateren daghe sente Johannes evangel. vor der porten.

Nach Ssp. I. 64 kann ein Todtschläger der Klage wegen Mordes in zwei Fällen dadurch zuvorkommen, dass er selbst gegen den Todten wegen eines Ungerichts Klage erhebt und auf diesem Wege die Rechtmässigkeit oder doch die Straflosigkeit seiner eigenen That darthut: 1) wenn er den Todten bei Verübung eines Ungerichts auf frischer That (*in düve oder in rove oder in sogedanen dingen*) erschlagen hat. Alsdann ist die Ueberführung des Beklagten *mit seven mannen tüge* d. h. durch den Eid des Klägers selbsiebend zulässig, vorausgesetzt dass keiner der Angehörigen des Todten sich zum Zweikampf für ihn erbietet. Ist das letztere der Fall, so wird das Gezeugniss des Klägers „verlegt". (Die Eideshelfer sind hier offenbar die Schreimannen, welche auf das vom Kläger geschriene Gerüft herbeigekommen sind. Stehen dem Kläger keine Schreimannen zur Seite, so muss er seinerseits behufs Ueberführung des Todten von vornherein den Zweikampf anbieten. Vgl. über das Verfahren in diesem Falle Homeyer Richtst. S. 479, 481 und die das. angef. Stellen) 2) wenn der Todte in der Verfestung ergriffen und erschlagen worden ist (*he ne si vervest* Ssp. I. 64 a. E.). Hier wird gegen den vor Gericht geschleppten Leichnam dasselbe Verfahren Platz gegriffen haben wie gegen den Lebenden, der sich in gleicher Lage befand. Der Kläger wird also zuerst den Beweis der stattgehabten Verfestung durch das Zeugniss des verfestenden Gerichts und demnächst selbsiebend die Satzung, den Beweis in Betreff der That selbst haben erbringen müssen (oben No. IV. Anm. c). In diesem zweiten Falle, der übrigens in dem ursprünglichen Text des

Ssp. noch nicht enthalten, sondern erst in einem späteren Zusatz berücksichtigt ist, fand keine Verlegung des von dem Kläger selbsiebend zu leistenden Eides durch das Erbieten zum Zweikampf Seitens der Verwandten des Erschlagenen statt.

An diese Stelle des Ssp. und zwar an den zweiten hier erwähnten Fall, schliesst sich unser Schöffenspruch an. Die Kläger bringen den Todten vor Gericht, beschuldigen ihn eines früher an ihrem Freunde verübten Mordes und wollen ihn auf Grund des Umstandes, dass sie ihn in der Verfestung erschlagen haben (*na dem male dat se oren vorvesten man irslaghen hedden*) mit dem von ihrem Freunde genommenen Leibzeichen, mit der abgeschnittenen Hand und mit dem Gewande desselben gewinnen, d. h. selbsiebend auf ihn schwören. Die Verwandten des Todten, gegen den die Klage gerichtet ist, bestreiten, dass derselbe in die Verfestung gebracht worden sei und erbieten sich, das Gegentheil durch ein Gerichtszeugniss zu erweisen.

Die Magdeburger Schöffen wollen die Ueberführung des Todten nach dem Verlangen der Kläger unter der Voraussetzung zulassen, dass das Gericht, welches die Verfestung ausgesprochen hatte, mit demjenigen identisch ist, in welchem der Verfestete ergriffen und erschlagen wurde. In dieser Entscheidung ist zunächst implicite die den oben erörterten Grundsätzen entsprechende Bestimmung enthalten, dass der Beweis der stattgehabten Verfestung von den Klägern und zwar mittelst eines Gerichtszeugnisses zu erbringen ist. Der von den Verwandten des Todten angebotene Beweis für die Negative wird unberücksichtigt gelassen. Ferner ergiebt sich aber aus unserer Entscheidung, dass die Verfestung die Straflosigkeit einer dem Verfesteten zugefügten Vergewaltigung nur für den Bezirk desjenigen Gerichts zur Folge hatte, von welchem die Verfestung verhängt worden war. Trifft dagegen jene Voraussetzung der Identität nicht zu, hatte ein anderes Gericht die Verfestung verhängt, so sollen die Kläger sich auf dieselbe nicht berufen dürfen und die Uebersiebenung des Todten wird ihnen in diesem Falle versagt (*is he aver dar nicht vorvestet, so en moghen se on nicht vorwinnen*). Wird den Klägern die Berufung auf die Verfestung abgeschnitten, so müssen sie nun consequenter Weise ihrerseits wegen des an dem Verfesteten verübten Mordes Rede stehen und sie können nicht etwa zu ihrer Entschuldigung auf das gleiche Verbrechen zurückkommen, welches früher von diesem gegen ihren Verwandten verübt worden war. Denn der Fall in welchem ausser der Verfestung die Klage gegen einen Todten allein statthaft ist: handhafte That, liegt hier nicht vor. Dies wird denn auch in dem vorliegenden Schöffenspruch ausdrücklich bestimmt (*se moten antwerden vor den mort*). Dass dem Beklagten die leibliche Beweisung auf den Rücken gebunden ist, kann natürlich die fehlenden sonstigen Erfordernisse der handhaften That nicht ersetzen; ein solches Aufbinden ist übrigens, wenn es bei einem Todten geschieht, stets bedeutungslos, oben No. VI Anm. a.

In einem Falle soll es allerdings, auch wenn der Verfestete in einem anderen als dem verfestenden Gericht erschlagen worden ist, so angesehen werden, als wenn beide Gerichte identisch wären, wenn nämlich bereits vor der Tödtung die Verfestung durch das vorschriftsmässige Gerichtszeugniss in das fremde Gericht gezogen war. Dies ist aus dem letzten

Satze unseres Schöffenspruches zu entnehmen. Die Worte am Schlusse desselben: *so hadden se on gewunnen* besagen, dass in diesem Fall die Rechtlosigkeit des Verfesteten auch in dem fremden Gerichtsbezirk volle Wirkung äussert.

Aus dem vorliegenden Schöffenspruch geht also hervor, dass die oben erörterte neuere Anschauung über die Wirksamkeit der Verfestung, wonach sich dieselbe auf das ganze Geltungsgebiet des Magdeburger Rechts erstreckt (oben No. IV. Anm. g) in Bezug auf die Schutzlosigkeit des Verfesteten gegen aussergerichtliche Angriffe keine unbedingte Anwendung findet. Auch nach dieser neueren Anschauung ist es immerhin nöthig, die Verfestung zunächst aus einem Gerichte in das andere zu ziehen, und so lange dies nicht geschehen ist, reicht dieselbe nicht über den Gerichtsbezirk hinaus, für welchen sie ursprünglich ausgesprochen worden ist. Bis dahin kann daher auch der Kläger von dem Tödtungsrecht, welches ihm sonst dem Verfesteten gegenüber zusteht, keinen Gebrauch machen. Der Grund weswegen hier die weitere Wirksamkeit der Verfestung nicht ipso jure eintritt, liegt auf der Hand. Es mochte zwar im Interesse der Rechtssicherheit wünschenswerth erscheinen, die Anerkennung eines gerichtlichen Spruches in einem anderen Gerichte möglichst zu befördern, nicht aber der aussergerichtlichen Rache und Selbsthülfe einen grösseren Spielraum zu gewähren.

XV.

1) Wo eyn man sime wive gaf half sin gut unde si gaf em weder al ir gut. — 2) Van rade. — 3) Van herwede.

[1] Gy hebben uns ghescreven in juweme breve: Wo eyn ledich man nam eyne ledighe vrouwen tu eyner echten vrowen; de brachten kleyne ghudes tu hope; dar na wunnen se ghud, des quam de man unde gaf siner vrowen in deme hegheden dinghe de helfte sines ghudes dat he hadde unde ummer mer ghewinnen scolde, unde vif mark ute deme redesten ghude tu voren ut tu nemende, ofte se sinen dot levede, unde scolde vort mit den neghesten erfnamen deylen. Dar na quam de selve vrowe in deme hegheden dinghe unde gaf oren manne al ore ghut; levede he lengher wenne se, so scolde he alle dat ghut alleyne *nemen**). De beyde ghyft stunden by jare unde by daghe an allerleye ansprake. Des is de man ghestorven unde de vrowe starf langhe er de man, beyde sunder kindere. Des is ghekomen de richtere unde

*) nemen fehlt in der Hds.

anspreket dat ghut nach der ersten ghyft van der vrouwen weghene, de helfte des ghudes, unde dat selve gut ansprakede de richter ny er des, er de man dot was. Des spreke wy vor eyn recht: Do de vrouwe gaf oren manne alle ore ghut tu hebbende sik alleyne, ofte se storve er he, do hadde si om de ersten ghyft weder ghegheven unde de ghyft de he ore ghedan hadde, is dar mede gebroken, ofte he oren dot heft ghelevet; unde is de man nu dar na ghestorven, so is dat ghut dat he ghelaten heft, tu rechte uppe sine erven ghevallen unde nicht uppe den richter.

[2] Umme de radeleve der vrowen dar gy uns ok umme ghevraghet hebben, spreke wy vor eyn recht: Dat man de radeleve scal lighen laten jar unde dach unde scal dar mede warden, ofte jemant kome by jar unde daghe de si anspreke unde dar recht tu hebbe van erves weghene. Kumpt denne nemant binnen jare und daghe de de radeleve anspreke unde vordere, so scal se swe se heft, deme richtere andwerden unde is se vordan, so scal man se deme richtere ghelden.

[3] Echt spreke wy umme dat herwede vor eyn recht: Dat dat herwede tu rechte van erveswegbene ghevallen is uppe de svertmaghe unde nicht uppe den richter.

Dat dit recht si, dat betughe wy mit unseme ingheseghele dat wy tu rucghe an dessen bref hebben gheclevet laten. Na ghodes bort dusent jar drehundert jar an deme drittighesten jare des neghesten dinghes daghes na sente Katherinen daghe.

a.

Zwei Eheleute, die einander kein Gut (der Ausdruck *kleyne ghudes* enthält eine directe Negation) zugebracht haben, machen während der Ehe gegenseitige Vergabungen in Betreff des später erworbenen Vermögens. Der Mann giebt der Frau für den Fall seines Todes die Hälfte seines gegenwärtigen und zukünftigen Gutes und ausserdem ein Präcipuum von fünf Mark, welches sie aus seinem bereitesten, d. h. dem baaren Nachlass (vgl. über diesen Ausdruck Heydemann Elem. Ann. 470, 922; unten No. XX. Anm. a.) vorweg entnehmen soll. Die Frau vergiebt hierauf für den Fall, dass sie zuerst versterben sollte, das ganze Vermögen an ihren Ehemann. Dieser letzte Fall tritt ein, der Mann stirbt lange nach der Frau. Bei dem Ableben der Frau war der Mann im Besitz des gesammten Vermögens geblieben; als es sich aber um seinen Nachlass handelt, beansprucht der Richter die Herausgabe der an die Frau vergabten Hälfte, und zwar, wie aus dem Zusammenhang hervorgeht, als erbloses Gut, weil Erben derselben nicht vorhanden sind oder sich doch nicht gemeldet haben.

Der Richter, der diesen Anspruch erhebt, will demnach die von der Frau vorgenommene Vergabung vollständig ignorirt wissen, m. a. W. er verlangt, dass dieselbe für ungültig erklärt werde. Die Magdeburger entscheiden sich im entgegengesetzten Sinne in Uebereinstimmung mit dem bereits oben zu No. XI. erörterten Grundsatz. Die Gabe Seitens der Frau ist vollkommen rechtsbeständig. Ja sie wäre im vorliegenden Falle nicht einmal durch einen Widerspruch der Erben binnen Jahr und Tag anzufechten gewesen, da es sich nicht um angestorbenes Eigen handelte. Deswegen wird auch in dem Schöffenspruch auf den in der Geschichtserzählung hervorgehobenen Umstand, dass die Gabe der Frau Jahr und Tag bestanden habe, kein Gewicht weiter gelegt.

Die besonderen statutarischen Bestimmungen des Stendaler Rechts sind bei dieser Entscheidung unberücksichtigt geblieben. Es fragt sich, ob die Heranziehung derselben eine andere Beurtheilung zur Folge gehabt haben würde. Nach Stendaler Recht erfolgt bei dem Tode eines Ehegatten eine Halbtheilung zwischen dem Ueberlebenden und den Verwandten des Verstorbenen. Diese Halbtheilung ergreift das gesammte beiderseitige Vermögen mit Ausnahme des Heergewätes und der Gerade. Ueber den Fall, wo der Verstorbene keine erbberechtigten Verwandten hatte, enthalten zwar die Aufzeichnungen, in welchen das Stendaler Recht überliefert ist, keine Nachricht; es ist aber wohl unzweifelhaft, dass alsdann das Gericht an die Stelle der Verwandten trat (Heydemann Elemente S. 95, 143 fgg.). Hätte demnach im vorliegenden Fall bei dem Tode der Frau die statutarische Halbschicht stattgefunden, so hätte der Richter die Hälfte, die er gegenwärtig beansprucht, erhalten müssen. Nun existirt in einem allerdings späteren Privileg (von 1374) für die mit Stendaler Recht bewidmete Stadt Wittstock die Bestimmung, es solle keiner der Ehegatten dem anderen *gut to vorn gewen by ereme lewende, dar se mede eren vründen ere rechte erve entbrheken mögen na ereme dode.* (Heydemann S. 148; Riedel cod. dipl. I. II. S. 468 No. 43.) Da dies Privileg, wie seine Einleitung besagt, kein neues Recht feststellen sondern lediglich von Alters her überkommene Sätze sanctioniren will (*also als se gesat hebben by unsen vorvaren also scholen se dat fort behalden . . . sunderliken* u. s. w.), so ist es nicht unwahrscheinlich, dass das Stendaler Gericht bereits zur Zeit unseres Urtheils einen ähnlichen Grundsatz adoptirt hatte. Hiernach wird es erklärlich, dass der Schulze in unserem Fall allein die erste Vergabung gelten lassen will, dass er sich aber auch auf diese nur insoweit beruft, als sie dem Inhalt der städtischen Willkühr entspricht, also auf das Präcipuum von fünf Mark, das der Frau zugesichert worden ist, keinen Anspruch erhebt. Das Bedenken der Stendaler mag hier darin bestanden haben, ob trotz jener Bestimmung beide Vergabungen etwa dadurch rechtsgültig geworden seien, dass sie *by jare unde by dage an allerleye ansprake stunden.* Der obige Schöffenspruch enthält indess, wie erwähnt, keine Beantwortung dieses Zweifels. (Vgl. auch No. XX. Anm. b.)

Der vorstehende Schöffenspruch hat neuerdings auch bei v. Martitz, eheliches Güterrecht, S. 248 Anm. 20 Berücksichtigung gefunden. Derselbe nimmt abweichend von der hier dargelegten Auffassung an, dass die Vergabung des Mannes lediglich hinsichtlich des Präcipuums der fünf Mark auf den Tod gestellt gewesen sei. Er bezieht also die Eingangs der Geschichtserzählung erwähnte Bedingung *ofte se sinen dot levede* allein auf die zunächst vorhergehenden Worte: *unde vif mark ute deme redesten ghude tu voren ut to nemende* und nicht auf den übrigen Theil der Vergabung. Gegen diese Interpretation spricht indess m. E. schon, dass der Mann die Hälfte des Gutes *dat he hadde unde ummer mer gewinnen scolde* vergabt hat; die Berücksichtigung des künftigen Erwerbes macht es aber mindestens sehr wahrscheinlich, dass der Geber hierbei seinen Todesfall ins Auge gefasst hatte. Ferner war in der betreffenden Vergabung die Bestimmung enthalten: *unde scolde vort mit den erfnamen deylen*, die ebenfalls darauf hinweist, dass die g a n z e Gabe auf den Tod des Mannes gestellt war. Endlich ist in Betracht zu ziehen, dass die Vergabungen beider Eheleute mit einander correspondiren. Die Frau verfügt nun ausdrücklich für den Fall, dass der Mann sie überleben sollte, und hiernach muss auch die Gabe des letzteren ausgelegt werden. Die beiden Vergabungen haben eben den Zweck, die gesetzlichen Folgen des Todesfalles durch vertragsmässige Anordnungen zu ersetzen, beide sind durchaus von dem Vorversterben des Vergabenden abhängig gemacht.

Im Zusammenhang hiermit vermag ich auch nicht zuzustimmen, wenn v. Martitz annimmt, dass der Richter im vorliegenden Falle das Präcipuum der fünf Mark nur deswegen nicht gefordert habe, weil dasselbe auf den Tod des Mannes gestellt worden und dieser Fall nicht eingetreten sei. Derselbe Grund trifft nach dem eben Bemerkten für die Gabe des Mannes in ihrem ganzen Umfange zu und in Anbetracht dieses Umstandes hätte daher der Richter überhaupt keinen Anspruch erheben können. M. E. bleibt nur die oben gegebene Erklärung übrig. Der Richter will die Vergabungen nur so weit gelten lassen, als durch sie die gesetzliche Erbfolge der Ehegatten nicht verändert wird. Demgemäss fordert er dem Stendaler Recht entsprechend ganz folgerichtig die Hälfte des Gutes *nach der ersten ghyft*, d. h. so wie sie in der ersten Vergabung verschrieben worden. Sowohl das vom Manne gewährte Präcipuum wie die Gabe der Frau an den Mann müssen von diesem Standpunkt aus unberücksichtigt bleiben. Nach der Art wie Rechtsfälle in dieser Zeit überhaupt und speciell in unserer Sammlung referirt werden, kann es nicht befremdlich erscheinen, dass wir lediglich das Petitum des Richters erfahren und dass von der Schlussfolgerung, auf welche dasselbe sich gründet, nichts mitgetheilt wird.

Die obige Erörterung führt demnach mit Nothwendigkeit zu der Folgerung, dass in Stendal für die Erbfolge der Ehegatten die märkische Halbschicht gegolten habe. Dies ist die Annahme Heydemann's, der nur in Bezug auf das Heergewäte und die Gerade eine Singularsuccession eintreten lässt (Elemente S. 95). v. Martitz ist auch in dieser Beziehung anderer Ansicht; er behauptet an verschiedenen Stellen seiner Schrift, dass in Stendal das Magdeburger Recht auch in Bezug auf das eheliche Güterrecht zur Anwendung gekommen sei (vgl. besonders S. 5 Anm. 19. S. 25 Anm. 11.). Es mag gestattet sein auf diese Frage, die für unsern Schöffenspruch von Erheblichkeit ist, hier kurz einzugehen.

Eine Urkunde für die Stadt Stendal selbst, welche sich direct über das eheliche Güterrecht ausspräche, ist nicht erhalten. Dagegen finden sich Bezugnahmen auf das in Stendal geltende Recht in den Privilegien zweier Tochterstädte, Kyritz und Wittstock. Das erstere vom Jahre 1237 (Riedel I. III. S. 341) lautet in dem betreffenden Passus:

Insuper concessimus ut hereditates, que mortis jure pervente fuerint, per medium dividantur et ut jure fruantur Stendaliensium et ut singulis annis advocatum sibi eligant conuenientem. Der Wortlaut des zweiten Privilegs vom Jahre 1248 (Riedel I. II. S. 447), so weit dasselbe hierhergehört, ist: *civibus in Witstock oppido . . . donavimus uti eo jure civili in Witstock, quo utuntur incole Stendalenses his tamen exceptis, scilicet quod tota hereditaria possessio simul et ea pars, quam vocant Heerwede et Rade, defuncto marito vel uxore per medium dividatur et una medietas cedat viro superstiti, alia vero medietas inter heredes, filios uel filias, disponatur.* v. Martitz glaubt, dass nach diesen Stellen das eheliche Güterrecht der Stadt Stendal von der Reception in Kyritz und Wittstock ausgeschlossen worden sei, also in einem Gegensatz zu der hier eingeführten Halbtheilung stehen müsse. Ein solcher Gegensatz ist allerdings vorhanden; er besteht aber wie Heydemann m. E. richtig ausgeführt hat, nur darin, dass in den letzteren beiden Städten die überlebenden Ehegatten keinen Anspruch auf Hergewäte und Gerade hatten, der ihnen nach Stendaler Recht zustand. Der Nachdruck in der zweiten Stelle ist mithin auf die Worte *simul et ea pars* u. s. w. zu legen und auch die erste Stelle, in der jene Differenz gar nicht hervorgehoben ist, erklärt sich in dieser Weise am einfachsten.

Eine mittelbare Bestätigung hierfür dürfte in einer Stendaler Urkunde von 1479 zu finden sein, die Riedel I. XV. S. 370 mittheilt: *Wy Radmanne to Stendall bekennen — dat wy myt rade unnd vulborde aller unser guldemeistere unnd wyttigsten burgern von unnser upgnanten Stad wegen vorkofft hebben unnd vorkopen in crafft dusses briffs der erliken unser medeburgerschen Gertruden, Claus Tornow zeliger nagelaten wedewen, unnd Hansze, Peter Tornowen ores sones sonen, achte gude rinssche gulden yarliker renthe vor twehundert gude rinsche gulden, de unns de sulue Claus Tornowsche wol to dancke betalet hefft unnd yn unnser Stad nut unnd fromen gentzliken sint gekomen.* Hier wird also eine Rente an die Wittwe und den Enkel des Käufers aufgelassen. Dies führt ebenfalls darauf, dass nach Stendaler Recht bei dem Tode eines Ehegatten die Erbschaft zwischen dem Ueberlebenden und den Erben des Verstorbenen getheilt wurde, da sonst die Wittwe keinen Anspruch auf diese Rente gehabt hätte.

v. Martitz legt Gewicht darauf, dass Magdeburger Schöffensprüche für Stendal vorhanden sind, welche auf das eheliche Güterrecht Bezug haben. Damit kann nur unsere Sammlung gemeint sein. Nun sind aber in derselben Entscheidungen, die u n m i t t e l b a r die Erbfolge der Ehegatten betreffen, in der That nicht enthalten. So handelt es sich in dem hier vorliegenden Schöffenspruch doch nur um die Frage, ob die von der Frau vorgenommene Vergabung aufrecht zu erhalten ist oder nicht und auch in den übrigen Urtheilen, die hier etwa in Betracht kommen könnten, werden den Magdeb Schöffen immer nur solche Fragen vorgelegt, die zunächst durch das Statut nicht entschieden werden und die höchstens in einer indirecten Beziehung zu dem Erbrecht der Ehegatten stehen (s. Register unter Ehegatten). Der innere Zusammenhang dieser und ähnlicher Fragen mit dem ehelichen Güterrecht von Todeswegen mag für uns sehr klar sein; nicht anzunehmen ist aber, dass dieser Zusammenhang auch den Schöffen des Mittelalters zum Bewusstsein gekommen sei. Selbst wenn dies aber der Fall wäre, würden die betreffenden Urtheile kaum zu Gunsten der von

v. Martitz aufgestellten Ansicht beweisen, da im Allgemeinen die Fälle nicht selten sind, in denen man sich um Rechtsbelehrung nach Magdeburg wandte, obwohl gerade in Bezug auf die gestellte Frage die anfragende Stadt ihr besonderes, von dem des Oberhofes abweichendes Recht hatte. Hierfür bietet auch unsere Sammlung mehr als ein Beispiel dar.

Demnach scheint mir, dass auch nach dem Widerspruche v. Martitz's die von Heydemann vertretene Ansicht aufrecht erhalten werden muss.

b.

Vgl. Ssp. I. 28; Glosse Weichb. 58 (v. Dan. 381. 12 fgg.); Heydemann Elem. S. 96; v. Martitz eheliches Güterrecht S. 312 Anm. 9. In der Glosse Weichb. a. a. O. wird zugleich angegeben, wozu der Richter die erblose Gerade und das Heergewäte, welches ihm anheimfällt, verwenden soll: *unde ouch sal der richter von der gerade und dem hergewete dy em so geantwertet wirt nach dem drizigisten, arme gefangene lute spisen. Her sal ouch der gemeine nucz davon beschirmen; er sal ouch toren unde unvornunftige lute, dy nymandis haben, davon irneren unde behalden.* Der Anspruch des Richters wird durch die gewöhnliche Verjährung von Jahr und Tag nicht ausgeschlossen; Glog. 34: *stirbet eynem manne seyn weip und beheld er dor nach dy gerade in seynen geweren jar unde dach ane widersprache, dornach kann sy nymand angewynnen van rechte*, bezieht sich nur auf die Ansprüche anderer Berechtigter.

c.

Der Satz, dass das Heergewäte an den nächsten Schwertmagen und erst in Ermangelung eines solchen an den Richter fällt, steht sowohl nach Magdeburger wie nach Stendaler Recht unzweifelhaft fest, Heydemann Elemente S. 55, 59; v. Martitz eheliches Güterr. S. 317 Anm. 30. Worin hier eigentlich das Bedenken der Stendaler Schöffen seinen Grund gehabt haben mag, ist nicht ersichtlich.

XVI.

Wo eyn unechte kint nicht erve nemen mach.

Also alse gy uns ghevraget hebben an juweme breve: Wo eyn backinne mit juk *wonede**), de lede sek by eynen ledighen knecht in unechte; des hadde de selve backinne cyn kint tu unechte van deme knechte; de backinne starf vore unde dat kint starf na. Ofte dat selve kint in unechte gethelet unde gheboren der moder erve nemen mochte oder der backinne, siner muter, suster unde bruder, unde nu dat kint dot is, we dat ghut unde dat erve tu rechte up boren scal, Hir tu spreken wy schepene vor eyn recht: Is de backinne echt gheboren

*) Fehlt in der Hds.

unde heft se sustere unde brudere de echt gheboren sin, de nemen ore erve unde dat unechte kint mach neyn erve ubboren oder nemen van rechtes weghene.

Dat dit eyn recht si, dat betughe wy mit unseme inghesegele, dat tu rucghe an dessen bref gheclevet is.

Die *backinne* ist eine Beginenschwester vgl. Homeyer Extrav. S. 51 No. 13 und das Glossar dazu. Der Grundsatz, dass ein uneheliches Kind auch seine Mutter nicht beerbt, ist bereits anderweitig hinreichend bekannt Ssp. I. 51 § 2; M. Fr. I. 14. 3; v. Sydow Erbr. Anm. 142 fgg.; Siegel Erbr. S. 28; Wilda Zeitschr. f. d. R. Bd. 15 S. 292; Rive Zeitschr. f. Rechtsgesch. Bd. 3 S. 215 fgg.

XVII.

Ofte perde lopende worden mit eneme waghene unde deden scaden.

[1] Umme dat recht dar wy umme ghevraghet sin van juwen scrivere van juwer weghene, dat enbede wy ju bescreven an dessem breve: De knecht de dat pert untreden heft, de lidet billeke de vestinghe umme dat, dat he dat pert heft untreden dat den scaden unde den mort heft ghedan.

[2] Vor so spreke wy dat: Dat de clegher de anderen twe perde unde waghen sic tu rechte under winden scal vor den scaden de om ghescen is. Wil aver de perde unde den waghen sic emende tu ten unde vorandwerden, de scal den scaden buten mit XVIII punden.

Desse bref is ghegheven unde screven des manen daghes acht daghe na den pincsten under unseme ingheseghel.

Vgl. Ssp. II. 40; M. Br. 76; M. Görl. 128; Weichb. 100; M. Br. Sch. r. III. 2. 123.

In all diesen Stellen wird die Frage behandelt, gegen wen und in welchem Umfange wegen eines durch Thiere verübten Schadens Ansprüche zu erheben sind. Stets haftet in solchem Falle derjenige, in dessen Obhut sich das Thier befindet, *binnen des hude it was* (Ssp. II. 40 § 4.). Dies ist in unserem Falle der Knecht, der deshalb auch verfestet wird. Complizirter ist dagegen das Verhältniss des Beschädigten zum Eigenthümer des Thieres. In Bezug hierauf sind folgende Fälle zu unterscheiden.

1) Der Eigenthümer hat das Thier nach erlangter Kenntniss von der Schadenszufügung (*na des dat he dat erst ereschet*) wieder in seine Gewere genommen (Ssp. §. 1). Er haftet alsdann für die Besserung

des Schadens *na rechteme wergelde oder na sineme werde.* Da keine Beschränkung seiner Haftbarkeit ausgesprochen ist, so ist anzunehmen, dass er in diesem Falle für den vollen Betrag des Schadens aufkommen muss.

2) Der Eigenthümer entschlägt sich des Thieres (*sleit he't aver ut* Ssp. §. 2). Dann kann er überhaupt nicht haftbar gemacht werden, dagegen hat hier der Beschädigte die Befugniss, sich des Thieres zu unterwinden und es als Schadensersatz zu behalten. *So underwinde's sik jene vor sinen scaden of he wille.* Was zu dem sich Entschlagen gehört, bestimmt der Ssp. dahin: Der Eigenthümer darf das Thier fortan weder „hofen noch hausen", weder füttern noch tränken. Bei der Anwendung dieser Bestimmung sind wieder folgende Fälle auseinander zu halten:

a) Der Eigenthümer hat das Thier zur Zeit, wo ihm das Schaden bringende Ereigniss bekannt wird, in seiner Gewere. Er muss dasselbe alsdann sofort verstossen. Hier liegt in dem Aufgeben des Besitzes ein positives, unzweideutiges Merkmal für den animus derelinquendi. Auch ergiebt sich hieraus zugleich eine Ergänzung für den zu 1 erwähnten Fall, in sofern sich herausstellt, dass dem Wiederaufnehmen des Thieres, dessen der Ssp. im §. 1 gedenkt, das wissentliche Behalten desselben gleich zu achten ist.

b) Das Thier ist noch gar nicht wieder in die Gewere des Herrn zurückgekommen, was z. B. dann der Fall sein wird, wenn dasselbe vom Beschädigten festgehalten worden ist. In diesem Falle kann aus dem rein negativen Umstand, dass der Eigenthümer keine Besitzhandlungen ausgeübt hat, unmöglich auf die Absicht desselben, sich des Thieres zu entäussern, geschlossen werden. Um eine solche Absicht zu constatiren, wird es immer einer ausdrücklichen Willenserklärung bedürfen. Der Eigenthümer muss, wie Weichb. Art. 100 fordert, seinen Verzicht kundgeben (*so vortye he sik des vies dar von die scade geschien is*).

In den beiden zu a und b hervorgehobenen Fällen stand also entweder durch concludente Handlungen oder durch ausdrückliche Willenserklärung fest, dass der Eigenthümer das Thier Preis geben wolle. Ein gerichtliches Verfahren war deshalb hier unnöthig. Dem Beschädigten wird es zugestanden haben, wenn er sich noch nicht im Besitze befand, die Unterwindung „ohne Recht" vorzunehmen. Gleichwohl wird es häufig vorgekommen sein, dass derselbe sich, um Streitigkeiten vorzubeugen, ein Schöffenurtheil darüber weisen liess, ob er sich nunmehr von Rechts wegen des Thieres unterwinden dürfe.

3) Es bleibt noch der Fall übrig, wo der Eigenthümer das Thier zwar nicht wieder in seine Gewere genommen, aber auch keine Erklärung abgegeben hat, welche einen Verzicht enthielte. Auch hier ergeben sich verschiedene Gestaltungen:

a) Zunächst steht auch in diesem Falle nichts entgegen, dass der Beschädigte sich ohne Weiteres des Thieres bemächtige. Nur erlangt er hier durch die Besitznahme allein kein Recht auf dasselbe, sondern er muss immer noch gewärtig sein, dass der Eigenthümer sich zu demselben ziehe. Wer dies thut, muss dann allerdings das Thier verantworten, d. h. für den durch dasselbe zugefügten Schaden Rede stehen. In welcher Weise das sich Ziehen zu dem Thiere stattfindet, ist nicht gesagt. Aus der Glosse zu Ssp. II. 31 § 2 (unten Anm. a. zu XXII) ergiebt sich, dass dazu jedenfalls die eidliche Erklärung des Eigenthümers erforderlich ist, dass das Thier ihm gehöre. Wahrscheinlich war aber hiermit zugleich eine symbolische Besitzergreifung, ähnlich wie beim *anevang* verbunden. Namentlich unter dieser letzteren Voraussetzung erklärt es sich sehr gut, dass, wie aus M. Görl. 128 und aus unserem Schöffenspruch hervorgeht, derjenige, der das Thier in dieser Weise in Anspruch nimmt, nicht bloss den Werth desselben sondern den Schaden in seinem vollen Umfange ersetzen musste (*her muz da vor antworten glicher wis also ob hez selber getan hette — de scal den scaden buten mit XVIII punden*). Die symbolische Besitzergreifung hat dieselben rechtlichen Folgen, wie wenn der Eigenthümer das Thier wirklich wieder in seine Gewere genommen hätte.

b) Der Beschädigte kann aber auch seinerseits den Weg der Klage beschreiten. Dabei sind abermals zwei Fälle zu sondern:

α) Der Eigenthümer ist bekannt. Hiervon handelt ein späterer Zusatz zum Ssp., nach unseren Ausgaben II. 40 §. 4. Es wird alsdann direct gegen ihn geklagt. Da aber keine Thatsache vorliegt, durch welche eine persönliche Verbindlichkeit desselben begründet würde, so haftet er im Falle der Verurtheilung nur, soweit der Werth seines Viehes reicht (*als vern . . . alse sin ve werd is*). Will er diesen Werth nicht zahlen, so wird das Thier dem Beschädigten als Schadensersatz übereignet (*he mut it untbern, so behalt it jene vor sinen scaden*). In Wirklichkeit ist dies also eine Klage „zu dem Gut", bei welcher der Beklagte namhaft gemacht wird (oben No. II. Anm. i.) Eine Folge der beschränkten Haftung ist es, dass der Eigenthümer noch im Laufe des Processes die Erklärung abgeben kann, die in dem Fall zu 2b. ohne Process erfolgt, dass er sich des Thieres entäussere.

β) Der Eigenthümer ist unbekannt. Dann soll der Schade „zu dem Thier gefordert werden" M. Br. Sch. r. III. 2. 123, d. h. es wird eine Klage zu dem Gut ohne Namhaftmachung eines bestimmten Beklagten angestellt, in ähnlicher Weise wie dies oben No. II. Anm. i. beschrieben ist. Mit dieser Klage verbindet sich eine Aufforderung, gerichtet an alle diejenigen, die das Thier vertreten wollen. Meldet sich in Folge des Aufgebots Jemand, so kann er sich unter denselben Voraussetzungen wie in dem Falle 3a zu dem Thier ziehen. Meldet sich Niemand, so wird dasselbe dem Beschädigten übereignet.

Wie bereits erwähnt, enthält der mehrfach citirte Art. 40 des Ssp. in unseren Ausgaben einen später beigefügten Zusatz, welcher die §§. 4 und 5 umfasst, während derselbe in seiner ursprünglichen Gestalt nur bis zum Ende des §. 3 reichte. Aus dem Eingang des Artikels geht hervor, dass die ersten drei Paragraphen sich auf einen Schaden beziehen, den ein zur menschlichen Wirthschaft gehöriges Thier contra naturam sui generis herbeigeführt hat, speciell wird daselbst von dem Fall gesprochen, in welchem ein Hund, Schwein, Pferd oder Ochse, einen Menschen oder ein Vieh getödtet oder körperlich verletzt hat. Einen eben solchen Fall haben von den oben angeführten Stellen M. Görl. 128, M. Br. Sch. r. III. 2. 123. und unser Schöffenspruch im Auge. Auch der Schlussparagraph des Art. 40 gehört hierher, insofern daselbst bestimmt wird, dass, wer fremdes Vieh auf seinem Acker betrifft und es nicht zu pfänden vermag, dasselbe mit Hunden hetzen darf, ohne ersatzpflichtig zu werden, wenn das Vieh hierbei getödtet oder verwundet wird. In diesem § ist also ein Fall enthalten, in welchem die Schadensklage wegen einer derartigen Beschädigung nicht statthaft ist.

Hiernach kann es nicht zweifelhaft sein, dass auch diejenigen der angef. Stellen, welche von einem Thierschaden im Allgemeinen sprechen ohne die Art desselben näher zu bezeichnen — Ssp. II. 40 § 4; M. Br. 76; Weichb. 100 — zunächst auf einen gleichen Thatbestand zu beziehen sind. Wenn v. Meibom (Pfandr. S. 201 Anm. 41) den §. 4 a. a. O. von einem auf einem fremden Grundstück begangenen Frevel (Weidefrevel) versteht, so ist dies gewiss nicht der nächst liegende Fall und es kann sich nur darum handeln, ob derselbe mit unter den gedachten Bestimmungen begriffen ist. Dagegen spricht, dass dieser Fall im Ssp. an einem anderen Orte II. 47 behandelt wird. Das Pfändungsverfahren, welches hier eintritt, stimmt zwar in vieler Beziehung mit dem oben geschilderten überein, vollständig durchführbar ist aber die Analogie nicht, wie sich u. A. aus Folgendem ergiebt:

Ssp. II. 40 § 4 erwähnt eine Bestätigung des Viehes *in der hanthaften dat*. Eine Bestätigung findet sowohl im Falle der Pfändung wie bei dem Schaden contra naturam sui generis statt. In dem letzteren Falle ist sie jedoch nur eine Bedingung für die Klage auf handhafter That, neben der noch andere Klagen zulässig sind. Wo dagegen die Pfändung rechtlich statthaft ist, da erscheint sie als eine nothwendige Voraussetzung, ohne welche ein Schadensanspruch überhaupt nicht geltend gemacht werden kann. Sie muss, sofern nicht die factische Unmöglichkeit der Besitzergreifung vorliegt, unter allen Umständen vorgenommen werden und darf daher nur unterbleiben, wenn das Vieh so störrisch ist, *dat man't nicht indriven ne mach* (II. 47 §. 3.) Sogar in diesem Falle soll man demselben mit zwei Nachbarn bis zu seines Herrn Haus folgen.

Ebenso ist es bei der Pfändung ein absolutes Erforderniss, dass sofort eine Beweisung des Schadens erfolge: *den scaden solen se gelden dere dat ve is, of man ine tohant bewiset na de bure kore . . . so lade he dar to tvene mane unde bewise en sinen scaden* (§. 2, 3 a. a. O.). Ohne diesen sofortigen Beweis ist auch hier jede Schadensforderung ausgeschlossen, während in dem anderen Falle des Thierschadens wiederum nur die Klage auf handhafter That verloren geht.

Die eigentliche Klage auf handhafter That ist nur zulässig, wenn eine Verletzung vorliegt, die ihrer objectiven Beschaffenheit nach eine Strafe an Hals oder an Hand zur Folge hat. In allen übrigen Fällen gehört die Klage, auch wenn sie mit Gerüfte erhoben worden, nicht zu den peinlichen, sondern zu den sogenannten gemischten oder gemengten Klagen (vgl. über die letzteren Homeyer Richtst. S. 445 fgg.) Eine Consequenz hiervon ist in M. Görl. 128 angedeutet: *bekennet abir ein man, daz daz vie sin sie daz den schaden hat getan, unde ist die wunde kamphwerdic, her muz da vor antworten glicher wis also ob hez selber getan hette. Unde is die wunde nicht kemphwerdic, so muz man en in daz ding wisen unde en zuhet her sich nicht dar zu, so en darf her nicht da vor antworten.* Diese Stelle ist m. E. folgendermassen zu erklären: Ein Thier hat Jemanden verwundet. Der Verletzte hat dasselbe sofort ergriffen und unter Erhebung des Gerüftes vor Gericht geschleppt. Hier meldet sich der Eigenthümer. Ist nun die Wunde kampfbar, so findet das Verfahren auf handhafter That statt; der Eigenthümer muss sich also auch sofort zu dem Thiere ziehen und für dasselbe antworten, wie wenn er selbst der Thäter und auf handhafter That ergriffen worden wäre. Es wird also mit der Verhandlung nicht bis zum nächsten gehegten Ding gewartet sondern die Sache wird sogleich in einem Nothding erledigt. Wenn dagegen die Wunde sich nicht als eine kampfbare qualificirt, so kann das Verfahren auf handhafter That nicht Platz greifen, da die Verletzung nicht an die Hand geht, sondern nur eine Busse nach sich zieht. Erklärt daher hier Jemand „ausserhalb Dingtagen", dass er das Thier vertreten wolle, so wird er, auch wenn ein Gerüft erhoben war, in das gehegte Ding verwiesen. In diesem muss der Act des sich Ziehens zu dem Thier vorgenommen werden; erscheint der Eigenthümer in demselben nicht, so ist seine frühere Erklärung wirkungslos.

Hieraus geht m. E. hervor, dass in den Fällen, wo die Pfändung stattfindet, von einer handhaften That im eigentlichen Sinne nicht die Rede sein kann und dass demnach der §. 4 a. a. O. diese Fälle nicht im Auge hat. (In einigen Handschriften finden sich allerdings die §§. 4 und 5 unseres Art. 40 dem Art. 47 angehängt. Diese Stellung beruht jedoch auf einem leicht erklärlichen Missverständniss.)

Schliesslich mögen hier noch folgende Bemerkungen Platz finden: 1) Ssp. II. 40 § 4, ebenso M. Br. Sch. r. III. 2. 123 und und unser Schöffenspruch gedenken neben den Pferden als Schaden bringenden Gegenstandes, auch eines Wagens. Es liegt also hier ein Fall vor, in welchem Jemand durch Ueberfahren beschädigt worden ist. Wenn in diesem Falle die Rechte, welche dem Beschädigten in Bezug auf die Thiere zustehen, auch auf den leblosen Gegenstand ausgedehnt werden, so ist es darum doch nicht statthaft, dieselben Grundsätze auch in anderen Fällen anzuwenden, in denen eine Beschädigung durch leblose Dinge herbeigeführt ist.

2) Der Ssp. bestimmt, dass kein Thier dem Richter Gewette verschuldet (*nen ve ne verboret nen gewedde deme richtere an siner dat* II. 40 § 3.) Dieser etwas seltsam klingende Satz hat eine reelle Bedeutung in den Fällen, wo zu dem Thier selbst entweder mit oder ohne Namhaftung eines Beklagten geklagt wird. Da es sich, wie vorstehend gezeigt, hier immer um eine Verletzung handelt, die ihrer objectiven Beschaffenheit nach der Art ist, dass sie Wergeld oder Busse nach sich ziehen würde, so ist es bei dem Formalismus des deutschen Processes erklärlich, dass der Richter glauben konnte, auch Anspruch auf das Gewette zu haben. Er mochte sich hierbei auf das allgemeine Princip stützen, wonach ihm ein solcher Anspruch immer zusteht, sobald dem Kläger gegenüber Busse oder Wergeld verwirkt ist, Ssp. III. 32 § 10. So lange aber Niemand für den Schaden persönlich verantwortlich ist, würde in der That das Gewette von dem Thier selbst zu entrichten sein, d. h. aus dem Werth desselben entnommen werden müssen. Es würde mithin der Wirkung nach dem Beschädigten zur Last fallen, dem das Thier als Schadensersatz zu Gute kommen soll und es liegt hiernach auf der Hand, wie sehr der obige Satz des Ssp. der Billigkeit entspricht.

3) Wenn der Besitzer erklärt, das Thier, welches den Schaden zu-

gefügt hat, sei nicht das seinige, so liegt darin eine Preisgebung. Erfolgte eine solche Erklärung seitens eines besitzenden Nichteigenthümers, z. B. eines Pfandgläubigers, Depositars, Commodotars, so wird es von dem Recht, welches demselben an dem Thier zustand, abgehangen haben, welche Befugnisse dem Beschädigten dadurch eingeräumt wurden und wie weit die Erklärung dem Eigenthümer präjudicirte. Jedenfalls aber hatte dieselbe die Wirkung, dass nunmehr der Erklärende selbst ex nexu blieb, sofern nicht etwa anderweitig eine persönliche Haftbarkeit desselben begründet war. Ausdrücklich ausgesprochen ist dies in M. Br. 76: *hat ein man pert oder einen hunt oder swaz sines vies ist . . sprichet her, iz ne si sin nicht, ob iz jenigen schaden tut, iz ne schadet ime zu sime rechte nicht.*

XVIII.

Wo eyn vrowe nicht gelten scal des mannes sculde.

Wy hebben vunden an juweme breve den gy uns sanden: Wo eyn borghere in juwer stad makede scult dar he mede copschat dref buten der stad. De man hadde eyne husvrowe, de hedde beyde eyghen unde erve in juwer stad unde mit der vrowen hedde he neyne kindere. Nu si de vrowe dot. Des spreke wy vor eyn recht des gy uns ghevraghet hebben: Dat der vrowen erven up de ore ghut ghevallen is, de scult tu rechte nicht ghelden en scolen; mer de man de de scult ghemaket heft, scal se ghelden tu rechte.

Dat dit eyn recht si, dat betughe wy an dessen breve den wy hebben laten beseghelet mit unseme ingheseghele an sente Peteres daghe des heylighen apostoles ad vincula.

Vgl. über diese Stelle v. Martitz, eheliches Güterrecht S. 260 und S. 304 Anm. 7. Die der Ehefrau gehörigen Immobilien, welche dem Manne nicht aufgelassen sind, gelangen nach Magdeburger Recht bei deren Tode an ihre gesetzlichen Erben, frei von allen Mannesschulden. Ein eigenthümliches Interesse gewinnt die vorliegende Entscheidung vom Standpunkt des Stendaler Rechts. Nach dem Princip der Halbtheilung, welches daselbst, wie oben No. XV. Anm. a gezeigt worden, massgebend war, hätten in unserem Falle, sowohl das Ergebniss des vom Manne betriebenen Handels wie die Grundstücke der Frau zwischen dem Ersteren und den Erben der Letzteren getheilt werden müssen, wobei dann aber die Erben auch verpflichtet gewesen wären, mit dem gesammten ihnen zugefallenen Erbtheil also auch mit den dazu gehörigen Grundstücken für die Hälfte der Schulden aufzukommen, da im Weichbildrecht die Haftung des Erben für die Schulden bekanntlich so weit geht, *als dy varnde habe unde erbe unde gut wendet* (v. Martitz S. 251, vgl. auch die von Lewis Succession S. 189 Anm. 9 angeführten Stellen).

Die Erben der Frau müssen es aber hier für vortheilhafter befunden haben, auf die Schichtung zu verzichten und das Vermögen ihrer Erblasserin, soweit es nicht etwa auf Grund einer Vergabung dem Manne zustand, zurückzunehmen. Dieser oder dessen Gläubiger werden ihnen dagegen die Befugniss hierzu bestritten und schlechtweg auf der Halbschicht bestanden haben. Die Frage, ob die Erben des verstorbenen Ehegatten gegenüber dem Ueberlebenden ein derartiges jus optionis in Anspruch nehmen können, hat in späterer Zeit, nach der Reception des Römischen Rechts auf Grund der Joachimischen Constitution und der sich an dieselbe anschliessenden Gesetzgebung zu den lebhaftesten Controversen Veranlassung gegeben. Eine ausführliche Darlegung der Geschichte dieser Controversen s. bei Heydemann Elemente S. 330 fgg. Unsere Stelle zeigt, dass ähnliche Bedenken bereits im Mittelalter vorhanden gewesen sein müssen.

Mit Rücksicht auf das oben No. XV. Anm. a. in Betreff des Stendaler Rechts Bemerkte ist noch hervorzuheben, dass auch die in unserem Falle den Magdeburger Schöffen unterbreitete Frage dafür spricht, dass in Stendal bei dem Tode eines Ehegatten eine Quotentheilung stattfand, da nur unter dieser Voraussetzung der Zweifel des Stendaler Gerichts einen bestimmten Boden gewinnt. Denn wenn die Trennung der beiderseitigen Gütermassen die gesetzliche Regel gewesen wäre, so würde es kaum erklärlich sein, wie die Handelsgläubiger des Mannes hätten dazu kommen sollen, die Grundstücke der Frau in Anspruch zu nehmen.

XIX.

Wo alt eyn vormunder scal sin.

Wy don gyk tu wetende unde spreken vor eyn recht: Swe des anderen vormundes scal wesen, de mot wesen achteyn jar olt.

Dat betughe wy mit unseme ingheseghele dat wy tu rucghe an dessen bref hebben ghekleyvet laten, Anno domini MCCCXXVI. In die Cyriaci et sociorum ejus.

Diese Stelle ist m. W. die einzige, in welcher für das Magdeburger Recht (in Betreff anderer Stadtrechte vgl. Kraut Vormundschaft I. S. 134 fgg.). die Fähigkeit zur Uebernahme einer Vormundschaft an das Alter von achtzehn Jahren geknüpft wird. Nach Ssp. I. 42 § 2 kann bereits das Kind, welches zu seinen Jahren gekommen, also zwölf Jahr alt geworden ist, wie sich selber, so auch *sine mundelen wol vore stan*. Damit stimmt überein Weichb. 77: *stirft en man bynnen wichbelde die kindere hevet die to iren jaren nicht gekomen sin, ire neste evenbordige mach sal ire vormündere wesen . . . unde is ire rechte vormunde to sinen jaren nicht gekomen, so sal sin helpere sin sin neste evenbordige swertmach.* Gleichlautend hiermit ist auch Mühler 52, wogegen die correspondirende Stelle M. Görl. 37 statt des hervorgehobenen den folgenden Satz enthält: *en mac her sie nicht vor stehen an iren gute, so shal sin helfere sin ire neste evenburtic swertmac.* Wie die hiernach vorhandene Differenz aufzuklären, ob etwa unsere Stelle auf andere als auf rechte Vormünder zu beziehen ist oder ob sonstige Gründe der Verschiedenheit anzunehmen sind, vermag ich nicht zu sagen. Stobbe Beitr. S. 122 Anm. 47 gedenkt eines in der von ihm theilweise veröffentlichten Königsberger Handschrift enthaltenen Falles, „in welchem bestimmt war, der Beklagte solle einen Eid schwören, wenn das Kind mündig, d. h. achtzehn Jahr alt geworden wäre." Stobbe hat diesen Fall leider nicht in extenso mitgetheilt und es ist nicht ersichtlich, worauf in demselben die Festsetzung des Termins von achtzehn Jahren beruhte. Der zunächst vorhergehende Schöffenspruch hält auch für die Entgegennahme von Eiden an dem gewöhnlichen Alter von zwölf Jahren fest. — Aus den oben angeführten Stellen geht übrigens hervor, dass nach Magdeb. Recht auch der Unmündige, oder derjenige, dem andere Hinderungsgründe entgegenstehen, de jure Vormund sein kann und nur zur factischen Ausübung der Vormundschaft eines Beistandes bedarf. In demselben Sinn ist m. E. auch der Ssp. a. a. O. zu verstehen; vgl. unten Anm. zu XXI.

XX.

1) Wat men vorgeven mach in sucbede. — 2) Ofte ener vrowen eyn erve an storve des si nicht eren manne hedde ghegheven.

Uns heft ghescreven juwe klocheyt unde ghevraghet:

[1] Wan eyn minsche leghet an sime lesten ende, wat unde wo vele hie denne vorgheven moghe ane siner erfnamen willen unde volbort, den papen oder den leyen unde gheistliken luden alse den monken oder sinen vrunden unde armen luden von sime gude, dat were rade oder herwede oder ander gut. Des spreke wie vor eyn recht: Dat *nieman* vorgheven mach in sime sukebedde *hergewede noch radeleve; mer he mach wol vorgeven in sukebedde* varende have swelkerleye gut dat is, dat hie alleyne ofte mit anderer lude hulpe over dat bedde bret ghereken mach unde swie dat gut entfet unde enwecht dreghet, die scal dat behalden to rechte (a).

[2] Ok hebbe gy uns ghevraghet umme eynen juwer borghere,

de nam eyne juncvrowen to echte unde ghaf ere in deme gheheghedem dinghe half unde half, wie lengher levede, dat he deilede mit den neghesten erfnamen. Dar na starf der vrowen an eyn stande erve von erer muder weghene, dat en gaf sie nicht orme manne. Des besat die man dat selve anghestorven erve mit der vrowen jar unde dach unde echt jar unde dach ane ansprake undo beterde unde buwete dat erve von jare to jare. Nu is de man ghestorven, des spricht de vorve, dat dat anghestorven erve ore to voren si, na dem male dat sie dat nicht vorgheven heft. Nu spreken des mannes erfnamen dar jeghen: nach dem male dat die man dat vorbenomde erve beseten heft jar unde dach unde echt jar unde dach sunder ansprake, dat sie to rechte dat selve erve deylen scolen lyk deme anderen gude. Des spreke wi vor eyn recht: Spricht de ghift, dat die vrowe erme manne ghegheven hedde swat se hadde, so scal de vrowe dat stande erve dat ore anghevallen is, alleyne to rechte behalden. Sprickt aver die ghift, dat die vrowe orme manne hedde ghegheven swat sie hadde unde ummer mer ghewunne, so scolen die erfnamen dat stande erve dat ore anghevallen is, to rechte half nemen (b).

Dat dit recht si, dat betughe wie mit unseme inghesegbele dat wy to rucghe hebben laten gheclevet an dissen brief, den wy gheven hebben na goddes ghebort dusent jar drie hundert jar in deme vive unde drittighesten jare an deme neghesten dinsdaghe vor der heylighen apostolen daghe Symonis et Jude.

a.

In der Handschrift lautete die Antwort der Magdeburger Schöffen ursprünglich: *dat eman vorgheven mach in sine sukebedde varende have swelkerleye gut dat is* u. s. w. Das Wort *eman* ist später ausgestrichen und *nieman* darüber gesetzt, ausserdem sind die oben cursiv gedruckten Worte am Rand hinzugefügt. Da das Urtheil in seiner gegenwärtigen Gestalt zwar vollständiger ist als früher, aber auch in der ursprünglichen Fassung einen ganz guten Sinn giebt, so ist es wahrscheinlich, dass die Aenderung so wie die mit ihr in Verbindung stehende Einschaltung auf Grund eines späteren Schöffenspruches vorgenommen ist, der vielleicht aus Veranlassung desselben concreten Falles wie die erste Entscheidung behufs näherer Bestimmung derselben eingeholt worden sein mag.

Ueber den Inhalt der Stelle ist hier Folgendes zu bemerken (vgl. zu derselben Heydemann, Elemente S. 73, 141; v. Martitz, ehel. Güterr. S. 286 Anm. 14).

Der Ssp. verlangt bekanntlich zu einer gültigen Vergabung eine bestimmte Handlungsfähigkeit körperlicher Art: der Vergabende soll im Stande sein, mit Schild und Schwert umgürtet, allein, ohne die Hülfe anderer Personen und ohne Steigbügel auf ein Ross zu steigen I. 52 § 2. Dies Erforderniss bezieht sich nach dem Ssp. auf jede Gabe, sowohl auf die von fahrender Habe wie auf das Lassen und Leihen vom Gut überhaupt, also sowohl auf solche Acte, die aussergerichtlich, wie auf solche, die nur im gehegten Ding geschehen konnten. Wenn Jemand ohne die nöthige Körperkraft eine Gabe gemacht hatte, so war dieselbe der Revocation seitens der Erben unterworfen und dies traf namentlich alle Vergabungen, die von einem Kranken *binnen siner süke* vorgenommen wurden I. 52 §. 4. Kraftproben werden in den Fällen vorgekommen sein, wo es entweder im Interesse des Vergabenden oder eines Dritten lag, bei der Gabe selbst festzustellen, dass dem Handelnden das nöthige Maass körperlicher Kraft inne wohne. Im Allgemeinen wird hierzu bei gerichtlichen Acten nur selten Veranlassung gewesen sein, da es sich hierbei in der Regel um Vergabungen von Grundstücken handelte. Bei diesen aber stand nach dem Ssp. den Erben ohne Weiteres und ohne Angabe besonderer Gründe ein Einspruchsrecht zu, so dass in solchen Fällen die Frage nach der körperlichen Mächtigkeit des Gebers gar nicht zur Erörterung kommen konnte (Lewis Succession S. 23 fgg.). Dennoch sind Fälle denkbar in denen auch in Bezug auf gerichtliche Handlungen zur Anwendung des obigen Princips Gelegenheit gegeben war, vgl. z. B. v. Martitz, ehel. Güterr. S. 198 Anm. 23. Fälle dieser Art aber konnten immer nur ausnahmsweise vorkommen; der Ssp. gedenkt derselben daher auch nur ganz beiläufig und berücksichtigt vorzugsweise die aussergerichtliche Vergabung von fahrender Habe (*alle varende have gift de man ane erven gelof in allen steden unde let unde liet gut* u. s. w.).

Das Magdeburger Recht kennt gleichfalls das Erforderniss einer gewissen Körperkraft bei Vergabungen. Desselben geschieht z. B. in folgenden Stellen Erwähnung: M. Br. Sch. r. IV. 1. 37: *welch man also mechtig ist synes libis, daz her ane mannis hulfe vor gehegtim dinge gesten moge alzo lange bis das her dy gobe tut, der mag syne varnde habe unde erbe vorgebin, daz her gekouft hat;* — Wasserschl. IV. 195: *dy tachter . . . erem elichen vatir . . . uffgebin hat . . . vor richter und schepphin . . die wile sie czu wege und stege gegehin und gestehin mochte.* Ausführlich behandelt werden die Kraftproben, die von den verschiedenen Personen vorzunehmen sind und die in etwas anderer Weise normirt werden als im Ssp., in der Glosse Weichb. 20 (v. Dan. 269 fg.) und bei Wasserschl. IV. 141, 142.

Bemerkenswerth ist, dass alle diese Stellen gerade von dem Fall reden, der nach dem Ssp. mehr in den Hintergrund tritt, nämlich von Vergabungen im gehegten Ding (v. Martitz versteht M. Br. Sch. r. a. a. O. mit Unrecht von einer Gabe auf dem Siechbett; die Beziehung der Stelle ergiebt sich unzweideutig aus ihrem oben mitgetheilten Inhalt). Damit stimmt überein, dass auch sonst bei gerichtlichen Vergabungen die körperliche Gesundheit als besonderes Requisit hervorgehoben wird, vgl. u. A. Th. 44 in M. Fr. Beil. III: *cum sana sue mentis deliberacione et bona corporis valetudine.*

Dass dieses Requisit für die gerichtlichen Vergabungen im Magdeburger Recht von weit grösserer Wichtigkeit sein musste, als nach dem Recht des Ssp., ist klar. Denn da in jenem das Einspruchsrecht der Erben sich lediglich auf angestorbene Grundstücke bezog, da ferner daselbst gerichtliche Vergabungen des ganzen Vermögens statthaft waren und demnach häufig auch bewegliches Gut im gehegten Dinge vergabt wurde, so waren die Erben auch viel eher in der Lage, bei solchen gerichtlichen Acten zu besonderen Anfechtungsgründen ihre Zuflucht zu nehmen, während sie derselben nach dem Recht des Ssp. regelmässig nicht bedurften.

Fraglich ist es dagegen, ob nach Magdeburger Recht dasselbe Erforderniss auch in Bezug auf solche Vergabungen galt, die ausserhalb gehegten Dinges in rechtsbeständiger Weise geschehen konnten, also in Bezug auf die gewöhnlichen Vergabungen von fahrender Habe. Nach M. Fr. I. 15. 7 ist diese Frage zu verneinen. *Was der tode by syme lebinden leibe synes gutes syme gesellen in syne gewere geantwort hat, das mag her behalden.* Hier wird die Vollziehung der Tradition allein für ausreichend erklärt, ohne dass weitere Erfordernisse aufgestellt werden. Dies ist auch wohl der neueste Standpunkt des Magdeburger Rechts hinsichtlich der vorstehenden Frage, indess ist nicht anzunehmen, dass dieselbe Ansicht gleich von vornherein bei den Magdeburger Schöffen vorherrschend gewesen ist, vielmehr sind dieselben wahrscheinlich nur allmählig von dem strengen Grundsatz des sächsischen Landrechts zu einer freieren Auffassung fortgeschritten. Eine Bestätigung hierfür bieten die verschiedenen Aussprüche unserer Quellen dar, welche speciell die Vergabungen auf dem Siechbett betreffen und in denen derartige Gaben bald in engerem bald in weiterem Umfang zugelassen werden. Ihrem Inhalt nach lassen sich diese Stellen wie folgt classificiren.

1) In der Mehrzahl derselben werden die Vergabungen auf dem Siechbett nur innerhalb eines Minimalbetrages für statthaft erklärt. Der Werth der Gabe darf drei Schillinge nicht übersteigen: *nichein man noch nichein wip die ne darf an irme suchebette nicht vorgheben boven drie schillinge an ir erben gelop.* M. Br. 1261 §. 18; M. Görl. 24; Weichb. 81 §. 3; Mühler 25; M. Br. Sch. r. IV. 1. 2. Diese Stellen gehen am weitesten in der Beschränkung der Gaben auf dem Siechbett und stehen demnach dem Recht des Ssp. am nächsten. (Ueber den Zusatz *noch die vrowe an ires mannes gelop* vgl. v. Martitz S. 290 Anm. 24.)

2) In M. Fr. I. 12. 2 wird die Gültigkeit der Vergabung allein davon abhängig gemacht, ob der Vergabende im Stande ist, den Act der Tradition ohne fremde Hülfe vorzunehmen: *gereit gelt unde varnde habe mag eyn man wol vorgebin in sime sichbette, also daz her also stark sey, das her is mit synis selbis hant sunder hulpe von ym reiche ader usz sime geweren losze brengen.* Hier kehrt also das Erforderniss einer gewissen Körperkraft, wenngleich in sehr abgeschwächtem Maasse wieder, die Werthbeschränkung dagegen ist aufgegeben.

3) Unser Schöffenspruch erachtet auch nicht einmal dies geringe Maass von körperlicher Kraft für erforderlich. Die Gabe ist gültig, wenn nur die Tradition geschehen ist, gleichviel ob der Vergabende die Sache *alleyne ofte mit anderer lude hulpe over dat bedde bret ghereken mach.* Das Reichen über das Bettebrett, welches sich hier und anderwärts findet, hat m. E. keine besonders prägnante Bedeutung, sondern ist lediglich eine Bezeichnung für die Uebergabe, welche bei einem auf dem Krankenbett Liegenden eben in dieser Weise vollzogen werden musste.

4) Unklar ist Glosse Weichb. 64 (v. Dan. 387. 19): *Keyn man noch wip moge in sichbette iris gutis icht vorgebin obir das bettebret obir drie*

schillinge adir alzo vil alz er begriffen mag mit siner hant in sinem bereiten gelde. Im Wesentlichen stimmt hiermit überein Glog 524, nur dass in dieser Stelle die Worte: *obir das bettebret* und *in sinem b. g.* fehlen (*bereites geld* bedeutet eigentlich baares Geld, hier aber wohl fahrende Habe überhaupt). In diesen beiden Stellen findet offenbar eine Vermischung verschiedener Ansichten statt, ohne dass sich recht sagen liesse, auf welchem Standpunkt die Verfasser stehen.

Aus einer Vergleichung der hier angef. Stellen ergiebt sich, dass unser Schöffenspruch die freieste Auffassung vertritt und dass derselbe mithin als der Ausdruck der jüngsten communis opinio betrachtet werden darf. Dies wird auch durch die von Heydemann S. 141 mitgetheilte Weichbildglosse (Zobel 65) bezeugt: *dicunt Magdeburgenses, et quidam reputant illos errare: was ein mann in seinem siechbett uber das bettbret weg geb . . . das soll man stet halden.* Aus dieser Notiz kann nicht, wie Heydemann annimmt, gefolgert werden, dass die Möglichkeit, Gaben über das Bettbrett zu reichen, auf einer singulären Magdeburgischen Meinung beruhte; vielmehr ist hier im Gegentheil gesagt, dass dies die gewöhnliche Ansicht der Magdeburger Schöffen sei und dass sich nur vereinzelter Widerspruch gegen dieselbe kundgebe. Allerdings ergiebt sich zugleich, dass, wie es auch natürlich ist, die hier in Rede stehende Frage niemals ganz ohne Controverse war und dass fortwährend verschiedene Meinungen neben einander bestanden. Daraus erklärt sich denn auch, dass unter den oben mitgetheilten Aussprüchen sich Stellen von anscheinend späterem Datum befinden, die auf einem weniger vorgerückten Standpunkt stehen als unser Schöffenurtheil. Auch die Glosse zu Ssp. I. 52 (die übrigens in der Ausgabe von 1516 noch nicht enthalten ist): „Etliche sagen, ein Bürger dürfe in seinem Siechbett vergeben, was er über das Bettbrett reichen mag" — findet hierin ihre Erklärung. Bei derselben kommt indess noch in Betracht, dass der Glossator offenbar von dem Recht des Ssp. ausgeht und demnach sehr wohl jede abweichende Ansicht, auch wenn sie noch so weit verbreitet war, als die Meinung „Etlicher" bezeichnen konnte.

Die Gaben auf dem Siechbett werden durch die Uebergabe vollzogen wie jede andere Vergabung von fahrender Habe. Sie gehören mithin eigentlich zu den Geschäften unter Lebenden; der Umstand, dass der Geber „an seinem letzten Ende" liegt, verleiht ihnen zunächst keinen besonderen juristischen Charakter. Thatsächlich werden sie allerdings meist dazu benutzt worden sein, Verfügungen auf den Todesfall zu treffen und vermittelst des Institutes der treuen Hand war auch zu indirecten Zuwendungen in dieser Beziehung Gelegenheit gegeben. Nur hatte diese Art von Vergabung auch nach der freiesten Auffassung zwei Schranken, die einem entwickelteren Verkehr lästig fallen mussten: 1) Gegenstand einer Gabe auf dem Siechbett konnten immer nur einzelne bewegliche Sachen sein, niemals Grundstücke oder Vermögenscomplexe. 2) Mit denselben war stets eine definitive Entäusserung seitens des Vergabenden verbunden, die blosse Uebertragung einer Anwartschaft war auf diese Weise unmöglich (*donner et retenir ne vaut*). In beiden Beziehungen hilft die andere Art von Vergabungen auf den Todesfall aus, die dem Magdeburger Recht bekannt ist und die zu ihrer Gültigkeit der gerichtlichen

Form bedarf, s. über diese oben No. XI. Anm. a. S. 57 und jetzt auch v. Martitz S. 246.

Von der Zulässigkeit der Vergabungen auf dem Siechbett werden nach unserem Schöffenspruch die zum Heergewäte und zur Gerade gehörigen Gegenstände ausgenommen. Ueber das allgemeine Princip, welches hierbei zu Grunde liegt, s. v. Martitz S. 250. Speciell in Betreff des Heergewätes ist zu vgl. Wasserschl. II. 239, in Betreff der Gerade ebd. IV. 47. Der Anspruch wegen der unrechtmässig vergabten Gegenstände ist gegen den zu richten, *dem it gegeven is*. Die Frau muss zwar beim Tode ihres Mannes dem nächsten Schwartmagen das Heergewäte ausrichten, allein doch nur soweit derartige Sachen im Nachlass wirklich vorhanden sind; sie braucht nicht für diejenigen einzustehen, die der Mann etwa auf seinem Todbette weggegeben hatte. Dieser anscheinend selbstverständliche Satz wird mehrfach ausdrücklich ausgesprochen, so Ssp. I. 52 §. 4: *it wif ne antwerdet vor nen des mannes gut wenne vor dat, dat under ire irsturven is*, Glosse Ssp. I. 22 §. 4: *wat aver der dinge under deme manne nicht vorstorven sint, der darff men nicht kopen noch geven* (Heydemann S. 94), und hiermit harmonirt auch die Entscheidung der Leipziger Schöffen bei Wasserschl. IV. 32: *was der man seynis hergewetis bey seynem lebinden liebe vorthan adir vorkoufft had, das en darff seyn weip nicht wedir geben.*

b.

Der Unterschied zwischen der Vergabung *swat sie nu hadde* und der Vergabung *swat sie nu hadde unde ummer mer ghewunne* beruht auf einer sachgemässen Willensinterpretation. Letzteren Falles gehört auch das nach der Vergabung der Frau zugefallene Grundstück zur gemeinschaftlichen Theilungsmasse, ersteren Falles dagegen nicht. Die Erben des Mannes berufen sich zwar auch darauf, dass ihr Erblasser das streitige Grundstück über Jahr und Tag in ruhigem Besitz gehabt und dass er dasselbe bebaut und gebessert habe. Indess der blosse Besitz von Jahr und Tag ohne Auflassung schützt nicht vor der Ansprache, vgl. z. B. M. Br. 1261 §. 16; M. Görl. 15, Mühler 22, M. Br. Sch. r. IV. 1. 37, Kulm IV. 109 (bei Laband IV. 2. a. E.); M. Fr. 1. 7. 23; Wasserschl. IV. 75 — und die Cultur des Grundstücks gewährt wohl ein Recht auf Abärndtung der Früchte (Stobbe Beitr. S. 67 fgg.), nicht aber auf die Substanz, um die es sich im vorliegenden Fall handelt. Diese beiden Behauptungen sind daher unerheblich und werden deswegen auch in der Entscheidung der Magdeburger Schöffen gar nicht weiter berücksichtigt.

Nach der Geschichtserzählung scheint es, dass hier die Vergabung, deren Interpretation den eigentlichen Streitpunct bildet, nicht ganz in derselben Weise vollzogen worden ist wie in dem oben No. XV. 1. mitgetheilten Falle, der sonst mit dem unserigen viele Aehnlichkeit hat. Oben hatte jeder der beiden Ehegatten besonders seine Erklärung abgegeben und diese Erklärungen standen nur sachlich zu einander in einem correspectiven Verhältniss. Hier dagegen scheint auch formell nur eine einzige wechselseitige Vergabung vorgenommen worden zu sein und zwar dergestalt, dass der Mann der Frau die Hälfte seines Vermögens aufliess mit der ausdrücklichen Clausel *wie lenger levede, dat he deilede mit den neghesten erfnamen*, und dass die Frau diese Gabe annahm. Ist die Geschichtserzählung in diesem Punkte correct, so haben wir hier einen neuen Beweis für die grosse Bedeutung, welche bei Vergabungen der in der Acceptation liegenden Willenserklärung beigemessen wurde, da alsdann die Acceptation Seitens der Frau dieselbe Wirkung hat, wie wenn sie ihrerseits eine besondere Vergabung an den Mann vorgenommen hätte. Ein anderes Beispiel für diese Bedeutung s. o. No. XI. Anm. b. (Die Fassung des Magdeburger Urtheils: *sprikt de ghift* u. s. w. stimmt m. E. sehr wohl zu dem Sachverhalt, wie derselbe hier angenommen worden ist. Dass die Erklärung der Frau den gedachten Effect hat, wird in unserem Falle überhaupt nicht bezweifelt; daher nimmt das Urtheil auch keine Gelegenheit, sich hierüber ausdrücklich auszusprechen.)

Da hier die Vergabung beider Ehegatten in einen einzigen Act zusammengefasst ist, so war es ferner möglich, diesen ganzen Act direct auf den Todesfall des Erstverstorbenen abzustellen. Auch hierin liegt ein Unterschied von dem Fall XV. 1, woselbst jeder Ehegatte zunächst nur für seinen eigenen Todesfall Bestimmung treffen konnte.

Hervorzuheben ist noch, dass die Bestimmung, nach welcher Ehestiftungen nur dann zulässig sein sollen, wenn sie die Rechte der gesetzlichen Erben nicht benachtheiligen (oben No. XV. Anm. a), in unserem Falle der Vergabung nicht entgegensteht, da eine solche Benachtheiligung hier in keiner Weise vorliegt.

XXI.

Wat men nicht vorgeven mach sunder erven lof.

Vortmer heft uns berichtet die bescheidene man, her Johannes juwe scrivere: Wo eyn juncvrowe beneden teyn jaren si to manne gheven, der is an ghestorven eyn stande erve von orer muder weghene, dat wolde sie orme manne upgheven imme ghehegheden dinghe. Dat weder spreken ore erven dar umme, dat sie nicht mundich en si unde ok neyne kindere hebbe. Nu heft hie uns ghevraghet, oft si dat gut von rechtes weghene vorgheven moghe oder nicht. Des spreke wie vor eyn recht: Sint dem male dat or dat gut von orer muder weghene an gheervet is unde nicht gheghiftighet, so ne mach si des gudes nummer vorgheven, si en do dat mit orer erven love unde willen.

Up eyn orkunde disses rechtes, so hebbe wie unse ingheseghel to rucke gheklievet laten an dessen brief den wie ghegheven hebben na godes ghebort dusent jar drihundert jar an deme ses unde drittighesten jare des neysten mandages na deme achteden daghe to pinkesten.

Bemerkenswerth ist zunächst, dass hier ein Mädchen *beneden teyn jaren* zu Manne gegeben wird. Dies ist eine Bestätigung für das wirkliche Vorkommen von Ehen unter Kindern; solche Ehen wurden nicht blos, wie Grimm R. A. S. 436 annimmt, im fürstlichen Stande, sondern auch in anderen Lebenskreisen geschlossen (vgl. auch Kraut Vormundsch. I. S. 123 fgg.). Fraglich ist es, welche rechtliche Wirkungen in Folge einer solchen Ehe eintraten. Jedenfalls erlangte der Mann auch hier durch die Eheschliessung die Vormundschaft über seine Frau und alle mit dieser verknüpften Befugnisse. Wenn etwa er selbst sich gleichfalls noch binnen seinen Jahren befand, so musste ihm bei der Ausübung der vormundschaftlichen Rechte sein nächster Schwertmag als Helfer dienen (vgl. die in der Anm. zu No. XIX. angeführten Stellen). Diejenigen Wirkungen dagegen, welche von der Beschreitung des Ehebettes abhingen (Ssp. III. 45 §. 3), mussten wohl bis zum Eintritt der Geschlechtsreife suspendirt bleiben.

Auch die unmündige Frau stand mithin in der Vormundschaft des Mannes und war demnach in Bezug auf die Handlungsfähigkeit jeder anderen Ehefrau gleichgestellt. Nach Magdeburger Recht konnte sie daher über dasjenige Vermögen, welches nicht in die Gewere ihres Mannes gekommen war, selbständig verfügen, sofern ihr nicht etwa durch das Erforderniss des Erbenconsenses Beschränkungen auferlegt waren. Dies erscheint vielleicht auffällig, ist aber in der That eine Consequenz des allgemeinen Grundsatzes, dass bei Weibern der Zeitpunkt der Mündigkeit keinen Einfluss auf die Handlungsfähigkeit ausübt (Kraut S. 125).

XXII.

1) Oft eyn man eyn gut besettede unde di sculte dar na dat selve gut anspreke) vor verduwete have. — 2) Wo neyn man besetten mach eyn gut wan di sculte oder di tu deme richte ghesvoren heft. — 3) Of men den scepen vraghede enes ordeles in deme hegheden dinge des sie nicht ne wisten unde ofte dat penninghe kostede, wi di gelden scal.*

[1] Den hoveschen mannen unsen vrunden den scepen to Stendal untbede wye . . scepen der stat to Magdeburch usen willegen denest. Gy hebben uns ghescreven, dat juwer borghere eyn heft in juwer stat eyn pert besat mit deme richte unde heft dat pert *upgheboden***) in deme neghesten dinge. Don he dat pert upbot, don sprak de sculthete *dat an* †) vor eyn vorduvet unde vor eyn vorstolen pert unde vor afronnich gut unde vraghede, wie sek to rechte des perdes underwinden scolde, na den male dat sek dat pert neyn man to toghe.

---

*) Hds. anspre. — **) Hds. unghebodeu. — †) Fehlt in der Hds.

Des vraghede juwe borghere de dat pert besat heft, dar na: na dem male dat dat pert besat is unde eme gheantwerdet unde neyn dief bi deme perde was unde dat eme sin gut van sinen viende uppe deme selven perde was ghenomen unde dat de scultete dat pert nicht ansprak in der thit don he dat pert besettede, also he tughet an sine nachbur boven unde beneden, oft he to rechte bi deme perde bliven moghe. Uppe disse vraghe is juweme borghere eyn vrede wracht. Dar na vraghede de sculthete: na deme male dat he in der thit der besettinge nicht enwiste, dat dat pert vorstolen was, oft ome dat an sime rechte scaden moghe oder nicht. Hir up spreke wie vor eyn recht: To rechte scolde sek de scultete des ghestolenen perdes underwunden hebben. Sint den male dat dat nicht gheschien is, so scal de cleghere de dat pert besat heft sunder wederrede unde in sinen weren ghenomen heft mit witscap unde mit willen des sculteten, to rechte dat pert ubbieden to dinghe vor sinen rof die ome witliken gheschien is von deme des dat pert sin was, unde uppe deme selven perde *sine clughe irvolghen**) also langhe, whente it ome gheeyghenet werde vor sinen rof unde dar en heft de sculthete nicht ane to rechte, sint dem male dat dat pert mit sime willen ut sinen weren ghekomen is (a).

[2] Vortmer hebbe gi uns witlik ghedan, dat lude wolden eyn gut besetten unde sochten den voghet unde kunden sin nicht vinden. Des ghingen se to deme sculteten unde kundeghen ome dat, dat se den voghet nicht vinden kunden. Don dede en de sculthete eynen man mede die to deme richte nicht ghesvoren hadde, deme bevol de scultete, dat he dat gut besetten scolde von siner weghenne. Dat dede de man. Dar na quam de voghet unde besettede ok dat gut von anderer lude weghene. Nu bidde gi eynes rechtes, wes besettinge to rechte scole vore gan under dissen twen. Hir up spreke wi vor eyn recht: Des voghedes di to deme richte heft ghesvoren, sine settinge scal man to rechte halden. Mer wat des sculteten bode *dede***) de to deme richte nicht ghesvoren heft, dat en darf man nicht halden von rechtes weghenne (b).

[3] Ok hebbe gi uns ghevraghet: Ofte de scepen worden ghevraghet in deme ghegheden dinge eynes ordeles des se nicht enwisten unde sie des vort vragheden unde dat dat penninghe kostede, wie die to rechte gelden scolde. Hir up spreken wy vor eyn recht: Worden de scepen eynes ordels ghevraghet in deme hegheden dinge des se nicht en wisten; ist dat sie dat laten halen mit der cleghere willen,

---

*) Die cursiv gedruckten Worte fehlen in der Hds. — **) Fehlt in der Hds.

swie so denne vellich wert an siner sake, de scal to rechte de kost ghelden (c).

Dat disse ding recht sin, dat betughe wie mit unseme inghesegele, dat wi to rucghe hebben gheklevet an dissen brief den wie ghegheven hebben na godes bort dusent jar drihundert jar an deme vertighesten jare an unser vrowen avende lichtmissen.

a.

Der Fall der hier vorliegt ist folgender. Ein Dieb hatte auf der Flucht ein Pferd zurückgelassen; dieses ist hierauf im Wege des Arrestes mit Beschlag belegt und dem Extrahenten übergeben. Bei dem Aufgebot, welches sich an die Beschlagnahme anschliesst (oben No. II. Anm. i), meldet sich der Schulze und verlangt, dass ihm das Pferd in seine Gewahrsam ausgeantwortet werde, da dasselbe Diebesgut sei, zu dem sich Niemand gezogen habe.

Der Anspruch des Schulzen gründet sich auf Ssp. II. 31 §. 2: *düve oder rof die man under (imande) vint, dat sal die richtere behalden under ime jar unde dach; of sik dar binnen nieman to ne tüt na rechte, die richtere kere't in sine nut* (vgl. auch Glog. 544). Die Glosse zu dieser Stelle fragt zu welchem Zweck hier eigentlich die Frist von Jahr und Tag abgewartet werden müsse: *Eya wu kompt dat tu, dat men des jar unde dach warden schal, wenne schal yenne* (der Dieb oder Räuber) *vorwunnen werden, dy berovet is, dy mut yo klaghen? Klayet he ock denne, dorch wat wart men sus denne? Segge, yt geschit wol, dat ein vele luden up eyner reisen* (Ueberfall) *neme unde dat ein volget unde klaget; darumme mut man noch der ander warden.* Der Zweck der Vorschrift ist also: es soll bei allem Gut, welches in der Hand eines Diebes ergriffen wird, den unbekannten Eigenthümern Gelegenheit gegeben werden, binnen Jahr und Tag ihre Ansprüche geltend zu machen. Daraus folgt, dass eben nur die Eigenthümer sich zu dem Gute ziehen können. Auch dies bestätigt die Glosse a. a. O. ausdrücklich: *dy yt vordert, dy schal kamen vor den richter met rechte unde schweren, dat dat gut syne sy.*

In vorliegendem Fall hat Niemand das Pferd in dieser Weise in Anspruch genommen (*na dem male dat sek dat pert neyn man to toghe*). Der Extrahent des Arrestes ist nicht Eigenthümer desselben, sondern von dem entflohenen Diebe anderweitig bestohlen worden. Wenn ihm hier der Vorzug vor dem Schulzen eingeräumt wird, so ist der entscheidende Grund derselbe wie in M. Fr. III. 4. 2: *lesszet eyner synen gefangen man vor scholt ledig von ym gan uff gelobde, den mag eyn ander mit gerichte anlangen . . . noch demmole alz her yn usz synen geweren liez do her yn hatte. Alzo ist is ouch zcu vornemen von allir varinde habe, ab dy eyn man usz syner gewere lesszet mit willen adir in syner were nicht enhat* (vgl. hierzu v. Meibom Pfandr. S. 447 fgg.). Der blosse Anspruch auf die Detention, welcher dem Schulzen zusteht, ist unwirksam, da Seitens seines Gegners eine wirkliche Unterwindung stattgefunden hat, und da diese *mit witscap unde mit willen des sculteten* geschehen ist. Die Besetzung würde dem Schulzen nur dann nicht hinderlich sein, wenn sie entweder hinter seinem Rücken erfolgt wäre oder wenn er sogleich bei der Anlegung des Arrestes Widerspruch geäussert hätte da alsdann die Besitzergreifung des Klägers eine fehlerhafte gewesen sein würde. Indess liegt hier keiner dieser beider Fälle vor, der Schulze hat die Besetzung ruhig geschehen lassen, das Pferd ist, wie es am Schlusse unseres Schöffenspruches heisst, *mit sime willen ut sinen weren ghekomen.* Er kann sich mithin auch nicht darauf stützen, dass er zur Zeit der Besetzung noch nicht gewusst habe, dass das Pferd gestohlen sei. Diese Behauptung ist offenbar unerheblich, da seine Unkenntniss über die ihm zustehende Befugniss die Wirkung der klägerischerseits vorgenommenen Besitzeshandlung nicht beeinträchtigen kann. Hiernach ist der Kläger unzweifelhaft berechtigt, den Arrest bis zur Uebereignung des arrestirten Gegenstandes weiter zu verfolgen, ohne dass ihm der Schulze denselben entziehen kann.

Da der thatsächliche Sachverhalt im vorliegenden Falle unbestritten ist, so bedarf es auch nicht des vom Kläger angebotenen Beweises darüber, dass die Besetzung ohne jeden Widerspruch erfolgt ist. Der Kläger hat sich hierfür auf das Zeugniss der Nachbarn berufen; über die Zuziehung derselben als Urkundspersonen bei der Besetzung vgl. oben III. 1, sowie das dort Anm. a Bemerkte. — In Betreff des in der Geschichtserzählung erwähnten Friedewirkens über die Urtheilsfrage des Klägers ist zu vgl. oben S. 4.

Neuerdings s. zu diesem Fall Kühns II. S. 368 fgg.

b.

Vg. M. Fr. II. 2. 1, oben III. Anm. b, X Anm. c.

c.

S. das folgende Urtheil.

XXIII.

Wi dat ordel bekostegen scal des ghevraget wert in deme hegeden dinge.

Usen vrunden den scepen to Stendal untbede wie scepen der stat to Magdeb. unsen willeghen denest in allen dingen. Wy hadden ju ghescreven: Is dat de scepen laten ordele halen mit der cleghere willen, swe denne vellich wert an siner claghe, de scal de kost ghelden. Nu tvivelt ju an deme selven stucke, ofte gi dat ordel leten halen, wanne gi it nicht en wisten, sunder der cleghere willen, sve de kost to rechte ghelden scolde. Hir up spreke wi vor en recht: Is dat gi laten ordele vraghen der gi ghevraghet werden in deme ghehegeden dinge, der gi nicht enweten, sunder der cleghere willen, di kost scole gi silven ghelden von rechtes weghenne. — Dat dit recht si, dat betughe wi under unseme ingheseghele.

Hier wie in der zunächst voranstehenden Entscheidung (XXII. 3.) und ebenso auch in M. Fr. I. 3. 10, 11 wird der Oberhof angegangen, bevor die Schöffen, vor denen die Sache verhandelt wird, ein Urtheil gefunden haben. Darin liegt der characteristische Unterschied der Rechtsbelehrungen von dem Urtheilsschelten. Dass zur Erstattung der durch die Einholung einer solchen Rechtsbelehruug verursachten Kosten die Parteien nur dann verpflichtet sind, wenn dieselbe auf ihren Antrag oder doch mit ihrer Einwilligung erbeten ist, ergiebt sich auch aus Glog. 460, Glosse Weichb. 14 (v. Dan. 246. 21). Vermögen dagegen die Schöffen auf eine ihnen vorgelegte Urtheilsfrage bis zum dritten Dinge, also nach zweimaliger Vertagung, kein Recht zu finden, so müssen sie das Urtheil auf eigene Kosten holen lassen; vgl. auch M. Fr. I. 3. 13.

XXIV.

Of eyn man sin scult winnet mit eden.

Den besceydenen mannen den scepen to Stendal enbede wie scepen der stat to Maged. use willege denest. Gi hebben uns ghescreven, wo vor ju unde vor deme sculteten in eyme hegeden dinge is komen juwer borghere eyn unde heft besculdeget eynen juwer borghere unde heft aldus gesproken: her richtere, ik claghe ju over dissen man, dat he mi sculdich is also vele; des hebbe ik also ghedanen helpende tuch also ik bedarf to mineme rechte, unde bidde, dat gi ome to der antwerde ghebeden. Do sprak de sculdighede man: her richtere, wil he oder mach he mi des over tughen, ik wille dat liden unde wille dar umme dun wat mi to rechte wert erdeilet. Nu heft de clegere ghesvoren selve dridde umme also ghedan ghelt (a). Nu beghere gi von uns eynes rechtes, wanner die besculdeghede man deme kleghere dat ghelt bereyden scal to rechte, dat die kleghere alsus ghewunnen heft mit sinen eyden, unde ofte de besculdighede man deme kleghere hir umme jenighe bute gheven scal to rechte. Hir up spreke wi vor eyn recht: Sint den male dat de kleghere sine scult mit ghetughe uppe den heilighen behalden heft unde de sakewoldighe sik vorwilkoret heft, so scal he ome de benomeden scult ghelden ydaghes (b) unde neyne bute en winnet he dar ane von rechtes weghenne (c). — Dat dit recht si, dat betughe wy under unseme ingheseghele.

a.

Die Stelle enthält eine eine dem bekannten Formular entsprechende Klage mit Gezeugen (vgl. Richtst. 45 § 1). Der Kläger verbindet sogleich mit der Ansprache die Erklärung, dass er, im Falle der Beklagte läugnen sollte, die erforderliche Anzahl Zeugen zur Unterstützung seiner Forderung beibringen werde. Der Beklagte, der sich verneinend auslässt, unterwirft sich doch dem Gezeugniss, welches der Kläger offerirt hat. Hierauf erst werden die klägerischen Zeugen benannt und producirt. Nach dem zu No. VIII. Anm. c. Bemerkten ist anzunehmen, dass dies in demselben Dinge geschehen ist, in welchem die Antwort erfolgte.

Dass die Gehülfen des Klägers in unserem Fall wirkliche Zeugen und keine Eideshelfer sind, ergiebt sich aus XXVI. Anm. a. Bemerkenswerth ist, dass dieselben oder doch ihr Zeugniss *eyden* genannt werden (*dat gelt . . . dat die kleghere alsus ghewunnen heft mit synen eyden*), ein Ausdruck, der sonst nur für Consacramentalen vorzukommen scheint, Homeyer Richtst. S. 466.

b.

An den vorstehenden Sachverhalt wird zuerst die Frage geknüpft, wann der Beklagte die gewonnene Schuld zu bezahlen habe. Die Antwort, dass dies noch an demselben Tage geschehen müsse, stimmt mit anderen Zeugnissen überein. Es liegt hier ein Fall des Nothrechts vor, M. Görl. 127: *beclaget abir einer den anderen mit gezuge umme gelt . . . den gezug muz her zu hant habben und jener muz en bie lichtes tage berichten, wanne hez mit notrechte gewunnen hat.*

Was unter Nothrecht zu verstehen sei, ist neuerdings von Zöpfl R. A. I. S. 344 fgg. und von v. Meibom Pfandrecht S. 43 fg. erörtert worden. Beide haben jedoch den Begriff, wie mir scheint, zu weit gefasst. Zöpfl versteht unter Nothrecht jeden Eid, zu welchem Jemand durch das Verhalten seines Gegners genöthigt wird, also auch den Eid des Beklagten und seiner Gehülfen. Unter den von ihm angeführten Beweisstellen ist jedoch keine einzige, welche sich in diesem Sinne ausspricht. Der Begriff in solcher Ausdehnung genommen, würde überdies jede bestimmte Bedeutung verlieren, da es überhaupt keine Klage giebt, bei welcher nicht wenigstens der Beklagte zur eidlichen Abläugnung genöthigt werden kann. (Sogar die schlichte Klage, die doch immer in Gegensatz zum Nothrecht gestellt wird, würde hiernach mit unter dasselbe gehören.)

v. Meibom erklärt Nothrecht durch Gerichtszwang, er rechnet demnach alle die Fälle hierher, „in denen der Beklagte vom Gericht genöthigt wurde, eine Schuld ungeachtet seiner Weigerung oder seines Ungehorsams zu berichtigen;" ausdrücklich bezeichnet er die Fälle, „wo der Beklagte auf die dreimalige Ladung nicht erscheint, wo er zwar erscheint aber dingflüchtig wird oder Antwort weigert oder eine begonnene Verantwortung nicht vollendet oder den Eid verweigert." Indess scheint es bei dieser Deutung zunächst nicht recht consequent zu sein, wenn v. Meibom die „bekannte Schuld" dem Nothrecht gegenüber stellt, da auch diese einen Gerichtszwang zur Folge haben konnte. Ferner fehlt es auch hier wieder an Quellenzeugnissen dafür, dass Nothrecht in dem angegebenen allgemeinen Sinn von Gerichtszwang gebraucht worden wäre. v. Meibom beruft sich zwar auf eine bei Halt. mitgetheilte Urkunde von 1486, in der es heisst, der Gläubiger solle im Falle der Nichtzahlung *unercleyter dinge u. ane notrecht* den Hof des Schuldners angreifen dürfen — und ausserdem auf das von Zöpfl citirte Cadolzbacher Salbuch von 1532, woselbst die Rubrik *vom Nottrecht* mit folgenden Worten umschrieben wird: *ob . . . einer den anderen mit recht fürnimbt und zuklagt.* Es ist jedoch bereits von Zöpfl nachgewiesen, dass in diesen beiden Stellen die Worte „Nothrecht“ und „mit Recht“ von dem Eid des Klägers zu verstehen sind. Endlich wird man bei der Ansicht v. Meibom's zu der Folgerung genöthigt, dass in allen von ihm hervorgehobenen Fällen der Gläubiger sofortige Zahlung beanspruchen könne und demnach dem Schuldner eine Zahlungsfrist nicht zu Gute komme. Denn nach den bereits angeführten wie nach den weiterhin anzuführenden Zeugnissen ist es eine ganz allgemeine Vorschrift, dass jede mit Nothrecht gewonnene Schuld noch an demselben Tage gegolten werden muss. Diese Folgerung erweist sich jedoch nicht als durchweg zutreffend. Für den Fall, wo der Beklagte auf die dreimalige Ladung nicht erscheint, wird allerdings die Nothwendigkeit sofortiger Bezahlung auch anderweitig bestätigt, vgl. Glog. 504, oben II. 7. Dagegen schweigen unsere Quellen über die Fälle, in denen der Beklagte zwar erschienen, aber dingflüchtig geworden ist, in denen er die Antwort verweigert oder eine begonnene Antwort nicht vollendet hat, m. W. vollständig. In Betreff des Falles, wo der Beklagte einen ihm auferlegten Eid nicht leistet, besitzen wir ein ausdrückliches v. Meibom entgegenstehendes Zeugniss in M. Br. Sch. r. III. 2. 3: *beclait eyn man den andirn umme gelt in gehegtim dinge, und spricht en an mit gezuge und spricht yenir: her sy ym nicht schuldic und wil ym do vor tun syn recht mit synin geczugin und nymt des dry dingtage, das her das tun welle; czu welchir desir dryer dinge das her hot gekorn, emkumpt her nicht vor mit synem geczugin, zo hat der cleger das gelt uf en gewunnen czu rechte und man sal yn das gebin binnen virczen tagin.* Hier hat also der Beklagte die vierzehntägige Frist trotz seines Ungehorsams und dasselbe wird man auch dann annehmen müssen, wenn der Eid von ihm allein und nicht mit Gehülfen zu leisten ist, da bei der schlichten Klage die vierzehntägige Zahlungsfrist ohnehin als Regel gilt, vgl. z. B. Glog. 508: *wer czum ander gelt erfordert mit slechter clage der sal es leisten ober XIV tage.*

M. E. bedeutet Nothrecht einen Eid in Folge dessen der Beklagte Noth leidet, d. h.: zur Bezahlung einer Schuld genöthigt wird. Dies kann aber immer nur ein Eid des Klägers sein, da sein eigener Eid niemals diese Folge haben kann. Durch den Ausdruck „gewinnen mit Nothrecht“ wird also ganz speciell der Fall bezeichnet, in welchem der Kläger durch seinen alleinigen Eid oder mit Gezeugen eine Schuld behält. Dieser Sinn passt denn auch in allen Stellen, in welchen der gedachte Ausdruck vorkommt, vgl. M. Br. 1261 § 24; M. Görl. 64, 127; Weichb. 74, § 1; Mühler 30; M. Br. Sch. r. III. 2. 33, 47—49; Glog. 504, 506; Stobbe 25. (Bei Mühler 30 werden die Worte *mit notrechte* in einer Variante erläutert durch: *mit eden und notrechte.*) Bedenken könnte unter den eben angeführten Stellen nur erregen Glog. 504: *wer vorclaget wirt umme gelt unde off den gestanden wirt drey eliche ding daz her dirclagit unde dirfordert gelt mit notrechte daz sal man leysten bey tagelichte* — und Glog. 506:

dirsthet her aber off seyne clage und gewynnet dy schult mit notrechte u. s. w. Indess zeigt sich bei näherer Betrachtung, dass auch hier das Erstehen der Schuld *in contumaciam* des Beklagten als ein von dem Nothrecht verschiedener Fall angesehen wird.

Hiernach erklärt sich auch der Ausdruck „einen zu Nothrecht dringen" bei Wasserschl. IV. 15 (S. 150: *nu reden uns die von Luthenbricz an ummb die achczig scheffil und wollen uns dorummb dringen zcu notrechte).* Wenn nämlich eine Klage mit Gezeugen angestellt wird, so ist der Beklagte gezwungen, nicht nur zu bekennen oder zu leugnen, sondern auch mit Gezeugen zu entgehen oder sich das Nothrecht, d. h. den Eid des Klägers und seiner Gehülfen gefallen zu lassen vgl. No. XXVI. Anm. b. Im vorliegenden Fall aber handelte es sich darum ob die Beklagten verpflichtet seien, sich auf die mit Gezeugen angestellte Klage einzulassen; sie wollten sich der Antwort überhaupt erwehren und konnten daher von ihrem Standpunkt aus sehr gut sagen, dass sie von den Klägern zu Nothrecht gedrungen werden sollten. *)

Neben der hier erörterten Bedeutung wird das Wort Nothrecht in der Ueberschrift zu M. Br. Sch. r. III. 2. 50 noch im Sinne von echter Noth gebraucht, wofür ich anderweitige Beläge aus den Magdeburger Quellen nicht beizubringen vermag. Eben so wenig ist in denselben unser Ausdruck als eine Bezeichnung für das Nothgeding nachzuweisen, welcher Sprachgebrauch sich anderwärts allerdings findet (v. Meibom S. 43 Anm. 17). Zuletzt ist hier noch eine Stelle zu erwähnen, in der das Wort in einer wie es scheint abweichenden Bedeutung angewendet wird Wasserschl. V. 10 (S. 362): *des habin dy antworter dy schepphin gewonnen mit notrechte daz sy habin bekant* u. s. w. Es handelt sich hier um das Mahnen oder Inneren der Schöffen, wodurch dieselben zur Ablegung eines Gerichtszeugnisses gezwungen werden sollen. Da wir über das Verfahren, welches hierbei stattfand, nur unvollständige Nachrichten besitzen, vgl. Ssp. III. 25 §. 1; Richtst. 42 §. 4; M. Görl. 96; Weichb. (Zob.) 32 §. 3; M. Fr. I. 3. 14, 18; 7. 23 (Beil. II.); Glog. 171, 284; Wasserschl. IV. 101; Hänel Bew.-System S. 71 fg.; Homeyer Richtst. S. 477 — so mag der Zusammenhang dieser letzteren Bedeutung mit der oben hervorgehobenen dahingestellt bleiben.

c.

Den Magdeburger Schöffen wird ferner die Frage vorgelegt, ob der Beklagte, gegen den der Kläger den Eid mit Gezeugen erbracht hat, ausser der Schuld selbst noch eine Busse entrichten muss. Diese Frage wird verneint. Dabei ist erwähnenswerth, dass in anderen ähnlichen Fällen, wenn z. B. der Kläger sachfällig wird oder wenn der Beklagte einen ihm auferlegten Eid nicht leistet, die Succumbenzstrafe allerdings verwirkt wird, vgl. z. B. M. Fr. II. 3. 2, 3; M. Br. Sch. r. IV. 1. 42. Auch in unserem Falle hat der Richter das Gewette zu fordern, M. Görl. 127.

*) Aehnlich wird auch die Urk. von 1453 bei Zöpfl S. 346 zu erklären sein.

XXV.

1) Wo eyn vrowe enes mordes untgan mach. — 2) Ofte eyn vrowe enen man sculdigede umme mort oder umme notoch, wo he des unsculdich werden mach. — 3) Wanner men bute bereiden scal.

Den erbaren mannen unsen vrunden den scepen to Stendal enbede wie scepen der stat to Maghd. usen willeghen berieden denest.

[1] Gy hebben uns ghescreven in juweme breve: Oft eyn vrowe besculdighet worde umme mort de bewiselik is, wo de vrowe des mordes untgan mach oder unsculdich werden to rechte. Oder dat de vrowe besculdighete *eynen**) man in der selven wise oder umme notoch, wo de man van der vrowen komen mochte mit rechte. Hir up spreke wie vor eyn recht: Wert eyn vrowe besculdighet umme eynen mort de bewiselik is, des is sie nagher to ungande mit eres selves hant uppe den heylighen, wenne man dat uppe sie bringhen moghe, sint dem male dat sie mit der hanhaftighen dat nicht begrepen is.

[2] Sculdighet ok eyn vrowe eynen man in der selven wise oder umme notoch, des is de man nagher to untghande mit sines selves hant uppe den heilighen, wenne man dat uppe one bringhen moghe, sint dem male dat he mit der handhaftighen dat nich begrepen is (a).

[3] To deme dridden stucke spreke wie vor eyn recht: Wert eyme manne bote to ghedeilet in deme gheheghedeu dinghe, de scal man ome dar na binnen vierteyn nachten bereiden van rechtes weghenne (b).

Dat dit recht si, dat betughe wy mit unseme ingheseghele.

a.

In den beiden ersten Absätzen handelt es sich um das Beweisrecht in peinlichen Sachen, bei denen Frauen als Beklagte oder als Kläger betheiligt sind (in Betreff der bürgerlichen Klagen s. No. XXVI. Anm. e).

1) Zu dem ersten Fall vgl. M. Br. 1295 §. 11; M. Görl. 50; Glosse Weichb. 88 (v. Dan. 404. 29 fgg.); M. Br. Sch. r. III. 1. 10; Glog. 303. Nach unserem Schöffenspruch scheint hier nur das Verfahren auf handhafter That oder die schlichte Klage zulässig zu sein, da gemäss der obigen Entscheidung die Frau, welche nicht auf handhafter That ergriffen ist, mit ihrem alleinigen Eid entgehen kann. Demnach würden alle übrigen Klagen, die sonst im Fall eines Ungerichts angestellt werden können (vgl. oben No. VI. Anm. d), einer Frau gegenüber ausgeschlossen sein. Aus den anderen eben angeführten Stellen ergiebt sich jedoch, dass dies nicht ganz zutreffend ist. Nach denselben muss nämlich eine Frau, auch wenn keine handhafte That vorliegt, sofern nur die Anstellung der

*) Hds. liest eynam.

Klage erfolgt, bevor die Sache übernächtig geworden ist, sich selbsiebend mit sechs männlichen unbescholtenen Eideshelfern reinigen. Nur dann wenn die Sache bereits vernachtet ist, entgeht sie mit ihres eines Hand.

Hiernach ist also unser Schöffenspruch zu ergänzen. Die Omission ist übrigens sehr erklärlich, da der betreffende Fall immerhin ungewöhnlich gewesen sein wird. Wurde nämlich die Klage noch innerhalb der *twere nacht* angestellt, ohne dass sich die Frau auf handhafter That hatte betreten lassen, so kam es in der Regel zur sofortigen Verfestung; dieselbe unterblieb nur dann, wenn sich Jemand fand, der sich für ihr Erscheinen im nächsten Dinge verbürgte, M. Fr. III. 1. 3. Auf diese Voraussetzung wird in den oben angeführten Stellen ausdrücklich hingewiesen, M. Br. 1295 § 11: *beclaget man aver eine vrowen umbe tot slach oder umbe wunden de desselben tages bewiset sin, und wirt die vrowe geborget uffe recht* u. s. w.

Vergleicht man hiernach die processualische Stellung einer Frau, die sich wegen eines Ungerichts zu vertheidigen hat, mit der eines Mannes in gleicher Lage, so ergiebt sich, dass die erstere bei weitem günstiger gestellt ist. Von den Klagen mit Gerüft ist die kämpfliche Ansprache in diesem Fall, wie es scheint, ganz unstatthaft, die Klage mit leiblicher Beweisung auf die frische That beschränkt. Von den beiden bürgerlichen Klagen die auf peinliche Sachen gleichfalls anwendbar sind, ist nur die schlichte Klage zulässig, die Klage mit Gezeugen dagegen ausgeschlossen.

2) Darf man annehmen, dass die Frauen in demselben Verhältniss schlechter gestellt sind, wenn sie ihrerseits als Kläger wegen eines Ungerichts gegen einen Mann auftreten? Der zweite Absatz unseres Schöffenurtheils spricht allerdings für eine solche Annahme, da in demselben ebenfalls nur die beiden Alternativen: handhafte That oder Entgehen mit eines Hand erwähnt werden. In gleichem Sinne können auch Stellen, wie M. Br. Sch. r. III. 2. 39; M. Fr. II. 2. 21 gedeutet werden, woselbst besonders hervorgehoben wird, dass eine Frau ihren in handhafter That ergriffenen Friedebrecher überwinden kann *glich als eyn man tun mochte mit sechs mannen geczugen.* Das *argumentum e contrario*, welches hieraus abzuleiten ist, wird indess durch andere Aussprüche wieder bedenklich. So enthält M. Br. Sch. r. III. 1. 34 einen Fall, wo der Beklagte von einer Frau der Nothzucht angeschuldigt, selbsiebend entgehen muss, obwohl die Sache vernachtet ist, offenbar weil leibliche Beweisung vorliegt. Nach Weichb. 83 § 3 kann der Schwertmage der Frau oder ein von ihr gedungener Vormund wegen einer Nothzucht zum Kampf provociren und M. Br. Sch. r. III. 1. 33 setzt sogar die Möglichkeit einer Klage mit Gezeugen wegen dieses Verbrechens voraus. Vielleicht weisen die letzten drei Stellen auf eine Eigenthümlichkeit hin, die nur bei dem Verbrechen der Nothzucht stattfand. Wir wissen aus anderen Zeugnissen, dass hier abweichend von den gewöhnlichen Regeln nicht nur Männer sondern auch Frauen als Eideshelfer zugelassen wurden M. G. Ia. §. 13; H. N. 8; M. Görl. 13; Weichb. 40 §. 3, 90 § 4; Mühler 13; Homeyer Extr. 37 — und damit könnten weitere Besonderheiten des Beweisverfahrens zusammengehangen haben.*) Möglich ist es aber auch, dass sich in Bezug auf die

*) Bezieht nicht auch Ssp. I. 43 die Klage to kampe wart ausschliesslich auf den Fall der Nothzucht?

vorstehend aufgeworfene Frage überhaupt keine feste Praxis ausgebildet hatte.

b.

Nach Ssp. II. 5. §. 2 ist das Gewette sechs Wochen nachdem es verwirkt ist, die Busse vierzehn Tage darauf zu zahlen. Der Fall, wo die Busse vor dem Gewette zuerkannt wird (*wint aver de man sine bute er deme gewedde*), scheint als Ausnahme betrachtet zu werden; hier beträgt umgekehrt die Frist für die erstere sechs Wochen, während für das Gewette eine Verlängerung von vierzehn Tagen hinzutritt. Von dieser Bestimmung des Ssp. weicht das Magdeburger Recht in folgender Hinsicht ab. 1) Zunächst wird in unseren Quellen als allgemeine Regel aufgestellt, dass die Busse dem Gewette vorgehe, M. Fr. I. 2. 27: *also das her deme cleger syne busze gebe czuvor und nach der busze dem borggreven syn gewette;* Glog. 190: *bussen sal man obir VI wochen leisten unde das gewette dor nach obir XIV tage.* 2) Die Dauer der Frist war ursprünglich dieselbe wie im Ssp., H. N. 31: *si wergelt vel buze acquisitum fuerit coram judice, judex illud infra sex septimanas introducet vel pro wette similiter.* Später wurde diese Frist jedoch eingeschränkt. Unsere Stelle gewährt in Betreff der Busse nur einen vierzehntägigen Zeitraum. Ebenso erklärt sich hinsichtlich der Busse und des Gewettes M. Br. Sch. r. II. 2. 21: *gewette und busse sal man leysten bynnen XIV tagen.* Dagegen soll nach anderen Stellen das Gewette, welches im Burggrafending gewonnen wird, erst nach 6 Wochen bezahlt werden: *des burchgreven gewette und weregelt daz gewunnen wirt in gehegeteme dinge daz sal man gelden binnen ses wochen* M. Br. 1261 §. 19; M. Görl. 5; Mühler 14; M. Br. Sch. r. II. 2. 15. Die Entwicklung muss demnach in der Weise vor sich gegangen sein, dass für das echte Ding des Burggrafen die alte Frist beibehalten wurde, während für die von 14 zu 14 Tagen auf einander folgenden Gerichtstage des Schulzen der Grundsatz zur Geltung kam, dass die in einem Dinge zuerkannten Strafen im nächsten zu erlegen seien. Die obige Entscheidung und auch M. Br. Sch. r. II. 2. 21 lassen mithin den Fall des Burggrafendinges ausser Betracht und sind in Betreff desselben aus den eben angeführten Stellen zu ergänzen.

[Das Glog. Rb. statuirt zwar noch ganz unterschiedslos die sechswöchentliche Frist für Bezahlung der Busse (s. oben), indess ist dies für die Zeit seiner Abfassung gewiss ungenau. — Dass die Tendenz des Magdeburger Rechts in Bezug auf derartige Ansprüche überhaupt auf eine Verkürzung der Fristen ging, ergiebt sich aus der Analogie des Wergeldes, hinsichtlich dessen die nach dem Ssp. (I. 65. § 4) zustehende Frist von 12 Wochen auf die Hälfte herabgesetzt wurde, vgl. ausser den bereits angeführten Stellen Gaupp Schles. Landr. S. 116. Auch hier macht sich das Glog. Rb. einer Ungenauigkeit schuldig, indem dasselbe den Ssp. unverändert reproducirt c. 189.]

Zu erwähnen ist noch, dass nach einer mehrfach wiederholten Bestimmung Wergeld, Busse und Gewette bezahlt werden sollen *uf den tach der geteilet ist*, M. Br. 1295 § 4; M. Görl. 45; M. Br. Schr. II. 2. 20; Glog. 185. Dies bedeutet, dass, wenn der Fälligkeitstermin herangekommen ist, nunmehr nicht noch wie bei andern Schulden (M. Br. 1261 § 25)

wiederholte Zahlungsaufforderungen mit immer kürzeren Fristen stattfinden, sondern dass sogleich mit der Execution vorgegangen wird Ssp. I. 53 § 3, Glog. 193. Ein nahe liegendes Missverständniss jener Stellen wird bereits durch die Glosse z. Ssp. II. 5 § 2 zurückgewiesen: ***dit is yegen dy dy dar seggen, als dy bute geteilet wirt, so schal men sy tu hant bereiden.***

XXVI.

1) Van erfdeylinghe. — 2) Oft elende lude grepen enen dief. — 3) Von gewalt. — 4) De vulneribus et rapina.

[1] Ghescheghe dat eyn man oder eyn vrowe beschuldighet worde von eyme manne oder von eyner vrowen umme vorstorven erve dat riedescap were oder erve oder sculde, dat von mannen oder von vrowen anghestorven were, so vraghe gi, wo die besculdighe man oder die besculdighe vrowe unsculdich werden scolde to rechte, oft sie sek unsculdich spreken wolden. Hir up spreke wy vor eyn recht: Wert eyn man besculdighet von eyme anderen manne umme vorstorven erve (a), it si riedescap oder erve oder sculde mit eyner slichten claghe, des scal die man unsculdich werden up den heylighen mit synes eynes hant (b), it ne si, dat dar stande eyghen mede si, dar en mach die man nicht vor antworden mit siner unscult (c). Sprikt he aver eme tu mit ghetughe, so scal he mit ghetughe unsculdich werden (b). Is ok, dat hie on sculdighet na doder hant, so scal he unsculdich werden na doder hant von rechtes weghenne (d). Vortmer wert eyn vrowe beschuldighet oder besculdighet eyn vrowe jemande umme vorstorven erve, it si redescap oder erve oder sculde, des scal sie unsculdich werden up den heylighen mit eres enes hant unde also scal man er gliker wis weder untgan. Mer is dar stande eyghen mede, dar vor en mach sie mit erer unscult nicht unsculdich werden von rechtes weghene (e).

[2] Vortmer hebbe gi ghevraghet, oft eyn man angrepe eynen dief oder eynen morder unde swore dat up den heylighen, dat he ellendich were unde nicht en hedde wenne sinen ellendighen thuch, wo die ellendighe man sinen dief oder sinen morder winnen scolde to rechte. Hir up spreke wy vor eyn recht: Were dat eyn ellende man angrepe eynen dief oder eynen morder, den scal he selve sevede verwynnen alse recht is, unde dar en mach eme sine ellendicheyt nicht an hulpelik wesen von rechtes weghene (f).

[3] Vortmer vraghe gi, oft eyn man claghede up eyne walt de eme gheschen were binnen der stad oder dar buten, dar neymant by were wesen, unde ok oft dar wie by were wesen, wo die clegher die walt uppe sinen weldener bringhen scolde to rechte. Hir up spreke wy vor eyn recht: Ghescheghe eyme ghewalt umme sleghe oder umme myssehandelinge, dar scal he sinen woldener umme sculdighen. Is dat he des bekant, so scal he dat eme vorbuten. Mer vorsaket hie des, so mach hie des unsculdich werden up den heilighen alse recht is.

[4] Ghescheghe aver eyme ghewalt umme kampwerdighe wunden oder umme rof, die kampwerdighen wunden scal hie bewiesen unde man scal eme richten alse recht is. Unde claghet eyn man umme rof, de scal dat bewisen uppen hilghen, dat eme sines gudes also vele afgherovet si, dat eme claghe not si, unde so scal man eme richten alse recht is von rechtes weghene (g).

Dat disse ding recht sin, dat betughe wy mit unseme ingheseghel.

a.

Unter der „Beschuldigung um verstorbenes Erbe" ist hier, wie sich aus dem Zusammenhang ergiebt, eine Klage zu verstehen, die vom Erben angestellt wird und die auf die Erlangung einzelner zum Nachlass gehöriger Vermögensstücke gerichtet ist. In gleicher Bedeutung kommen ähnliche Wendungen häufig vor, vgl. z. B. Wasserschl. II. 1: *und die iungiste had die eldiste beclagit umb erblich gut das sie anirstorben ist;* IV. 161: *N. hat geschuldiget zcu erbe und gutern die em anirstorben synd von vatir und von mutir;* M. Fr. I. 4. 5: *ab eyn man clagete von sines wibes weyn czu eyner frauwen umme eyn erbe das sy anirstorben ist;* I. 6. 5: *ab eyn man . . . clagete zcu eyme andern manne umb gut unde varnde habe dy ym anirstorben were von synem rechten eefrunde* — . . Passiv legitimirt sind demnach bei einer solchen Klage diejenigen, welche die betreffenden Vermögensstücke hinter sich haben, gleichviel ob sie selbst ein Erbrecht in Anspruch nehmen oder nicht. Gegenstand der Klage können Vermögenswerthe aller Art sein: Grundstücke, fahrende Habe, ausstehende Forderungen (*sculde*). In Betreff der letzteren kann die Klage gegen den Schuldner selbst gerichtet werden und dann wird das Ziel derselben in der Regel die Einziehung der Forderung sein (einen solchen Fall scheint unser Schöffenspruch im Auge zu haben); unter Umständen kann es sich hierbei aber auch um einen Anspruch gegen dritte Personen handeln, z. B. wenn ein Dritter die über die Schuld sprechenden Briefe in Händen hat oder sich sonst als Gläubiger gerirt.

Die Beschuldigung oder Klage um Erbe in diesem Sinne ist zu unterscheiden 1) von der Erbeslegitimation — vgl. hierüber oben No. IX. Anm. a. Die letztere kann vorkommen, ohne dass überhaupt eine Klage angestrengt ist, z. B. dem Gericht gegenüber, welches eine Hinterlassenschaft in einstweilige Verwahrung genommen hat. Dagegen scheint, wenn ein Erbe auf Grund seiner Erbenqualität klagte, regelmässig eine vorgängige Legitimationsführung erforderlich gewesen zu sein, Richtst. 19 § 1, 23 § 1.*)

2) von der Klage nach todter Hand. Eine solche liegt vor, wenn ein Erbe wegen einer Schuld beklagt wird, welche die todte Hand, d. h. dessen Erblasser schuldig geworden ist, M. Fr. III. 1. 12; M. Br. Sch. r. 2. 20, Glog. 586; Glosse Weichb. 67 (v. Dan. 390. 52). Wenn der Erbe des Gläubigers gegen den Erben des Schuldners klagt, so ist dies zugleich eine Klage um Erbe und eine Klage nach todter Hand (*clage umme vorstorven erve na doder hant*). Dieser Fall wird in dem obigen Schöffenspruch besonders berücksichtigt, vgl. Anm. d.

Erklärlich ist, dass ein weniger genauer Sprachgebrauch die beiden Bezeichnungen bisweilen mit einander verwechselt. So wird z. B. in M. Fr. II. 2. 13 (vgl. oben No. VIII, Anm. c) der Ausdruck „Klage um Erbe", wie es scheint, geradezu im Sinne von Klage nach todter Hand gebraucht.

b.

Die Ansprache bei Klagen um Erbe wird etwa so gelautet haben: „N. hat sich dieses Grundstücks (dieser Sache) unterwunden, das mir *van erve* gehört" oder „N. ist meinem Vorfahren 10 Mark schuldig geworden" (Richtst. 19 § 1; 23 § 1). Setzt man voraus, dass der Legitimtionspunct bereits präjudiciell erledigt war, so musste nunmehr die Antwort des Beklagten die Verpflichtung zur Herausgabe des betreffenden Gegenstandes, resp. zur Zahlung der Schuld entweder anerkennen oder läugnen. Unser Schöffenspruch erörtert das Beweisrecht für den letzteren Fall. Dabei werden unterschieden:**)

I. Die Klagen wegen fahrender Habe und wegen Schuld (Anm. b);
II. die Klage wegen Immobilien (Anm. c);
III. die Klage wegen todter Hand (Anm. d);
Endlich wird
IV. die Ausnahmestellung erörtert, welche die Frauen in Bezug auf das Beweisrecht bei derartigen Klagen einnehmen (Anm. d).

Im Einzelnen werden hierbei folgende Regeln aufgestellt oder doch angedeutet:

I. Betrifft der Anspruch die Herausgabe von Mobilien oder ausstehende Forderungen, so hat der Kläger die Wahl, ob er schlicht oder mit Gezeugen klagen will. Der Beklagte kann, wenn er mit einer schlichten Klage angesprochen wird, sich durch seinen alleinigen Eid reinigen. Ist dagegen die Klage mit Gezeugen angestellt, so muss er auch mit Gezeugen, d. h. selbdritt unschuldig werden oder sich die Ueberführung durch den Kläger („mit Nothrecht" Anm. zu XXIV) gefallen lassen.

---

*) Auf den Zusammenhang dieser Stellen mit der Erbeslegitimation bin ich durch ein Gespräch mit Laband aufmerksam gemacht worden.

**) In dem obigen Urtheil ist die Rede von der Beschuldigung umme vorstorven erve it si riedescap oder erve oder sculde. Derselbe Passus wird gleich darauf noch einmal wiederholt. Was hier unter dem Erbe zu verstehen ist, das neben der riedescap und der sculde erwähnt wird, ist mir nicht klar. Immobilien können nach dem Zusammenhang nicht wohl gemeint sein, da dieselben später noch besonders hervorgehoben werden.

Diese Vorschriften, die im Magdeburger Recht bei Schuldklagen überhaupt Anwendung finden*), stehen im Gegensatz zum Recht des Ssp., nach welchem bekanntlich eine Bezeugung aussergerichtlicher Handlungen und Erklärungen nicht gestattet ist. Sofern sich der Kläger nicht auf ein Gerichtszeugniss zu berufen vermag, kann hier der Beklagte stets mit seinem alleinigen Eid entgehen. Letztere Regel wird in Ssp. I. 18 § 2 zu den drei Rechtssätzen gerechnet, in denen sich die Verschiedenheiten des sächsischen und schwäbischen Rechts darstellen sollen und welche die Sachsen angeblich „wider Karls Willen" behalten haben. Folgt man der hierbei zu Grunde liegenden historischen Anschauung, so muss das Princip des Ssp. mindestens für das Gebiet des sächsischen Rechts als das ursprüngliche angesehen werden und man gelangt mithin zu der Annahme Hänels (Beweissystem S. 129), welcher behauptet, dass das Magdeburger Recht in diesem Puncte anfänglich mit dem Ssp. übereingestimmt habe und erst in späterer Zeit von demselben abgewichen sei.

Bei näherer Betrachtung zeigt sich jedoch, dass diese Annahme durch unsere Quellen nicht unterstützt wird. Die älteste Aufzeichnung des Magdeburger Rechts kann hier nicht in Betracht kommen, da in derselben das Beweisrecht bei bürgerlichen Klagen überhaupt nicht berührt wird. Dagegen lässt bereits das dem Herzog Heinrich I. für die Stadt Goldberg ertheilte Weisthum (zwischen 1211 und 1238 abgefasst) den Zeugenbeweis bei Schuldklagen zu, § 18: *si quis alium pro debitis in querimonium traxerit, nullis testibus inductis convincere eum poterit, nisi adhibeat illos qui contractum***) *eorum audiverint et forte vinum in testimonium rei audite biberint*†). Ebenso der Hallische Schöffenbrief von 1235 § 30. Berücksichtigt man das mit der Abfassung des Ssp. ziemlich zusammenfallende Alter dieser beiden Urkunden, so erscheint der Schluss gerechtfertigt, dass der Grundsatz, den Eike von Repgow aufstellt, zu seiner Zeit in Magdeburg keine Geltung gehabt hat. Dass dies früher, in einer Zeit, von der wir keine Kunde haben, der Fall gewesen, ist allerdings nicht unmöglich, wird aber kaum als wahrscheinlich gelten können, denn die Zeugen in der Anwendung, wie sie hier vorkommen, sind ein Beweismittel, dessen Gebrauch bis in die ältesten Zeiten der deutschen Rechtsentwicklung hinaufreicht und welches an Ursprünglichkeit keiner anderen Art des Beweises nachsteht (Siegel Gerichtsverfahren I. S. 195, Homeyer Richtst. S. 463 fgg.).

In Bezug auf die Beschaffenheit der Gehülfen, welche der Kläger beizubringen hatte, ergiebt sich aus dem angeführten § 18, dass blosse Eideshelfer nicht genügten, sondern dass Zeugen im eigentlichen Sinne erforderlich waren, d. h. Wissende, welche das zum Beweise verstellte Factum aus eigener sinnlicher Wahrnehmung zu bekunden vermochten. Aus eben dieser Stelle ist ferner zu entnehmen, dass die Zeugen ursprünglich testes tracti sein mussten, welche von den Parteien bei Ein-

---

*) Die verhältnissmässig geringe Zahl von Ausnahmefällen, in denen sich das Beweisrecht anders gestaltet, kann hier füglich unberücksichtigt bleiben.

**) So liest Stenzel: Gaup hat forractum, was keinen Sinn giebt.

†) Hänel hat die gesperrt gedruckten Worte unbeachtet gelassen und führt deshalb irrthümlich den § 18 als für seine Ansicht sprechend an.

gehung der Verbindlichkeit zum Zweck der Constatirung förmlich hinzugezogen worden waren. An dem ersten dieser beiden Erfordernisse ist auch in der Folge immer festgehalten worden, dagegen scheint man später auf das Erforderniss der gezogenen Zeugen kein Gewicht mehr gelegt zu haben*).

Was die Stellung des Beklagten zu einer derartigen Klage betrifft, so soll derselbe nach mehreren Stellen lediglich mit der Behauptung der Zahlung gehört werden, wogegen in allen übrigen Fällen der Kläger zum Beweise verstattet wird, M. Br. 78: *claget ein man vor ger. mit geziuge umbe sin gelt, daz mach her wol behalden mit erhaften liuten . . . alse verre alse jener sprichet, her si is unschuldich. Sprichet he abir her habez ime vorgolden, so brichet her ime sinen geziuch*, vgl. H. N. 29, 30; M. Br. Sch. r. III. 2. 32. Allmählig scheint man jedoch in dieser Hinsicht einen freieren Maassstab angelegt und dem Beklagten, wenn sich derselbe seinerseits gleichfalls auf Zeugen berief, auch bei einer anderweitigen Auslasung den Beweisvorzug eingeräumt zu haben. Auf diesem freieren Standpunkt steht bereits unser Schöffenspruch: der mit Gezeugen Angesprochene soll mit Gezeugen unschuldig werden. Ebenso M. Br. Sch. r. III. 2. 3: *beclait eyn man den andirn umme gelt in geh. dinge u. spricht en an mit gezuge u. spricht yenir, her en sy ym nicht schuldic u. wil ym do vor tun syn recht mit synin geczugin* . . . Cod. Dresd. 221 (Wasserschl. 111): *beclagit eynir den andirn umb sachen ader umb gelt, der sal entgeyn selbdritte mit erh. leuten.* In all diesen Fällen kann schon der Fassung wegen unmöglich blos an den Einwand der Zahlung gedacht werden.

Immer aber musste die Antwort des Beklagten der Art sein, dass eine Bekräftigung derselben durch Zeugen überhaupt denkbar war. Hierfür ergeben sich aus den Quellen folgende Beläge:

Wenn der Kläger mit Gezeugen auf Zahlung einer Schuld klagt, so kommt er immer zum Beweise, sofern der Beklagte mit einem schlechten Nein antwortet, denn die blosse Negation einer Schuld lässt sich nicht durch Zeugen darthun, M. Fr. II. 2. 13: *ab eyn man mit geczugen claget und der ander slecht antwortet, so sal der cleger yenen obirczugen selbdritte*, vgl. M. Görl. 127.

Klagt Jemand auf Rückgabe von fahrender Habe, so muss der Beklagte, wenn er mit Gezeugen angesprochen wird, *mit geczugin untgen deme clegere salb dritte.* Dass aber auch hier eine blosse Negation nicht ausreicht, erhellt aus dem unmittelbar folgenden Satze: *mag abir der man der dy varnde habe gelegin adir czu behalden hat getan, bewisin salb dritte, daz her* (der Beklagte) *dy varnde habe undir ym hot, zo kan her keyne unschult do vor nicht getun*, M. Br. Sch. r. V. 5, 6.

c.

II. Unser Schöffenspruch nimmt von den in der vorigen Anmerkung erörterten Grundsätzen die Klagen aus, bei denen es sich um unbewegliche Sachen handelt. Der Beklagte darf hier, auch wenn er mit einer schlichten Klage angesprochen wird, nicht mit seiner Unschuld antworten.

---

*) Der nähere Nachweis für diese Entwicklung kann hier nicht geführt werden.

Die processualische Stellung der Parteien, welche dabei vorausgesetzt wird, ist folgendermassen zu denken: Der Beklagte hat sich begnügt, auf die Ansprache (vgl. Anm. b) zu erwidern: „ich bin des unschuldig und will des unschuldig werden, als Recht ist." Alsdann kommt er nicht zum Eide, wie dies bei fahrender Habe und bei ausstehenden Forderungen der Fall sein würde, sondern der Kläger gelangt zum Beweise seines Rechtes.

In welcher Art der Beweis zu führen ist, desgleichen wie sich die Vertheilung der Beweisrollen in dem Falle gestaltet, wo der Beklagte selbst ein Recht auf das Grundstück in Anspruch nimmt, darüber ist in dem obigen Urtheil Nichts gesagt. Diese und ähnliche Fragen lassen sich nur im Zusammenhang mit dem System der dinglichen Rechte an Immobilien erörtern, wovon hier Abstand genommen werden muss.

In sprachlicher Hinsicht ist noch bemerkenswerth, dass hier der Ausdruck schlichte Klage auf einen Fall bezogen wird, in welchem der Beklagte nicht durch seinen alleinigen Eid unschuldig werden kann. Es ist eben eine Ansprache gemeint, welche schlechtweg, ohne Berufung auf Beweismittel vorgebracht ist. Dies ist zwar nicht incorrect, entspricht aber allerdings nicht dem gewöhnlichen Sprachgebrauch (obss. de act. simpl. p. 7).

d.

III. Wie bereits erwähnt, wird in dem obigen Urtheil noch besonders der Fall berücksichtigt, wo die Klage um Erbe zugleich eine Klage nach todter Hand ist, wo es sich also um eine Forderung handelt, die der Erbe des Gläubigers gegen den Erben des Schuldners einklagt. Auch hierüber lässt sich jedoch unser Schöffenspruch nicht näher aus; der Satz: „wird er nach todter Hand beschuldigt, so soll er auch nach todter Hand unschuldig werden" bedarf selbst der Erläuterung. Zu diesem Zweck mögen hier folgende Bemerkungen Platz finden (vgl. zu dem Nachstehenden insbesondere Siegel Erbrecht S. 186 und Stobbe bei Bekker und Muther Jahrb. S. 339 fgg.).

1) Eine Klage nach todter Hand im processualischen Sinn liegt erst dann vor, wenn es ersichtlich gemacht ist, dass ein Erbe als solcher in Anspruch genommen wird. Stellt also z. B. der Kläger eine gewöhnliche schlichte Schuldklage an und antwortet der Beklagte hierauf sofort mit Ja oder Nein, so gehört dieser Fall nicht hierher, auch wenn materiell eine Schuld nach todter Hand eingeklagt sein mag.

2) Dagegen ist eine derartige Klage vorhanden, wenn entweder der Kläger von vorn herein erklärt, dass er eine Schuld fordere, *die her* (der Beklagte) *ime schuldic sie von sinem vater*, M. Görl. 25 — oder wenn auf die eben erwähnte schlichte Ansprache der Beklagte verlangt, dass ihm vor der Antwort angegeben werde, woher die Schuld stamme (Ssp. III. 41 § 4) und der Kläger nunmehr eine todte Hand benennt. Der Beklagte kann sich auch in diesem Falle bejahend oder verneinend auslassen. Ausserdem aber hat er hier noch eine dritte Alternative, die ihm bei einer gewöhnlichen Schuldklage nicht zustehen würde: Innerung zu begehren, vgl. z. B. M. Fr. I. 8. 7: *so lange das dy kinder zcu iren jaren*

komen, das sy da vor geantworten mogen, bekennen vorsachen adir ynnerunge nemen.

3) Dem Verlangen nach Innerung muss der Kläger nachkommen, wenn er nicht sachfällig werden oder zu der hiernächst zu erörternden „Beschuldigung um die Wissenschaft" greifen will. Die Innerung besteht darin, dass der Kläger mit sechs Gehülfen die Schuld der todten Hand beschwört. Nach Wasserschl. IV. 1 (S. 133) sollen die Gehülfen wirkliche Zeugenqualität haben: *selb sebinde mit sechs frommen mannen . . . den das wissentlich sei* u. s. w. Diese Stelle ist jedoch singulär; regelmässig scheinen blosse Eideshelfer ausreichend gewesen zu sein (s. hierüber Stobbe S. 344).

4) Wie so eben angedeutet, kann der Kläger, auch wenn er vom Beklagten zur Innerung gedrängt worden ist, noch *sines getüges afgan* (Ssp. I. 6 § 3), d. h. von der Innerung Abstand nehmen und den Beklagten um seine Wissenschaft schuldigen. Dann wird Alles in das Wissen oder Nichtwissen des Beklagten gestellt. Derselbe muss bei seinem Eide sagen, was ihm um die Sache wissentlich sei, oder wie dies auch ausgedrückt wird, er muss dem Kläger sein Gewissen eröffnen, vgl. Ssp. I. 6 § 3 und aus dem Magdeb. Recht z. B. M. Fr. II. 3. 3.

5) Diese Verpflichtung, die unter Umständen sehr drückend sein kann, ist jedoch nicht ganz unbedingt. Der Beklagte, der um die Wissenschaft beschuldigt ist, darf auch „die Sache an Jenes Beweisung lassen" Glosse Weichb. 67 (v. Dan. 391. 17), d. h. eine Art von Zurückschiebung des Eides vornehmen. In diesem Falle steht es dem Kläger zu, den Beklagten durch seinen alleinigen Eid zu überführen, M. Br. 1295 § 8: *beclaget ein man den andern umbe gelt nach toter hant u. wil in des inneren nach rechte, daz mac he tun mit sin eines hant uf den heilegin, ob iz ime jener gestaten wil,* M. Br. Sch. r. III. 2. 29 (vgl. Behrend de act. simpl. p. 30; Nissen Gewissensvertr. S. 99; Stobbe a. a. O. S. 341 fg.).

6) In dem Falle, wo der Beklagte auf die Klage nach todter Hand sogleich verneinend antwortete, wird der wesentliche Inhalt seiner Antwort ebenfalls darauf hinausgekommen sein: *he in wizze umbe das gelt nicht, he si is unschuldic* (M. Br. 1295 § 8). Liess es der Kläger hierbei bewenden, so lag die Sache gerade so, wie wenn der Beklagte um seine Wissenschaft beschuldigt worden wäre. Derselbe entging also hier mit seinem alleinigen Eide, wenn er nicht dem Kläger die Innerung mit eines Hand überlassen wollte. M. Görl. 25: *beclaget ein man den anderen umme shult die her ime shuldic sie vor sinen vater, en innert hes en nicht alse recht is, her entget ime mit siner unshult,* vgl. auch Mühler 27; M. Br. Sch. r. III. 2. 28.

Der Kläger konnte aber in diesem Falle den Unschuldseid des Beklagten dadurch verlegen, dass er sich seinerseits zur Innerung selbsiebend bereit erklärte. Hiergegen stand dann wieder dem Beklagten ein Ueberbietungsrecht zu, so dass derselbe, wenn er die Unschuld mit sechs Eideshelfern beschwören wollte, unter allen Umständen den Beweisvorzug vor dem Kläger hatte. Dies wird in allen hierher gehörigen Stellen übereinstimmend anerkannt und der Vorwurf einer inconstanten Praxis, den Stobbe in dieser Beziehung dem Magdeburger Schöffenstuhl macht (Beitr. S. 102, Anm. 15; s. auch bei Bekker und Muther Jahrb. Bd. 5 S. 347) scheint mir nicht gerechtfertigt zu sein. Vgl. M Br. Sch. r. III. 2. 30;

M. Fr. II. 2. 12; 3. 3; III. 1. 12; Glog. 492, 586; Glosse Weichb. 22 (v. Dan 279, 45); Stobbe 18. Hervorzuheben ist übrigens, dass auch der Eid, den der Beklagte selbsiebend schwört, lediglich de ignorantia (um die Wissenschaft) und nicht de veritate zu leisten ist: M. Br. 1295 § 8; Glosse Weichb. a. a. O.; Stobbe 18.

7) Gleich der Unschuld selbst sind auch positive Behauptungen, durch welche sich der Beklagte von der Klage ledigen will, selbsiebend zu erhärten, sobald einmal der Kläger die Innerung angeboten hat. Namentlich gilt dies von der Behauptung der Zahlung, M. Br. 1295 § 8; M. Görl. 25; Weichb. 74 § 4; Mühler 27; Wasserschl. IV. 128. In den älteren hierher gehörigen Stellen wird kein Unterschied gemacht zwischen dem Fall, wo die Zahlung durch den Erblasser des Beklagten, und dem, wo sie durch den Beklagten selbst erfolgt ist. Man darf m. E. eine solche Unterscheidung auch nicht in die gedachten Stellen hineinlegen; vielmehr erklären sich dieselben hinreichend aus dem Princip, dass die Stärke der Vertheidigung der Stärke des Angriffs entsprechen müsse, M. Br. Sch. r. III. 2. 28: *beclait eyn man den andirn umme shult nach todir hant . . . wi her denne czu dem andirn clait, zo mus man ym antwortin.* Später wird in dieser Hinsicht allerdings unterschieden. So gestattet Glosse Weichb. 67 (v. Dan. 391 25 fgg.) in dem Fall, wo der Beklagte selbst die Zahlung bewirkt haben will, den gewöhnlichen Beweis selbdritt. Ebenso Glog. 493, welche Stelle jedoch wahrscheinlich mit particulären Abweichungen des Breslauer Rechts zusammenhängt. (Hierüber s. Laband Anm. zu M. Br. Sch. r. III. 2. 29; — über III. 2. 26 ebd. vgl. Stobbe S. 349 Anm. 76.)

8) Ausser den vorstehenden Combinationen sind noch folgende Fälle zu erwähnen, die sich als Abkürzungen des bisher geschilderten Verfahrens darstellen:

α. Der Kläger kann sich gleich bei Anstellung der Klage zur Innerung erbieten. Dies ist die Klage mit Gezeugen nach todter Hand, deren in M. Görl. 25, Weichb. 74 § 4, Mühler 27 Erwähnung geschieht. Ein Formular findet sich bei Stobbe 18: *welde her bekennende, das seyn ym liep, wel her das leucken, das haben sye alzo guthen geholffin und geczeugin als sy dorffin czu erem rechte noch todir hant.* Der Beklagte hat auch in diesem Fall den Beweisvorzug, wenn er sich selbsiebend losschwören will.

β. Dem Kläger steht es ferner zu, den Beklagten sofort direct um die Wissenschaft zu schuldigen. Die Verhandlung geht dann denselben Gang, wie wenn eine solche Provocation im Laufe des Processes erfolgt wäre. Einen Fall dieser Art enthält z. B. Wasserschl. IV. 121.

γ. Ist es natürlich jederzeit zulässig, dass der Beklagte, auch wenn es nach den obigen Grundsätzen zur Innerung selbsiebend kommen müsste, sich an dem alleinigen Eid des Klägers genügen lässt. Dies scheint practisch nicht selten der Fall gewesen zu sein und daraus erklärt sich wohl, dass im Glog. Rechtsbuch die Innerung mit eines Hand geradezu als Regel aufgestellt wird, Glog. 102, 492.

9) Als eine Modification des ursprünglichen Verfahrens, die jedoch schon ziemlich früh eingetreten zu sein scheint, ist noch hervorzuheben, dass an Stelle der Eideshelfer auch öffentliche Urkunden (Raths- oder

Schöffenbriefe) als Ueberführungsmittel zugelassen wurden; vgl. Stobbe in der mehrfach citirten Abh. S. 340 Anm. 16.

Zum Schluss stelle ich die mir bekannten Quellenstellen zusammen, welche sich über das Verfahren nach todter Hand äussern: Mr. Br. 1295 § 8; M. Görl. 25; Weichb. 74 § 4; Glosse Weichb. 22 (v. Dan. 279. 45), 67 (v. Dan. 390. 52), Mühler 27; Mühler Sch. 21; M. Br. Sch. r. III. 2. 26 (?) 28—30; M. Fr. I. 8. 1, 7; II. 2. 12; 3. 1—3; III. 1. 12; Glog. 102, 492, 586; Wasserschl. V. 1 (S. 131, 133), 114, 121, 128, 149, 173, 174; V. 10, 46, 56, 83; Stobbe 18.

e.

IV. Ueber die Stellung der Frauen in Bezug auf das Beweisrecht bei bürgerlichen Klagen ist hier Folgendes zu bemerken. (In Betreff der peinlichen Klagen vgl. oben No. XXIV. Anm. a.)

1) Personen weiblichen Geschlechts können dessen, was sie vor Gericht sprechen oder thun, nicht durch ein Gerichtszeugniss überführt werden, Ssp. I. 49; Weichb. 83 § 4. (Die richtige Lesart dieser in der v. Daniels'schen Ausg. corrumpirten Stelle s. bei v. Martitz ehel. Güterr. S. 308 Note 2.)

Demnach entgehen Frauen, sobald es auf eine von ihnen gerichtlich vollzogene Handlung oder Erklärung ankommt, mit ihrem alleinigen Eid, wie wenn dieselbe aussergerichtlich stattgefunden hätte. Sie können mithin solche Handlungen und Erklärungen nicht mit derselben beweisenden Kraft vornehmen wie die Männer.

Eigenthümlich ist das Verhältniss dieses processualischen Satzes zu dem materiellen Recht. Nach dem Ssp. wie nach dem Magdeb. Recht ist die Zustimmung des rechten Vormundes, sofern derselbe nicht etwa zugleich der nächste Erbe ist, kein Erforderniss für die Rechtsbeständigkeit derartiger Handlungen. Frauen (abgesehen von Ehefrauen) können durch Acte der freiwilligen Gerichtsbarkeit: Auflassungen, Gelöbnisse u. dgl. selbständig und ohne Vormund über ihr Vermögen disponiren, Ssp. I. 45 § 2; Weichb. 83 § 5; vgl. Kraut Vormundsch. II. S. 272 fgg., v. Martitz S. 88, 308. Dagegen ist, wie aus dem Obigen hervorgeht, die Zuziehung des Vormundes insofern geboten, als eine auch der Frau gegenüber beweisbare Form hergestellt werden soll. Daraus erklärt sich die auffallende Erscheinung, dass unsere Quellen immer noch an der Assistenz des Vormundes festhalten, obwohl dieselbe in der That zu einer blossen Förmlichkeit herabgesunken ist; s. z. B. M. Br. Sch. r. IV. 1. 28, 33; Glog. 88—97; M. Fr. I. 12. 6; Beil. II. zu M. Fr. I. 4. 8.

2) Eine Schuldklage kann weder gegen eine Frau noch von einer Frau mit Gezeugen angestellt werden. Die Frau und ihr Gegner werden in diesem Fall mit ihrem alleinigen Eid unschuldig, wie wenn schlicht geklagt wäre, M. Görl. 131, M. Br. Sch. r. III. 2. 39; M. Fr. II. 2. 21, 22; Homeyer Extrav. 37.

Dieser Grundsatz beruht offenbar auf derselben Tendenz wie der vorige. Die Zeugen bei Schuldklagen waren, wie Anm. b hervorgehoben, ursprünglich testes tracti. Der Act der Zeugenziehung bestand in früherer Zeit jedenfalls in einer solennen Handlung, die unter bestimmten Förmlichkeiten vorgenommen wurde. (Siegel Deutsches Gerichtsverf. S. 195.)

Die angef. Stellen weisen auf das Princip hin, dass ein solcher Act nur unter Männern gültig stattfinden konnte. Daraus folgt, dass der Zeugenbeweis nicht nur den Frauen gegenüber für unzulässig erklärt werden musste, sondern dass auch die Frauen selbst keinen derartigen Beweis gegen Männer erbringen konnten. Ob und in welcher Weise in diesem Fall eine Ergänzung durch Mitwirkung eines Geschlechtsvormundes bei Abgabe oder Entgegennahme der betreffenden Erklärung möglich war, lässt sich nach unseren Quellen nicht feststellen.

Diese Regeln blieben bei den Schuldklagen und bei den Klagen, die den Schuldklagen gleich behandelt wurden, massgebend, obwohl man späterhin von dem Erforderniss der gezogenen Zeugen absah. Unser Schöffenspruch wendet dieselben nicht nur dann an, wenn um *sculde*, sondern auch dann, wenn um *redescap* geklagt wird.

Eine Ausnahme wurde dagegen hinsichtlich der Zahlung gemacht. Vergoltene Schuld kann eine Frau beweisen *selbdritte mit czwen mannen zcu sich*, M. Fr. II. 2. 11. Danach ist wohl anzunehmen, dass auch ihr gegenüber der Beweis der Zahlung in derselben Weise geführt werden konnte.

3) Für stehendes Eigen kann die Frau nicht mit ihrer Unschuld antworten. Die Bedeutung dieses Satzes ergiebt sich aus dem, was oben Anm. c. bemerkt worden ist. Die Frau steht in den zu 1 und 2 erörterten Fällen einem Manne gleich, der mit einer schlichten Klage beklagt worden ist. Da nun der Mann in diesem Fall nicht mit seiner Unschuld entgehen kann, so kann auch der Frau dies Recht nicht zustehen. Vgl. Mühler Sch. 3, woselbst zugleich angedeutet ist, dass, wenn die Frau ein eigenes Recht auf das Grundstück geltend macht, sie dasselbe allerdings unter Umständen mit ihrem alleinigen Eide behalten kann. [Zu bemerken ist, dass die hier ausgesprochene Versagung des Unschuldseides sich nur auf den Fall bezieht, wo sich einerseits die Ansprache, andererseits das Nein der Frau gegenüberstehen. Ein Widerspruch gegen den Satz, dass die Frau gerichtliche Erklärungen mit ihrem alleinigen Eide abläugnen kann, ist hierin nicht enthalten. Dieser letztere Satz findet auch Anwendung, wenn es sich um Grundstücke handelt.]

4) Ueber die Stellung der Frauen bei Klagen nach todter Hand lässt sich unser Schöffenspruch nicht aus. Vgl. hierüber XXVII. 2 und ausserdem M. Fr. II. 2. 11; 3. 1; Glosse Weichb. 22 (v. Dan. 279. 43); Stobbe 18. Aus diesen Stellen ergiebt sich, dass Frauen, die nach todter Hand beklagt werden, mit ihrem alleinigen Eid auch in den Fällen entgehen können, in welchen Männer selbsiebend unschuldig werden müssen. Dagegen ist in allen übrigen Beziehungen das Beweisrecht nach todter Hand unverändert geblieben. Die Innerung sowohl seitens der Frauen wie gegen dieselben geschieht selbsiebend und ebenso muss der Mann, der von einer Frau mit Innerung angesprochen wird, sich in dieser Weise unschuldig machen.

(Ueber Status- und andere familienrechtliche Klagen, die hier gleichfalls nicht berührt werden s. oben No. IX. Anm. a.)

---

*) Ueber das hier gleichfalls erwähnte erve s. S. 104**.

f.

Ueber das Elendschwören vgl. XXVII. 2, ferner M. Br. 1295 § 19; M. Görl. 95; Weichb. 102 § 3; M. Br. Sch. r. III. 1. 24; Glog. 225. Dasselbe bestand bekanntlich darin, dass der Elende den Schwur der Gehülfen durch Wiederholung seines eigenen Eides ersetzte, dass er also so viel mal selbst schwören musste, als die Zahl der Hände betrug, die bei einem Einheimischen erforderlich gewesen wären. In den angeführten Stellen wird das Elendschwören für unzulässig erklart, doch wie es scheint nur für bestimmte Fälle (es werden erwähnt: Klagen um Todtschlag, Wunden, Schuld und in XXVII. 2 Klagen um verstorbenes Erbe; nur Glog. 225 nennt ganz allgemein *under sachin*) — und es bleibt darnach zweifelhaft. ob dasselbe in anderen Fällen, z. B. wenn es sich um Statusfragen handelte, nicht doch noch statthaft gewesen ist.

Wer auf die Qualität eines Elenden Anspruch machte, musste dieselbe bescheinigen (*syn elende bewysen*). Hierzu genügte regelmässig eine eidliche Versicherung des Betreffenden, vergl. M. Fr. II. 5. 2 und die Allegate daselbst. Wie bei allen solchen Bescheinigungen, die nicht sowohl der Partei als dem Richter zu erbringen waren, hatte hier das richterliche Ermessen einen freieren Spielraum als bei gewöhnlichen processualischen Eiden. Der Richter konnte von Amtswegen jeden zurückweisen, von dem es notorisch war, dass er nicht zu den Elenden gehörte, XXVII. 2 a. E.

g.

In Absatz 3 und 4 wird unterschieden, ob die verübte Gewalt der Art ist, dass sie blos eine Busse nach sich zieht oder ob sie eine Strafe an Hals oder Hand zur Folge hat. Im ersten Fall, wohin Misshandlungen und einfache Schläge gehören, sind nur die bürgerlichen Klagen, die schlichte Klagen und die (hier allerdings nicht erwähnte) Klage mit Gezeugen, im zweiten Fall dagegen auch die peinlichen Klagen zulässig, vgl. oben No. VI. Anm. d, aber auch Homeyer Richtst. S. 446.

In Betreff des Schwures *dat eme sines gudes also vele afgherovet si dat eme claghe not si* s. u. A. Ssp, I. 63 § 1; II. 13 § 1; Weichb. 72; Mühler 54; M. Br. Sch. r. III. 2. 25; Glog. 538.

XXVII.

1) De iudeis. — 2) Van verstorven erve.

[1] Den wysen mannen den schepen to Stendal enbieden dy schepen to Magd. eren willeghen dienst. Gy hebben uns ghescreven in alsusdenen worden: Mit uns sint ghekomen eyn jode unde eyn jodinne vor deme ghehegheden dinge unde hebben gheclaghet over eynen

kersten man, dat hie sie hebbe gheslaghen blut wunden unde ok brun unde blaw. Nu is die kersten man ghekomen in deme selven ghehegheden dinge unde heft des bekant. Des vraghe gy uns, wat nu *sine**) broke sy unde wo hie to rechte beteren schal die blut wunden unde die anderen sleghe die brun unde blaw sint. Hir up spreke wie vor eyn recht: Beschuldeghet eyn jode unde eyn jodinne eynen kerstenen man in gheheghedeme dinge, dat hie sie gheslaghen hebbe blut wunden unde ok brun unde blaw unde bekant hie des in deme ghehegheden dinge, hie schal en ere bute gheven, deme joden drittich scillinghe to bute, der jodinnen eyne halve bute, dat sint vefteyn scillinghe von rechtes weghene. (a).

[2] Vortmer vraghe gy uns, eft eyn man eder eyne vrowe besculdede eynen man eder eyne vrowen mit tughen umme vorstorven erve na doder hant, unde efte die besculdede man eder vrowe sik unschuldich spreken unde spreken, dat sie elendich weren, wo nu dusse man oder vrowe des unschuldich werden schon, unde mit wo viele ludes. Hir up vor eyn recht: Eft eyn man eder vrowe beschuldede eynen man eder eyne vrowen mit tughe umme vorstorven erve na doder hant unde efte die beschuldede man eder vrowe sik unschuldich spreken unde spreken, sie weren elendich, die moghen ere elende nich bewysen vor vorstorven erve; sie moten dar umme antworden in gheheghedeme dinge alse men en to sprikt; unde schullen sie des unschuldich werden in gheheghedeme dinge, dat mot don die man silf sevede unde die vrowe mit eres eynes hant. Ok wetet, dat neyman syn elende bewysen mach, hie en sie elende. Wie dingplichtich is unde in der stad beseten is eder in deme lande, dat witlik is, die mach sin elende nich bewisen von rechtes weghene. (b).

Dat dusse ding recht sin, dat betughet unse inghESeghele.

a.

Die Busse von 30 und 15 Schillingen, die hier Jude und Jüdin erhalten, ist dieselbe, die Christen männlichen oder weiblichen Geschlechtes in dem gleichen Fall zu beanspruchen haben würden. Vgl. M. Fr. I. 1. 19 und in Betreff der Frauenbusse Wasserschl. II. 213; IV. 97. (Ueber die Bestrafung der gegen Juden verübten Verbrechen s. Stobbe Juden in Deutschl. S. 42.)

b.

Vgl. No. XXVI. Anm. d bis f.

*) Hds. lies *sint*.

XXVIII.

Oft ymant spricht up der scepen recht eder buch.

Viris discretis dominis scabinis in Stendal. Scabini civitatis Magdeburch servicium semper promptum. Gy hebben uns ghevraghet in alsusdanen worden: Sprcke jement up der schepen recht, op er ordel, op er scrif, up er buch, wat sin broke were, wo hie dat vorbōten scolde, wo die bōte ghan scolde, den schepen gemeynleke eder jowelken sunderliken alleyne bynamen, wat dar recht umme sy. Hyr up spreke wie vor eyn recht: Sprick jement up er recht, up er ordel, up er scrif, up er buck, gheschut dat binnen gheheghedeme dinge, so schal men jowelkeme sine bute gheven, dat sint jowelkeme drittich schillinge, unde also menich bute also menich ghewedde dem richtere. Sceghet ok Luten gheheghedeme dinghe, so mach men en dar umme besculdeghen unde bekant hie des, hie scal jowelkeme sine bute gheven unde alse menich bute alse menich ghewedde dem richtere. Vorsaket hie des, hie schal des unschuldich werden up den hilghen alse recht is von rechtes weghene.

Dat dusse ding recht sin, dat betughet unse ingheseghele.

Vgl. oben X. 4 und M. Fr. I. 3. 12 sowie die daselbst alleg. Stellen.

XXIX.

Van Rade.

Prudentibus viris eorum amicisque dilectis scabinis in Stend. scabini civitatis Magdeb. in quibuslibet serviendis se benivolos atque paratos. Gy hebben uns ghescreven in aldusdanen worden: Quedam domina dicta Konegundis nos interrogavit per haec verba: Ik ver konegunt do iuw witleke dat Heydekens wif van Schartow is ghestorven unde heft ene dochtere ghelaten de mach ere rade nicht nemen van rechtes weghen. Ok heft se enen son ghelaten de is na erme dode to der scole ghesat, unde heft enen broder ghelaten de is en scoler unde is ghekorn to ener provende, unde ok sint dar twe juncvrowen de sint erer suster dochtere, dat sint Jacobes dochtere under deme Overe, unde ik ver Konegunt bin Heydekens wives de vor ghescreven is unde ghestorven is, erer muder muder: we nu van us allen vorbenumeden Heydekens wives rade nemen schal oder wat im dar ave ghebort to nemende van rechtes wegene. Des vraghe wy iu. Et nos scabini in Stend. petimus nobis ad questionem prescriptam prescripte domine quid *juris**) est remandari in scriptis. Hir up spreke wy vor eyn recht: Dat de vrowe ver Konegunt unde Jacobs dochtere under deme Overe, de sint to Heydekens vrowen van Seartow de vorstorven is, like na to der radeleghe unde scolen de like delen on dren van rechtes weghen.

Dat dit recht is, dat betughe wy mit usme ingheseghele.

Warum die Tochter keinen Anspruch auf die Gerade hat, ist nicht gesagt. Am nächsten liegt m. E. die Voraussetzung, dass sie bereits bei Lebzeiten der Mutter durch eine Ausstattung abgefunden worden ist. Gewöhnlich wird freilich angenommen, dass in Folge einer solchen Ausstattung die ausgestatteten Töchter nur hinter die noch nicht abgefundenen zurücktreten, allen übrigen Berechtigten dagegen vorgehen, v. Sydow Erbr. Anm. 534; Siegel Erbr. Anm. 727. Letzterer behauptet speciell für den Ssp. und das Magdeb. Recht, dass in erster Reihe die unausgeradeten Töchter mit den nicht präbendirten Geistlichen, in zweiter Reihe die ausgeradeten Töchter und die mit Pfründen begabten Geistlichen und hierauf erst die nächste Niftel zur Erbfolge in die Gerade berufen werden. Diese Successionsordnung lässt sich jedoch für die gedachten Quellen nicht nachweisen. Namentlich folgt sie nicht aus Ssp. I. 5 § 3, worauf Siegel sich beruft, da hier die Frage, ob und welches Anrecht auf die Gerade den ausgestatteten Töchtern und den präbendirten Geistlichen zustehe, überhaupt nicht erörtert wird. Eben so wenig ergiebt sich jene Reihenfolge aus den Aufzeichnungen des Magdeb. Rechts. Die Hauptstellen, die hierher gehören, haben offenbar nur solche Töchter und Geistliche im Auge, die noch nicht ausgestattet sind; M. Br. 1261 § 22: *belibet das kint phaphe, daz nimet die rade, of dar nichein juncvrowe is. Ist dar ein juncvrowe u. ein phaphe die teilen die rade under sich* — vgl. M. Görl. 26; Weichb. 48 § 6; Mühler 29; M. Br. Sch. r. IV. 2. 24; Glog. 27. Mir ist nur eine Stelle bekannt, in welcher einer aus den Geweren gesonderten Tochter die Gerade zugesprochen wird (Mühler 69), allein auch in dieser ist von einer Concurrenz mit einer anderen Niftel nicht die Rede. Die hiernach vorhandenen Lücken können m. E. schon aus dem Grunde nicht durch Vermuthungen ergänzt werden, weil die Praxis der Magdeburger Schöffen in Bezug auf die Wirkungen der Ausstattung auf das Erbrecht auch sonst erheblichen Schwankungen unterworfen war (vgl. hierüber Stobbe Beitr. S. 40 fgg.) — Selbst wenn aber auch die Ansicht von Siegel richtig sein sollte, wird man doch jedenfalls der ausgestatteten Tochter den Anspruch auf die Gerade dann versagt haben, wenn ihr die Abfindung mit directer Beziehung auf die künftige Gerade gegeben worden war und sie hierbei ausdrücklich auf dieselbe verzichtet hatte. Ein solcher Fall könnte möglicherweise auch hier vorliegen.

*) Hds. liest ejus.

Der Sohn, der nächst der Tochter in unserem Schöffenspruch erwähnt wird, kann die Gerade ebenfalls nicht beanspruchen. Er wird zwar als Schüler bezeichnet, d. h. er besucht die geistliche Schule und würde mithin, vorausgesetzt dass er die Weihe als Akoluth erhalten hätte, oder doch Caution für sein Verbleiben im geistlichen Stande bestellen wollte, allerdings zur Gerade berechtigt sein. Seine Ausschliessung rechtfertigt sich jedoch in diesem Falle deswegen, weil er erst nach dem Eintritt des Erbanfalles zur Schule gesandt worden ist. Alsdann nützt die Bestimmung zum geistlichen Stande Nichts, da dieselbe vor dem Ansterben der Gerade erfolgt sein muss Ssp. I. 5 § 2; v. Martitz ehel. Güterr. S. 311 Anm. 4.

Von den übrigen Verwandten der Erblasserin kann deren Bruder schon als solcher nicht in Betracht kommen (Anm. zu XXXI). Es verbleiben demnach nur die beiden Schwestertöchter und die Grossmutter und diese sind nach der von den Magdeburgern angenommenen Gradzählung gleichberechtigt (Stobbe Beitr. S. 55).

XXX.

Van wunden to deylende.

Prudentibus viris eorum amicisque dilectis scabinis in Stend. scabini civitatis Magdeb. quantum petunt servicium plus honorum. Wi sint gevraget van juwer wegen in eynen breve in dessen worden: Eft en man ghewundet worde unde man des nicht ne wiste, of de wunden kampwerdich weren ofte nicht, we nu to rechte to den manne ghan scal unde kesen sine wunden unde handeln de wunden unde erdeylen de wunden, wedder se kampwerdich si oder nicht. Hir up spreke wy vor en recht: De arst de de wunden binden scal, de scal dar to ghesvorn hebben, de scal se kesen unde meten unde deylen se uppe sin etd, of se kampwerdich sin und de richtere scal des en weten hebben der wunden, oft*) se kampwerdich sin unde scal des erstan**), dar scal man den up richten van rechtes wegen. Dat dat recht si, dat betughe wy mit useme ingheseghele.

Vgl. M. Fr. I. 2. 2 und die das. alleg. Stellen. Die Besichtigung der Wunden durch den geschwornen Arzt und deren Bezeugung vor dem Richter scheint von Amtswegen erfolgt zu sein. Letzterer musste in diesem Fall gleichfalls ex officio die Klage erheben sofern der Verletzte

---

*) Darüber steht: dat.

**) erclan?

hierzu ausser Stande war und klageberechtigte Verwandte entweder nicht vorhanden waren oder nicht zur Klage schreiten wollten, M. Fr. 1. 2. 14. 15; III, 1. 1. Darauf deutet der Satz *unde scal des erstan* u. s. w.

XXXI.

Van Raden.

Prudentibus viris et honestis dilectis eorum amicis scabinis in Stendal scabini civitatis Magdeb. ad quevis beneplacita se benivolos et paratos. Ghy hebben uns ghescreven in dissen worden: Noveritis quod Grieta relicta Hinrici Borken posuit hereditatem suam Kristinen puelle, filie filii ejusdem Grieten, pro decem et octo marcis pro rade que ad dictam puellam ex parte matris devolute fuerunt; et hec posicio facta fuit in publico judicio et antedicte decem et octo marce rade semper debent permanere. Modo antedicta puella viam universe carnis est ingressa et post mortem fratrem scolarem et sororem matris dereliquid. Hir umme hebbe ghi ghevraghet eynes rechtes, di achteyn mark di rade sint unde jo rade bliven scolen, ofte di an der juncvrowen bruder di eyn scoler is, sint ghevallen eder an erer muder suster. Hir up spreke wi vor eyn recht: Dat di achteyn mark di Griete Henrikes Borken wedewe Kristinen ores sones dochteren vorwissed hadde med oreme erve in gheheghedeme dinghe vor di rade di or an ghestorven waren von orer muder weghene, also dat di achteyn mark rade bliven scolen, die achteyn mark di rade sint unde rade bliven scolen, di sint ghekomen up der juncvrowen muder suster unde nicht up oren bruder den sculer von rechtes weghene.

Dat dit recht is, dat betughe wi in disme opene brive mit unseme ingheseghele, dat hir tu rugge an ghedrucket is.

Die Gerade verliert ihre besondere Qualität und wird fahrende Habe, sobald sie mit dem übrigen Vermögen der Geradenehmerin vermischt wird. Dagegen bewahrt sie ihren eigenthümlichen Charakter, wenn sie „bei Seite gelegt" wird, d. h. als getrennte Vermögensmasse erhalten bleibt. Letzteres ist hier der Fall, da die von der Mutter auf die Tochter (Kristine) gestorbene Gerade durch die Grossmutter (Griete) besonders sichergestellt ist. Vgl. hierüber v. Martitz S. 332 Anm. 16.

Beim Tode der Tochter erheben einerseits deren zum geistlichen Stande bestimmte Brüder, andererseits die Mutterschwester Anspruch auf die Gerade. Ersterer wird jedoch zurückgewiesen. Der entscheidende Grund hierbei ist m. E., dass männliche Seitenwerwandte unter keinen Umständen in die Gerade succediren, auch nicht, wenn sie sich dem geistlichen Stande gewidmet haben. Die Stellen, welche dem Pfaffen ein Recht auf die Gerade zusprechen (Anm. zu XXIX), betreffen immer nur den Fall, wo dieselbe von der Mutter vererbt wird. Bei Wasserschl. V. 8 fordert allerdings Jemand, der Priester werden will, die Gerade aus dem Nachlass von seiner Mutter Schwesterkind; es ist aber nicht ersichtlich, dass dieser Anspruch gebilligt wird, denn das Urtheil lautet ganz unbestimmt, die Gerade sei gestorben *uff seynen nestin spilsippen* *). Eben deswegen kann dasselbe hier nicht in Betracht kommen.

---

*) Man darf nicht etwa darauf Gewicht legen, dass durch die hier angef. Worte ausdrücklich ein männlicher Geradenehmer bezeichnet werde. Diese Worte können schon sprachlich so viel bedeuten wie: auf die nächsten Verwandten von der Spillseite.

Wort- und Sachregister.

Orts- und Personennamen.

Verlag von I. Guttentag in Berlin.
Guttentag und Vahlen.

Druck von Eduard Weinberg in Berlin.
Monbijouplatz 10.

FSC
www.fsc.org
MIX
Papier | Fördert gute Waldnutzung
FSC® C083411

Kolibri 360 GmbH
Ferdinand-Jühlke-Straße 7
99095 Erfurt, Deutschland
produktsicherheit@kolibri360.de